KB269313

올바른 리더의 조건

송경근 지음

한언 HANEON.COM

올바른 리더의 조건

펴 냄   2002년 11월 25일 1판 1쇄 박음 / 2002년 11월 30일 1판 1쇄 펴냄
지은이   송경근
펴낸이   김철종
펴낸곳   (주)한언
          등록번호 제1−128호 / 등록일자 1983. 9. 30
주 소   서울시 마포구 신수동 63−14 구 프라자 6층(우 121−854)
          TEL. 02-701-6616(대) / FAX. 02-701-4449
책임편집   김세원 swgim@haneon.com
디자인   백주영 jypaek@haneon.com
          정진이 jyjeong@haneon.com
홈페이지   www.haneon.com
e-mail   haneon@haneon.com

저자와의 협의하에 인지 생략

ISBN 89-5596-039-5   03320

올바른 리더의 조건

올바른 리더의 조건

저자에 관하여 »

송 경 근은 한국 기업에 맞는 경영전략(비전, 핵심역량) 수립과 경영혁신, 지식경영, 통합경영 성과지표, 고객관계관리(CRM), 정보시스템(ERP) 구축 등 기업 컨설팅 프로젝트를 전문적으로 수행하는 하나컨설팅그룹(02-718-6101)의 대표이다. 한국능률협회 자문위원, (주)제일기획, (주)한샘, 서울아산병원(미션, 비전, BSC), (주)금강기획 경영혁신 자문위원을 역임했으며, 현재 (주)화천기계의 경영고문과 목원대 행정정보학과 겸임교수로 활동하고 있다.

역서로는 《최고경영자 예수》,《최고 팀빌더 예수》,《기적의 사명선언문》,《행동이 척척, 여섯 색깔 신발》,《가치실현을 위한 통합경영지표 BSC》,《성공 벤치마킹》,《글로벌 학습조직》,《팀경영과 조직학습-탁월한 사례》,《새로운 전략가들》,《팀경영 곡예술》,《당신의 경쟁자를 미치게 하는 초심리전략》,《실전 팀 빌딩》,《영적 기업가 예수》 등 다수가 있다.

저자의 글

오늘날에는 리더니, 리더십이니 하는 말이 가장 흔히 듣는 말 중의 하나가 되어 버렸다. 그만큼 올바른 리더의 역할이 각 분야에서 절실하다는 이야기에 다름 아닐 것이다. 그러나 안타깝게도 우리는 오랫동안 많은 사람들이 공감할 만한 이렇다 할 '리더의 초상'을 갖지 못했다. 그것은 일터나 조직 같은 작은 공동체에서도 마찬가지다. 미래에 대한 확고한 비전을 갖고, 현재 자신이 수행해야 할 일(work)이 무엇인지 정확하게 알고, 그것을 올바르게 수행해내는 훌륭한 리더들을 만나기란 좀처럼 쉬운 일이 아니다.

이러한 때 우리 앞에 나타난 '히딩크'라는 한 탁월한 리더는, 2002 한일 월드컵이라는 전대미문의 드라마를 펼쳐 보이면서, 우리 가슴에 '리더십'이란 단어를 별(★)처럼 또렷하게 새겨 놓았다. 그리고 그에 대한 폭발적인 관심은 월드컵 직후 봇물처럼 쏟아져 나온 그의 리더십에 관한 책들로 대변되었다.

하지만 시류에 편승한 듯 급하게 출하된 그러한 책들이 과연 히딩크라는 한 리더의 진가를 제대로 파악하고 있는지, 그리고 정녕 우리가 그를 통해 배워야 할 모든 것들이 체계적으로 제시되고 있는지에 관해선 자못

회의적이지 않을 수 없었다. 더욱이 히딩크라는 인물의 모든 행위를 유기적 고리 없이 단편적으로 제시하거나 완전한 리더십 모형으로 절대시하는 것 또한 매우 위험한 발상이다.

　빨리 끓는 냄비가 빨리 식는다고 벌써부터 히딩크 이야기엔 고개를 흔드는 사람이 많다. "또 그 사람 얘기야?" "다 아는 얘긴데 뭐" 하는 표정들이 대부분이다. 하지만 정말, 우리가 다 알고 있단 말인가? 히딩크는 한때의 유행 정도로 흘려보내기엔 두 번 다시 만나기 힘든 '황금' 같은 사례이다. 이러한 귀중한 기회를 우리는 '제대로 된' 리더십 학습의 장으로 적극 활용해야 한다. 특히 리더로서의 그의 '프로세스'를 정확하게 이해하고 배워야 한다.

　그렇지만 이 책의 초점은 히딩크에 있지 않다. 그는 다만 유효적절한 사례일 뿐이다. 독자들은 이 책을 통해 리더십 고전이나 석학들이 제시하는 올바른 리더의 조건과, 나아가 그들이 자신의 과업(work)을 수행해 가는 프로세스를 히딩크라는 최적의 사례를 통해 철저히 살펴보고 학습하게 될 것이다.

　리더십은 모든 사람들의 과업이다. 모쪼록 이 책을 통해 많은 사람들이 '올바른 리더'로 거듭나기를 바라는 마음 간절하다.

2002년 11월

송 경 근

프롤로그

필자는 경영 컨설턴트로서 잭 웰치가 말한 "기업경영은 게임과 같다." 라는 말에 공감한다. 왜냐하면 〈표 0-1〉에서 보는 것과 같이 2인 이상의 팀으로 하는 운동경기와 기업경영은 유사점이 많기 때문이다. 특히 2인

〈표 0-1〉 2인 이상의 팀으로 하는 운동경기와 기업경영의 유사점

2인 이상의 팀으로 하는 운동경기	기업경영
득점을 비교하여 승자가 결정된다.	득점 : 재무제표
볼 점유율 / 득점(서로 상관이 없을 수 있다.)	시장점유율 / 매출액, 수익률
선수들이 팀을 이루어 득점을 낸다.	조직원, 조직(팀) : 내부고객
경기를 즐기는 관중들이 있다.	외부고객
선수들에게 투자하는 구단과 투자자가 있다.	주주, 설립자
감독과 코치들이 있다.	중역, 경영자
한차례의 경기만 있는 것이 아니다.	계속되는 회계연도(Going concern)
시간에 따라 경기장이 바뀐다.	시장 상황의 변화

이상의 각종 운동경기 중에서도 시간에 구애를 받지 않고 진행되는 야구나 배구 게임이 아닌, 정해진 시간 안에 달성한 득점(성과)을 상호 비교하여 승자가 결정되는 축구와 농구 게임이 〈표 0-2〉에서 보이는 것처럼 더욱더 기업경영과 유사하다. 그 때문에 필자는 기업 현장에 있는 사람들에게 축구나 농구 게임을 벤치마킹한 강의를 자주 해왔다.

그러던 어느 날, 필자는 월드컵을 1년 4개월 정도 앞둔 시점인 2001

〈표 0-2〉 축구경기와 기업경영

축구경기	기업경영
제한된 시간(90분)에 경쟁자에 비해 얼마만큼의 득점을 기록하는가?	1년 이라는 회계연도에 그 기업은 경쟁자에 비해 얼마만큼의 재무적인 성과를 기록하였는가?
골대(Goal Post) / 골인(Goal In)	시장, 고객 / 고객만족, 고객감동
시간이 지남에 따른(전후반) 골대의 위치 변화	시장과 고객욕구의 이동
경쟁자와 직접 몸으로 부딪친다. : 치열한 몸싸움	경쟁의 강도
각자의 역할, 의무, 책임이 있지만 경기장에서는 자신의 역할, 임무의 경계를 뛰어넘어야만 한다. : 전원공격, 전원수비	총괄기능팀(cross-functional team)
경기장에서 직접 뛰는 사람들과 경기장 밖에서 지원하는 사람들이 있다.	직접 가치를 창출하는 직접부서와 직접 부서의 가치창출을 지원하는 간접부서가 있다.
공격점유율	시장점유율
멀티플레이어	다기능공, 지식근로자

년 2월 11일, KBS TV에서 방영하는 일요스페셜 '월드컵 1년, 히딩크의 한국축구 무엇을 할 것인가' 라는 프로그램을 시청하게 되었다. 그 프로그램에서는 우리 한국 축구 대표팀의 고질적인 문제점을 ①공격 부문에서의 고질적인 문전처리 미숙, ②공수 연결고리를 끊는 잦은 패스미스, ③수비 부문에서의 대인방어 습관, ④느슨한 조직력의 네 부분으로 나누어서, 그러한 문제점이 생겨나게 된 원인들을 히딩크 감독을 포함하여 국내의 축구 전문가들과 선수들을 통해 다음과 같이 적나라하게 파헤치고 있었다. 다만, 그때는 히딩크가 한국 대표팀 감독으로 부임한 지 불과 1개월도 채 되지 않은 시점이었음을 감안하자.

① 공격 부문에서의 고질적인 문전처리 미숙
한국 선수들은 골문 가까이만 가면 지나치게 흥분한다. 과도하게 흥분하고 체력을 소모하면서 슛을 자주 날리다 보면 어느새 기력은 다 빠지고 집중력도 잃게 된다. (히딩크 감독)

우리나라의 슈팅 연습은 대개 마무리 훈련할 때 코치나 트레이너가 볼을 툭 내어주면 아무도 없는 텅 빈 골문을 향해서 골키퍼가 있는 데다 슈팅을 한다. 그런데 축구 90분 동안 그런 상황은 한번도 나타나지 않는다. 90분 동안 발생할 수 있는 상황을 가정해서 훈련을 시켜야지만 문전처리 미숙이 없어지는데…. 선수들을 탓할 게 아니라 훈련방법이 제대로 되었는지를 한번 살펴보아야 한다. (김덕기 스포츠투데이 대기자)

주위의 여건이 일단 골을 넣어야 된다는 강한 압박을 받는다. … 초등학교나 중고등학교 시절에 실수를 하면 감독님이 야단을 치시는데, 그때 오는 강한 압박감 같은 게 아직까지 몸에 배지 않았나 생각한다. (김도훈 선수)

② 공수 연결고리를 끊는 잦은 패스미스

패스할 때 치밀한 관찰 없이 대충 볼을 주는 경우가 많아 결과적으로 어정쩡하고 무책임한 패스인 경우가 많은데, 안 된다. 우리 편 선수의 움직임과 상대편 선수의 움직임을 동시에 관찰해서, 우리 편 선수가 공간을 확보할 수 있는 방향으로 볼을 줘야 한다. … 그러기 위해 제일 중요한 게 패스다. 브라질의 경우 훈련의 46%를 패스 위주로 한다. 나머지 슈팅과 드리블은 각각 0.9%, 19% 등이다. 그만큼 패스의 중요성을 훈련방법에서 알 수 있는 거다. (이상철 수원대 체육학과 교수)

실수가 나오면 거기에 주눅이 들어서 먼 패스를 못하고 항상 가까이 있는 사람들에게만 패스를 줄 수밖에 없는 상황이 된다. 도전적인 패스를 못하는 거다. (이민성 선수)

③ 수비 부문에서의 대인방어 습관

그런 식의 맨투맨 방식은 유럽이나 남미의 국가대표나 명문팀들은 사용하지 않는다. 이제 그것은 과거의 방식이 되었다. (히딩크 감독)

90분 끝날 때까지 그 수비수는 그 선수가 어디를 가든 따라다닌다. 안 따라다니면 지도자한테 책임추궁을 당하니까 무조건 따라 다닌다. … 선수들을 발전시키려고 하면 자꾸만 머리를 쓰는 전술을 택하고 대처할 수 있는 훈련방법을 택해야지, 단순한 것만 요구해서는 절대로 안 된다고 생각한다. (조윤환 부천 SK 감독)

수비수는 맨투맨이다. 한명만 따라다녀라. 전반전 끝나고 쉬는 시간에도 걔를 따라다녀라. 화장실에 가면 너도 화장실에 가고, 침을 뱉으면 너도 침을 뱉고, 똑같이 해라. 딱딱하면서도 축구가 아닌 그런 무식한 걸 가르쳐주기 때문에 그날 한일전도 그러한 상황이 벌어졌다. (강철 선수)

한국 수비수들의 경우 맨투맨에 익숙해져 있기 때문에 지역방어 같은 거 배우질 못했다. (이민성 선수)

④ 느슨한 조직력
(한국) 선수들은 일정한 전략 없이 뛰어다니기만 하다 보니 팀의 조직력이 더 필요하다고 본다. (히딩크 감독)

축구에서 한 명이 열한 명을 제칠 수 있는 기술을 가졌다면 조직력은 필요 없다. 그렇지만 한 명이 한 명을 드리블해서 개인기술을 부려서 돌파하는 데 상당히 어려움이 있기 때문에 두 명, 세 명을 이용한 부분 전술이나 조직력이 필요한 것이다. 한국 팀 같이 개인기술이 남미나 유럽에 비해 조금 떨어질 때, 그럴 때 필요한 것이 조직력이다. (이상철 수원대 체육학과 교수)

(예전에는) 감독님이 개인적으로 얘기해주는 경우가 굉장히 많았기 때문에, 이 선수가 알고 있는 건 저 선수가 모를 경우가 굉장히 많았다. … 이 선수에게 얘기해 주신 거, 저 선수가 모르기 때문에 전술적이 부분이 없었다고 생각한다. (이천수 선수)

그렇다. 히딩크 감독을 포함한 축구 전문가들과 선수들의 말을 통해 우리는 한국축구의 고질적인 문제들의 근본적인 원인은 대부분 선수들이 잘못된 지도자(리더)로부터 잘못 배운 습성들에 기인하고 있음을 확실하게 파악할 수 있었다. 사실 우리는 2002년 한일 월드컵을 계기로 탁월한 리더 한 사람의 역할이 얼마나 중요한지를 똑똑히 목도하였다. 특히 필자는 이미 경영컨설팅 현장에서 조직구성원들이 잘못된 리더(지도자)로부터 잘못된 학습을 한 결과로 몸에 밴 잘못된 습성들로 인하여 야기되는 수많은 문제점들을 직접 목도하고 있기 때문에, 이 같은 문제를 더 실감할 수 있었다. 그런데 그러한 필자의 견해를 향후에 더욱더 강화시켜 준 것은 현재(2002년) 우리나라의 유소년 대표팀 감독을 역임하고 있는 아브라함 브람(네덜란드)의 다음과 같은 말들이었다.

"유소년 지도자들은 선수들에게 '왜'에 대한 질문을 던지고 이에 대한 답변을 해주면서 선수들에게 지속적으로 생각하는 시간을 주어야 한다. '왜'에 대한 질문과 답변이 끊임없이 이어질 때에 선수들의 창의적 사고 능력은 키워지는 것이다. 이를 위해서는 현장 지도자들이 끊임없이 왜 그렇게 플레이를 해야 하는지, 왜 그런 플레이를 하면 안 되는지를 설명해주는 자세가 필요하다."

"지도자는 선수들에게 각자의 역할을 알려줘야 할 의무가 있다. 선수 개개인의 역할이 얼마나 잘 전해지느냐가 지도자의 자질을 가늠할 수 있는 척도가 될 수 있다. 포메이션에 대해 말이 많은데, 어떤 포메이션을 써도 된다. 중요한 것은 전술 시스템이 바뀌었을 때 그 상황에서 선수들이 자신의 임무를 충분히 알고 있어야 한다는 것이다. 이해하기 쉽도록 간단명료하게 설명하는 것이 필요하다. 설명을 잘하는 지도자가 좋은 지도자다. 선수들은 이론적인 것을 이해하면 실제 훈련에서는 이를 쉽게 적용한다."

어떤 조직의 구성원들이 아무리 뛰어난 잠재역량을 갖고 있다 하더라도, 그 조직이 발휘할 수 있는 역량은 그 조직을 이끌어 가는 리더의 역량에 좌우될 수밖에 없다. 그래서 '이리가 양떼를 이끄는 팀이 양이 이리를 이끄는 팀보다 강하다'는 말이 나왔는지도 모르겠다. 어쨌든 조직을 이끌어 가는 리더라면, 리더로서의 자신의 역량이 자신도 모르는 사이에 조직이 발휘할 수 있는 역량의 한계를 결정짓는다는 사실을 뼈저리게 인식해야만 한다. 그리고 자신들에게 주어진 리더로서의 책임과 의무가 얼마나 막중한지를 느껴야만 한다. 그런데 안타깝게도 우리나라의 정치나 공공기관, 그리고 기업조직을 이끌어 가는 리더들 중에는 귀감(role model)이 될 만한 사례가 결코 흔치 않음을 부인할 수 없다.

경영컨설팅을 하고 있는 필자는, 이러한 이유들로 인해 2001년 1월에 새롭게 부임한 히딩크 감독에게 특별한 관심을 쏟게 되었다. 히딩크 감독, 그는 부임한 지 불과 1개월 만에 우리 축구 대표팀의 고질적인 문제점들의 근본적인 원인들을 아주 잘 파악하고 있었던 것으로 보였을 뿐만 아니라, 이미 자신이 축적하고 있는 서유럽 선진축구의 노하우에 기초한 확실한 해결책도 가지고 있는 것으로 보였다. 그리고 무엇보다도 우리 사회 조직의 리더들이나 조직구성원들의 매우 잘못된 습성 중 하나인 "그런데 우리나라에서도 과연 그러한 해결책(선진축구의 노하우에 기초한 해결책)들이 효과를 발휘할 수 있을까요?"라는 질문으로부터 어느 정도 자유로울 수 있을 것으로 보였다. 우리 사회나 조직에는 언제부턴가 제대로 된 해결책을 찾아내고서도 그것을 올바로 끝까지 실행해 보지 않는 습성들이 팽배해 있는 것 같다. 그러다 보니 해결책의 실행단계에서 조금이라도 어려움을 겪게 되면 미리 마음속에서 우리는 안 될 것으로 생각하여 기존의 해결책을 포기하고 또 다른 새로운 해결책을 찾는 악순환의 고리에서 자유롭지 못하게 되었다.

모름지기 조직을 이끌어가는 모든 리더는 항상 '3P'를 염두에 두고 의사결정을 해야 한다. 3P는 Purpose(목적, 성과), Process(프로세스, 과정), People(사람, 조직)의 약자다.

Purpose를 염두에 둔다는 것은, 리더는 먼저 자신이 이끌어 가는 조직의 목적, 조직이 반드시 달성해야만 하는 성과들을 조직구성원들과 확실하게 정의하고, 그렇게 정의한 목적과 성과를 기필코 달성해야만 한다는

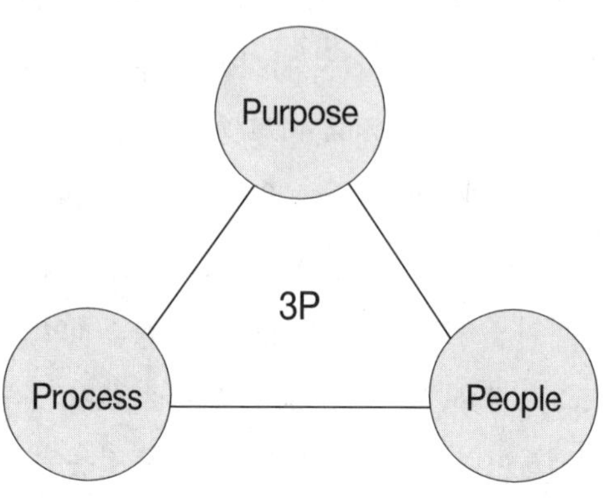

것을 잊지 않는 것이다. 그리고 Process를 염두에 둔다는 것은, 리더는 조직의 목적과 성과를 보다 효과적이면서 효율적으로 달성하기 위한 하나의 과정으로서의 프로세스를 조직구성원들과 함께 설계하고 동시에 끊임없이 그 프로세스를 개선 내지는 혁신시켜 나가야만 한다는 것을 잊지 않는 것이다. 마지막으로 People을 염두에 둔다는 것은, 리더 자신을 포함한 모든 조직구성원들과 팀들이 조직의 목적과 성과를 달성할 수 있도록 프로세스를 설계하고 지속적으로 개선, 혁신할 수 있는 역량을 증대시켜 나가야만 한다는 것을 잊지 않는 것이다.

올바른 리더는 3P 중 그 어느 하나라도 소홀히 해서는 안 된다. 그런데 리더십에 관한 기존의 많은 문헌과 리더들은 People, 즉 리더의 품성과 자질에 대한 내용에만 치중하고 있다. 조직을 이끌어 가는 사람이 아무리 훌륭한 품성과 자질을 구비했다 하더라도, 그가 조직이 추구하는 목적과 성과를 이루어 내지 못했다면 우리는 그를 결코 올바른 리더라고 부르지 않는다. 또한, 설사 자신이 조직을 이끌어 가는 동안에는 조직이 추구하는 목적과 성과(Purpose)를 달성했다 하더라도, 자신이 그 조직을 물러난 뒤에는 아무런 목적과 성과를 달성하지 못할 경우에도 우리는 그를 올바른 리더라고 부르지 않는다. 그러한 리더들은 자신이 조직에 몸 담고 있던 동안에 목적과 성과를 달성하는 과정으로서의 프로세스(Process)를 정착시키지 못했거나, 아니면 프로세스에 기초하여 조직의 목적과 성과를 달성할 수 있는 차세대 리더로서의 사람과 조직(People)을 키우지 못했을 수 있기 때문이다.

따라서 히딩크 감독에 대한 필자의 관심은, 그러한 '3P를 염두에 두고 리더로서의 자신의 일을 수행하고 있는가' 에서 시작되었다. 그 중에서도 특별히 우리나라에서는 자꾸만 관심 밖으로 밀려나 있는 리더의 일(work)로서의 Purpose와 Process에 역점을 두고 살펴보게 되었다. 그래서 필자는 히딩크 감독의 각종 말과 행적들을 단순히 일자별, 내용별로 나열하지 않고, 3P와 경영의 기본인 PDS(Plan-Do-See) 사이클에 입각하여 분석적으로 살펴보기로 작정하였다.

각종 분석의 기초 자료들은 2000년 11월 14일부터 2002년 7월 21일까지 600여 일 동안의 각종 신문에 게재된 국가대표팀, 히딩크 감독, 코치진들을 포함한 스태프, 선수들에 대한 기사들에 기초한 것이며, 이는 주로 인터넷을 활용하여 검색하였다. 아울러, 히딩크 감독과 관련하여 이미 출간된 책들을 살펴보았다. 그런데 그러한 책들을 보면서 알게 된 흥미 있는 사실이 하나 있다. 그들 대부분이 다소 성급하게 출간된 탓인지, 히딩크 감독과 한일 월드컵에 관해 단순하게 일자별 혹은 주제별로 단순한 사실들만을 나열해 놓았음을 확인할 수 있었다. 다시 말해서, 일정한 분석 틀(analytical framework)을 기초로 하여 자료들을 심층적으로 모자이크 맞추어 가듯 하나하나 분석 틀에 맞추어가며 정리한 책들이 아니었다는 것이다. 그러한 책들은 한결같이 '기초와 체력이 중요하다', '선수 선발에서 학연과 지연을 타파했다', '커뮤니케이션을 중요시했다', '과학적이고 체계적인 훈련을 시켰다' 등의 지극히 피상적인 내용으로 일관하고 있었다.

'왜 기초와 체력이 중요하다고 말하는가?', '왜 선수 선발에서 학연과 지연을 타파해야 하는가?', '왜 커뮤니케이션이 중요한가?', '왜 과학적이고 체계적인 훈련이 중요한가?' 등의 '왜(why)?'에 대한 질문과 답(know-why)은 찾아보기 힘들었다. 또한, '기초와 체력은 도대체 어떤 내용이고, 그것을 강화시키는 방법은 무엇인가?', '선수 선발에서 학연과 지연을 타파하는 방법은 있는 것인가, 있다면 어떤 방법인가?', '커뮤니케이션 능력을 구체적으로 향상시키는 방법은 무엇인가?', '과학적이고 체계적인 훈련 방법은 어떤 것이고, 어떻게 하는 것인가?' 등의 '무엇(what)?'과 '어떻게(how)?'에 대한 물음과 답(know-what, know-how)이 거의 제시되어 있지 않았다. 요컨대, 프로세스 벤치마킹(Process Benchmarking) 차원에서 깊이 있게 차근차근 분석적으로 따지고 들어간 책은 거의 없었다는 점이 매우 안타까웠다.

따라서 필자는 프로세스 벤치마킹 차원에 입각하여 '왜', '무엇', '어떻게'라는 질문들을 가지고 책의 내용을 구성하면서 가급적이면 그 질문에 대한 답들도 함께 제시될 수 있도록 했다. 다만, 동일한 하나의 사건에 대해서도 사람마다 관점이 다르기 때문에 여러 사람들(감독, 코치, 선수, 언론 등)의 자료들을 취합해 봄으로써 그 사건에 가장 근접한 정보를 토대로 답을 제시해 보고자 노력했다.

참조한 자료들에 대해서는 그 출처를 제시하였다. 그리고 어떤 자료들은, 가령 히딩크 감독이 국가대표팀 최종엔트리를 결정하기까지 테스트한 선수들의 정확한 숫자와 명단과 같은 자료는 그 구체적인 데이터를 찾을 수 없었기 때문에 필자가 직접 작성하기도 하였다.

이 책은 다음과 같이 구성되었다.

제1부는 3P 중 People에 대한 부분이다. ‘올바른 리더에게 요구되는 조건들은 무엇이고, 왜 필요한가?’ 라는 질문에 대해 전문가들의 의견을 통해 살펴보았다. 필자는 우선 리더에게 요구되는 최우선적인 조건은 ‘리더로서 자신이 해야만 하는 일(work)’이 무엇인지를 올바로 인식하는 것이라고 생각했다. 다음으로, 그러한 일을 수행하는 데 필요한 자질로서 ‘인간존중’, ‘아니면(or) 사고가 아닌 그리고(and) 사고’, ‘책임감(accountability)’, ‘신뢰(Trust, Integrity)’들을 필요조건으로 생각했다. 그리고 그러한 올바른 리더의 조건들을 설명해 나가면서 히딩크 감독의 각종 언행들을 하나하나 대입시켜 그가 과연 올바른 리더였는지에 대해 꼼꼼하게 살펴보았다.

제2부는 3P 중 Purpose와 Process에 대한 부분이다. 올바른 리더의 조건들 중에서 ‘리더의 일(work)’을 목적(Purpose)과 프로세스(Process)로 보고 경영의 기본인 PDS(Plan-Do-See) 사이클의 단계별로 핵심적으로 사용되는 각종 경영기법들에는 무엇이 있고, 그것들을 왜 사용해야만 하며, 어떻게 사용하는가에 대해 개략적으로 제시했다. 그리고 히딩크 감독이 각 단계별로 그러한 경영기법들을 사용했는지, 사용했다면 어떻게 사용했으며, 그 효과는 어떠했는지에 대해 살펴보았다.

P(Plan) 사이클은 리더가 Purpose를 염두에 두고 조직이 추구하는 목적과 비전을 정립하는 단계와, Process의 첫 단계인 목적과 비전을 달성하기 위하여 전략을 수립하는 단계로, 각각을 제1장 ‘꿈꾸는 리더’, 제2장 ‘꿈을 위해 준비하는 리더’로 명명했다. 우선 ‘꿈꾸는 리더’에서는 왜 리더는 꿈을 꾸어야만 하는지, 어떻게 꿈을 꾸는 것인지, 그리고 어떻

게 히딩크라는 외국인 감독이 우리들과 함께 2002년 한일 월드컵 1승과 16강 진출이라는 비전을 공유하게 되었는지에 대해 살펴보았다. 그리고, '꿈을 위해 준비하는 리더'에서는 비전을 달성하기 위한 전략 수립 방법을 두 가지로 나누어서 개략적으로 설명하고, 히딩크 감독의 전략과 그 전략을 수립한 이유 및 그 전략을 함께 수립하고 실행해 나갈 팀(staff)을 어떻게 구성했는지를 살펴보았다.

D(Do) 사이클은 Process의 두 번째, 세 번째 단계인 목적과 비전을 달성하기 위해 수립한 전략을 실행하는 단계와 전략 실행을 통해 목적과 비전을 실현하는 단계로, 각각을 제3장 '꿈을 이루어 가는 리더'와 제4장 '꿈을 이룬 리더'로 명명했다. 사실상 이 책의 핵심은 여기에 있다고 해도 과언이 아니다. 훌륭한 전략을 수립했다 하더라도 실행이 제대로 이루어지지 않는 사례들이 대단히 많기 때문이다. 그러한 차원에서 전략 실행의 방법론들(가치실현을 위한 통합경영지표 BSC, 전략체계도)을 구체적으로 설명했다. 그리고 히딩크 감독이 사용했던 전략 실행의 방법론이었던 Sociogram을 BSC와 통합경영지표에 비추어 하나하나 살펴보았다.

S(See) 사이클은 Process의 마지막 단계, 즉 목적과 비전을 실현한 이후의 단계로, 제5장 '꿈 이후를 준비하는 리더'라고 명명했다. 기업경영처럼 축구게임도 계속해서 진행된다는 엄연한 사실에 입각하여 리더들은 지속적으로 자신이 몸담았던 조직이 앞으로도 소기의 성과를 창출할 수 있도록 조직 내부의 사람들을 키워서 미래에 대비한 경쟁력을 향상시켜야만 한다. 이 부분은 3P 중 People이다. 올바른 리더는 자신과 함께 비전을 실현했던 팀원들(코치, 스태프, 선수)이 차세대 리더로 성장할 수 있도록 지원하고 적절한 환경도 조성해야만 하는 책임을 진다. 히딩크 감독은 우리 축구 대표팀의 미래를 위해 경쟁력을 향상시키는 환경을 조성하겠다는 사명을 분명히 피력했었다. 이러한 관점에서 마지막 장에서

는 코치, 선수, 프로구단 등의 경쟁력 향상에 그가 끼친 긍정적인 영향들을 개략적으로 살펴보았다.

　이제 본격적으로 지난 1년 반 동안의 히딩크 감독의 언행들을 쫓아가 보자. 히딩크 감독을 통해 조직의 올바른 성과를 창출하는 올바른 리더의 조건들을 살펴보고, 여러분 자신을 포함하여 현재의 리더와 앞으로 리더가 될 모든 조직구성원들이 그러한 조건들에 자신들을 비추어 봄으로써, 자신들이 더욱더 강화할 부분과 점차 보완해 나가야 할 부분을 파악해 보자. 그리하여 이 책이 궁극적으로는 참으로 올바른 리더가 되기 위한 자기성찰의 계기가 되길 기대한다.

PART **TWO**

올바른 리더의 길

GE의 회장으로서 탁월한 리더십을 발휘했던 잭 웰치와 경영학의 개척자인 피터 드러커, 그리고

30년 이상을 존속하며 자타 공히 가장 위대한 조직으로 평가 받는 기업들을 이끌어 가는 리더들의

의견을 통해 '올바른 리더에게 요구되는 조건들은 무엇이고, 왜 필요한가' 에 대해 살펴본다. 그리

고 우리들에게 거부할 수 없는 결과(조직의 올바른 성과)를 확연하게 보여 준 히딩크가 과연 그러

한 조건들을 얼마나 충족시키고 있는지를 각각의 조건들에 대입시켜 살펴봄으로써 그가 정말로

올바른 리더였는지를 객관적으로 검증하고자 한다.

올바른 리더의 조건

올바른 리더는 인간을 존중한다

올바른 리더는 '그리고(and)' 사고를 한다

올바른 리더는 자신의 일을 안다

올바른 리더는 책임감이 있다

올바른 리더는 신뢰를 확보한다

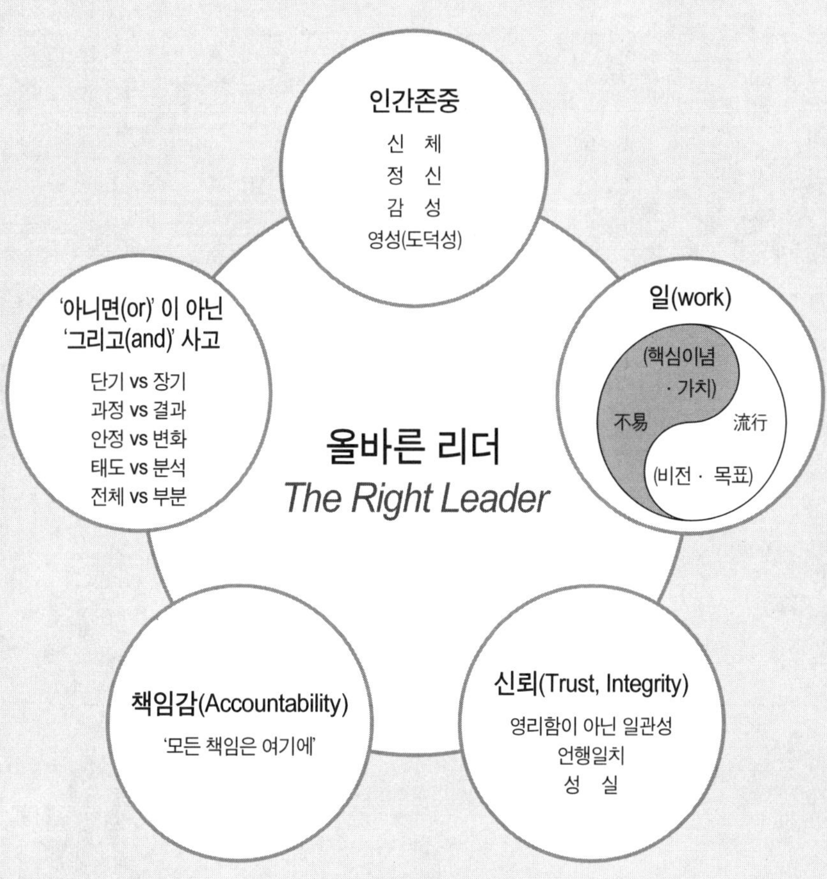
인간존중
신 체
정 신
감 성
영성(도덕성)

'아니면(or)' 이 아닌
'그리고(and)' 사고
단기 vs 장기
과정 vs 결과
안정 vs 변화
태도 vs 분석
전체 vs 부분

일(work)
(핵심이념
· 가치)
不易
流行
(비전 · 목표)

올바른 리더
The Right Leader

책임감(Accountability)
'모든 책임은 여기에'

신뢰(Trust, Integrity)
영리함이 아닌 일관성
언행일치
성 실

올바른 리더는
인간을 존중한다

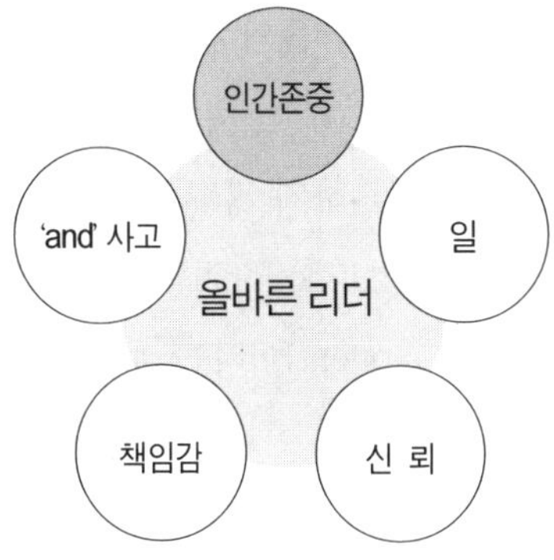

1

올바른 리더는 사람들과 조직을 인격체로서 존중하고, 그들의 건강까지도 돌본다[1]

올바른 리더는 자신은 물론 다른 사람들을 귀중하게 생각하고 존중한다. 그들은 사람을 볼 때 팔과 다리 등의 신체(body/physical)를 가진 단순한 존재로 보지 않고, 대신 생각의 근원인 정신(head/mind)과 상대방을 따뜻한 마음으로 배려할 줄 아는 감성(heart/emotion), 만물의 영장(靈長)으로서의 품격인 영성(도덕성)(spirituality/morality)을 고루 겸비한 고귀한 인격체로 여기고 존중한다.

그들은 또한 자신을 포함한 사람들의 건강을 생각하고 돌본다. 마찬가지로 그들은 건강을 돌볼 때에도 체격, 체력, 혈액순환 등의 신체적 건강(PQ ; Physical Quotient)만 생각하지 않고, 정신적 건강(IQ ; Intelligent Quotient)과 감성적 건강(EQ ; Emotional Quotient), 영적/도덕적 건강(SQ/MQ ; Spiritual/Moral Quotient)이라는 보다 근본적인 것들을 생각하면서 돌본다. 그들은 사람뿐만이 아니라 조직(팀)도 인격체(法人)로서 생각하고 존중하는 것이다. 따라서 조직의 건강을 사람의 건강과 똑같은 가치 위에서 생각하고 돌본다.

---

1) 로버트 슬레이터 지음, 강석진, 이태복 옮김, 잭 웰치와 GE 방식 필드북, 서울 : 도서출판 물푸레(2000), pp.46-63

히딩크는 선수와 팀을 존중하였다

히딩크 감독은 선수들을 인격적으로 존중하는 모습을 우리들에게 보여주었다. 그는 선수들에게 강인한 체력과 기술(신체적 건강), 생각하는 축구를 통한 창조적인 플레이(정신적 건강), 투지, 정신력, 자신감(self-confidence)(감성적 건강), 그리고 조직의 규율(discipline)과 팀워크(도덕적 건강)에 기초한 조직력을 강조했다.

그는 선수들의 건강상태를 측정하기 위해 각종 지표(indicator)들을 사용했다. 선정된 지표별로 선수 개개인별 목표를 설정하고 지속적으로 선수들을 독려하고 점검하면서 선수들의 건강지수(Health Quotient)를 높이기 위해 노력했다. 또한, 그는 조직(팀)의 건강지수도 선수들에게 했던 것과 동일한 방식으로 높여 나갔다.

히딩크 감독은 나아가 한국 선수들(우리 팀)만이 아니라 해외 선수들(상대팀)까지도 존중했다. 경기가 끝난 후 예선 탈락의 쓴잔을 마신 포르투갈 선수들, 특히 자신이 한때 제자로 두기도 했던 피구 선수를 끌어안으며 위로하던 모습을 우리는 기억한다. 그는 송종국 선수의 수비에 막혀 실력 발휘를 못했던 피구에 대해 "그는 이번 한일 월드컵을 통해서 분명 한 단계 더 높은 선수로 거듭날 것이다."라고 덕담까지 했다. 선수들을 존중하는 그러한 그의 일관된 행동은 8강전이 끝난 후에도 이어졌다. 그는 우리에게 패한 스페인의 이에리와 모리엔테스 선수도 포옹하면서 격려했다. 그 모습을 통해 우리는 그가 진정으로 축구를 사랑하고 축구 선수들을 존중하는 사람이라는 것을 확인할 수 있었다.

히딩크의 언행을 통해서 본 선수 존중의 예

1) 신체적 건강을 통한 강인한 체력과 기술

운동장에서는 체력과 스피드가 앞서는 선수가 이길 수밖에 없다. 체력이 좋더라도 기량이 형편없다면 문제지만, 다행히 한국 선수들은 기량 면에서 크게 뒤지지 않는다.
- *2001. 2. 8, 두바이 4개국 대회 회견에서*

요즘에는 스피드가 없으면 경기에 지게 된다. 그래서 기동성을 대표팀 선발 시 첫 번째 기준으로 삼았다.
- *2002. 4. 11, MBC D-50 월드컵 특집 다큐멘터리 '히딩크와 한국축구'*

2) 정신적 건강으로 생각하는 축구

골을 많이 넣는 것보다 득점기회를 만들어 낼 줄 아는 '생각' 이 중요하다. … 몸만 뛰지 말고 머리도 함께 뛰어야 한다. 경기를 하는 매 순간, 끊임없이 생각을 해야 한다는 것을 선수들은 알아야 한다.
- *2001. 2. 11, KBS 일요스페셜 '월드컵 1년, 히딩크의 한국축구 무엇을 할 것인가'*

왜 가운데 길로만 가려고 하는가? 위험성이 있지만 옆길로 가면 훨씬 빠른 길이 있는데. 상대 수비의 압박이 들어오는 곳에 볼을 주는 이유는 뭔가? 한번 나한테 그 이유를 설명해 보라.
- *2001. 2. 12, 두바이 4개국 대회 훈련 도중*
  한 선수가 아무 생각 없이 안일한 패스와 볼 터치를 하자

내가 선수들을 전술적으로 발전시킬 수는 있다. 기술이나 체력, 정신력도 어느 정도 나아질 수 있다. 하지만 경기가 시작되면 선수들은 스스로 판단할 수 있을 만큼 성숙해야 한다. 내가 선수들에게 독립적으로 생각하고 주체적으로 판단하라고 주문하는 이유가 바로 여기에 있다.

– 2002. 4. 11, MBC D-50 월드컵 특집 다큐멘터리 '히딩크와 한국축구'

선수들은 그저 지시에 따르기만 할 것이 아니라, 왜 그렇게 해야 하는지를 생각해야 한다. 그래야만 자신의 행동에 좀더 책임감이 생기고 동기부여가 된다.

– 2002. 3, 한 방송사와의 인터뷰에서

선수들 개개인이 창조적인 플레이를 할 것을 강조했다. 무턱대고 뛰어다니는 모습이 아니라 공이 있을 때와 없을 때의 상황에 맞춰 자신이 스스로 생각하고 행동하도록 요구했다.

– 2001. 12. 24, 타임 지 스텔라 김과의 인터뷰에서

3) 감성적 건강으로 경기에 임하는 선수들의 투지, 정신력과 자신감

우리는 승리를 위해 싸울 것이다. 이기겠다는 자세로 경기에 임하는 게 필요하다.

– 2001. 2. 8, 두바이 4개국 대회 모로코 전을 앞둔 인터뷰에서

어떤 팀이든 한계가 있기 마련이다. 매사를 부정적으로 생각하면 우리는 이길 수 없다. 이렇게 열등의식을 가지면 이미 첫 게임은 진거나 마찬가지다.

– 2002. 4. 11, MBC D-50 월드컵 특집 다큐멘터리 '히딩크와 한국축구'

한국 팀이 유럽 콤플렉스를 갖고 있었던 것은 사실이다. 내가 기회 있을 때마다 강조하는 것은 선수들이나 국민, 언론 모두 자신감을 가져 달라는 것이다. 팀 조직력을 위한 개인기술은 유럽에 비해 많이 떨어지는 편이 아니다. 1년간의 실전 훈련 끝에 유럽에 대한 자신감을 서서히 회복하고 있다.

– 2001. 12. 31, 민주당보와의 인터뷰에서

몸싸움 훈련은 경기 때, 상대와의 몸싸움에서 밀리지 않는 투지와 체력을 키워주며, 선수들 간에 경쟁심을 일으키도록 자극하는 훈련이다. … 패하면 망신 당할까봐 소극적인 경기를 하는 한국 선수들을 개선시키기 위해 선수 개개인의 이름을 직접 외워 격려하고 독려해 좀더 공격적인 선수들로 개조했다. 정신력과 복종심이 강한 한국 선수들은 자신을 전사라고 생각하며, 맡은 임무는 반드시 완수하는 책임감이 좋다.

- 2002. 5. 20, 영국 일간신문 가디언과의 인터뷰에서

4) 도덕적 건강으로 팀과 팀원들을 존중하는 조직력과 규율

나는 영웅보다는 독재자가 되기를 원했다. 스타에 의존하기보다는 팀 전체가 기계처럼 맞물려 돌아가는 조직력을 키우고 싶었다. 그러기 위해서는 선수들의 헌신이 필요했다. 규율도 필요했다.

- 2002. 7. 2, 히딩크 수기(2) 한국축구와의 인연, 동아일보

그들이 상대방에 대한 존중을 잃게 될 때, 한계를 넘어서게 된다. 예를 들어, 만약 스트라이커 자리를 노리는 5,6명의 선수들이 서로에 대한 존중을 망각하고 행동한다면, 나는 즉시 제재를 가한다. 그러나 존중이 깔려 있다면 경쟁은 매우 생산적인 것이 될 수 있다.

- 2002. 6. 15, KBS 일요스페셜 'Thank You 히딩크, 세계를 놀라게 한 한국축구'

조직에서는 개인보다 팀이 우선이다. 팀워크를 해치는 개인기는 경계해야 한다.

- 2002. 5, 서귀포 전지훈련에서

정말 선수들에게 칭찬을 해주고 싶은 것은 짧은 시간에 선수들이 너무도 많은 것을 충실히 배웠다는 것이다. 오늘 가장 잘 뛴 선수는 없다. 오늘 출전한 모든 선수와 벤치에 앉아 있던 모든 선수들이 다 베스트 플레이어다.

- 2002. 6. 18, 이탈리아에 2 : 1로 역전승을 거둔 후

올바른 리더는
'그리고(and)' 사고를 한다

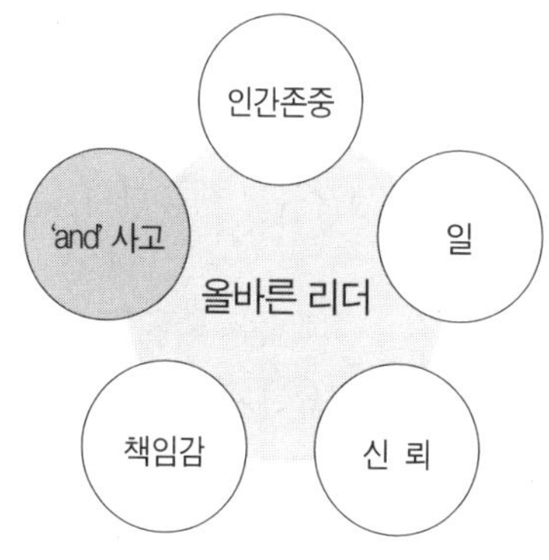

2

올바른 리더는 '아니면(or)'이 아닌 '그리고(and)' 사고를 한다[1]

올바른 리더는 사람이나 조직을 이끌어 가면서 '이것 아니면(or) 저것'이라는 이분법적인 흑백논리와 사고로 사람과 조직의 분리와 분열을 조장하지 않는다. 대신 그들은 '이것 그리고(and) 저것'이라는 양자를 포괄하고 통합하는 사고로 조직과 개인을 이끌어 간다.

그들은 다양성을 인정한다. 또한 그 다양성을 유기적으로 통합(integrated diversity)하여 시너지를 창출한다. 그들은 조직구성원들이 물리적 결합에 그치지 않고 화학적 융합을 일으킬 수 있도록 촉매제의 역할을 하고, 사람과 조직의 구심점 역할을 담당한다.

따라서 그들은 다음과 같이 생각하고 행동한다.

- 단기적 관점에서 생각하고 행동하지 않는다.
  - → 장기적 관점으로도 생각하고 행동한다.
- 세부적 관점만을 보고 행동하지 않는다.
  - → 전체적이고 종합적이고 입체적인 관점으로도 보고 행동한다.
- 조직의 안정만을 추구하지 않는다.
  - → 조직의 앞날을 위해 지속적인 변화도 추구한다.
- 조직을 위한 공적인 생활만 중시하지 않는다.
  - → 자신과 조직원들의 사생활도 중시한다.

---

1) 제임스 콜린스, 제리 포라스 지음, 워튼 포럼 옮김, *성공하는 기업들의 8가지 습관*, 서울 : 김영사(1996), pp.64-66

- 조직을 위해 신중한 전략만 수립하지 않는다.

  → 과감하고 혁신적인 전략도 수립한다.

- 전략을 수립만 하지 않는다.

  → 실행도 한다.

- 결과만 생각하고 행동하지 않는다.

  → 결과를 창출하는 과정과 그 과정에 참여한 사람들도 생각하고 행동한다.

- 조직에서 '변해야만 되는 것' 만 생각하고 행동하지 않는다.

  → '변하면 안 되는 것' 도 생각하고 행동한다.

- 냉철한 머리만 가지고 행동하지 않는다.

  → 뜨거운 가슴으로 올바른 가치관에 맞춰서도 행동한다.

- 긍정적이고 낙관적인 태도와 자세(positive attitude)로만 행동하지 않는다.

  → 냉철한 분석(negative analysis)을 병행하면서 행동한다.

- 과학적이고 합리적인 사고만을 중시하지 않는다.

  → 직관과 통찰력도 중시한다.

- 지엽적인 사항에 대해서도 관심을 표명한다.

  → 그렇지만 그것에 구애받지 않고 본질과 핵심을 보면서 행동한다.

- 사람들을 끌어당기는 매력(카리스마)만 있는 것이 아니다.

  → 의사소통과 유머 능력도 있다.

히딩크는 '그리고(and)' 사고의 소유자였다

경기를 치르는 동안 골을 기록했을 때나 승리했을 때 히딩크 감독이 우리들에게 보여 준 행동은 대단히 뜨거운 가슴과 열정의 소유자임을 짐작케 한다. 하지만 그는 곧바로 냉정한 승부사로 돌아가서 경기를 지휘하거나 다음 게임을 준비하는 모습도 보여 주었다. 그가 뜨거운 가슴뿐만이 아니라 냉철한 머리까지 동시에 가지고 있음을 보여 주는 대목이다.

이탈리아와의 16강전을 앞두고도 히딩크 감독은 우리가 이탈리아를 이길 경우 8강에서 만나게 될 승자를 가리는 스페인과 아일랜드와의 경기를 직접 관전했다. 코앞에 닥쳐온 경기도 중요했지만, 아울러 경기에 이겼을 경우 다음에 만날 상대에 대해서도 철저히 대비했던 것이다. 이처럼 그는 단기적 안목과 더불어 중장기적인 안목으로 생각하고 행동했다.

히딩크 감독은 또한 선수 개개인의 체력 지수와 컨디션 지수들을 날마다 세밀하게 기록하고 체크하는 한편, 팀 전체의 조직력과 전술 지수를 세밀하게 체크하고 관리했다. 세부사항만이 아니라, 종합적이고 입체적인 사항도 체크하고 관리했다.

그는 월드컵 1승과 16강 진출이라는 축구협회와 선수들, 그리고 온 국민의 비전을 적극적으로 공유했다. 그리고 그는 비전을 공유하는 데 그치지 않고, 비전을 달성할 수 있는 혁신적인 전략을 치밀하게 수립했고, 그 전략을 꿋꿋하게 효과적으로 실행에 옮김으로써 비전을 달성했다.

그렇다고 그가 월드컵 1승과 16강 진출이라는 비전 달성(결과)만을 자신의 사명으로 생각한 것은 아니었다. 궁극적으로 그는 한국 팀의 전반적인 경쟁력을 끌어올릴 수 있는 환경을 만드는 데 최선을 다하겠다는 다짐을 했다. 자신이 떠난 후에도 한국축구가 국제무대에서 좋은 성적을 거둘 수 있도록 한국축구의 체질을 개선하는 것도 자신의 사명에 적극적으로 포함시켰던 것이다. 그리고 그는 우리들에게 시종일관 자신의 사명에 헌신하는 모습을 보여 주었다. 그는 일시적이고 일회적인 결과만을 창출하는 대증요법만을 생각한 것이 아니라, 그 결과를 창출하는 원인에 해당되는 과정까지 혁신하는 대인요법까지 생각한 것이다.

히딩크 감독은 "축구는 축구이고 사생활은 사생활이다. 선수들 스스로가 공사를 구분하고 통제하는 것이 진정한 프로의 자세이다."라는 자신의 소신을 실천한 사람이다. 선수단과 축구협회 직원의 복장과 색상 통일, 식당에 동시에 입장하고 동시에 식사를 마치는 것, 공식 업무 중엔 휴대폰이 울려도 받지 말 것 등, 공적인 부분에서는 엄격한 규칙과 규율을 정하고 준수를 요구했다. 그리고 그는 자신이 먼저 규칙과 규율을 철저하게 준수했다. 하지만 운동 이외의 부분에 대해서는 자율적인 분위기를 조성했기 때문에, 사적인 부분은 선수 각자가 자유롭게 결정할 수 있도록 허락했다.

한편, 히딩크 감독은 월드컵에서 매 경기마다 탄탄한 수비 조직력과 함께 골을 먹지 않는 신중한 전략을 구사했지만, 이탈리아와의 경기에서는 0 : 1로 지고 있었던 후반전에 핵심수비요원들(김남일, 김태영, 홍명보)을 과감하게 빼고 그 자리에 공격수들을 투입, 연장전까지 끌고 가서 2 : 1로 승리하는 모습을 보여 주었다. 그는 신중한 전략만이 아니라 과감하고 혁신적인 전략도 구사했다.

한마디로 그는 '이것이면 이것이어야 한다'는 경직된 사고방식의 소유자가 아니라, 이것과 저것을 자유로이 넘나들고, 동시에 함께 구사할 수 있는 유연한 사고의 소유자였던 것이다.

히딩크의 언행을 통해서 본 '그리고(and)' 사고

1) 단기적인 관점뿐만 아니라 장기적인 관점

한 팀을 이끄는 감독이라면, 더군다나 한 국가를 대표하는 팀의 감독이라면 멀리 내다볼 수 있어야 한다. 그래서 외로울 수 있다.

  – *2002. 7. 3, 히딩크 수기(3) 컨페더컵-골드컵 시련 딛고, 동아일보*

감독은 당장의 선수 지도뿐 아니라, 다가올 시간들도 항상 준비해야 한다. 축구 지도자에게 당부하고 싶은 것은 오늘, 내일, 그리고 그 다음을 위한 원칙과 전략을 세우라는 것이다. 그리고 원칙을 세웠으면 이를 위한 실행계획을 세우고 지속적으로 매달려라. 다음 월드컵을 향해 장기적인 계획을 세운 후 그 계획을 충실하게 수행해 나가라. 그러면 다가오는 미래의 월드컵에서 훨씬 경쟁력 있는 한국 대표팀을 만날 수 있을 것이다.

  – *2002. 4. 11, MBC D-50 월드컵 특집 다큐멘터리 '히딩크와 한국축구'*

약팀을 상대로 한 승부 쌓기는 나를 속이는 것이라고 생각했기 때문에 굳이 나는 어려운 길을 택했다. 궁극적으로 한국축구에 기여한 인물로 기억되고 싶다. 이번 대회 참가는 체력과 전술훈련을 해나가는 과정이다. 장기적인 계획이 있다. 순간의 결과만 보지 말아 달라.

  – *2002. 2. 1, 북중미 골드컵 최종 회견에서*

승리를 위해서는 나의 전략을 밀고 나가야 한다고 생각한다. 처음에는 그 전략이 역으로 작용하는 듯 보일 수도 있다. 두 발짝 앞서 나가기 위해 한 발 물러선 것이라고 보면 된다. 사람들이 무슨 생각을 하는지는 내게 전혀 중요하지 않다.

  – *2002. 4. 23, LG컵 이집트 대회 전 인터뷰에서*

(청소년 대표 2명을 포함, 신예 5명을 합숙훈련에 합류시킨 이유는?) 한국축구 미래를 위해 내린 결정이다.

– 2002. 4. 10, D–50일 인터뷰에서

2) 결과뿐만이 아닌 프로세스와 내부 역량도 중시

월드컵 본선에서 1승도 못 올린 한국축구의 습관을 바꿔놓겠다.

– 2001. 1. 12, 울산 훈련장에서

무엇이든 현실적으로 생각해야 한다. 한국이 월드컵에 많이 출전해 세계축구계에 인지도는 높지만, 단 1승도 거두지 못했다. 그런 관습을 깨고 싶다. 한국은 늘 뒷심 부족을 나타내는데, 경기 전체를 운영하고 통제할 수 있는 능력이 있어야 한다. 헌신적인 자세와 함께 강약을 조절할 수 있는 능력도 겸비해야 한다.

– 2001. 1. 12, 울산 첫 훈련 회견에서

결과도 중요하지만 어떤 성과를 얻느냐도 중요하다. 우리 선수들이 열심히 해서 골을 얻었기 때문에 그런 과정이 더 소중하다.

– 2001. 2. 8, 두바이 4개국 대회 중 모로코와 1 : 1로 비긴 뒤의 인터뷰에서

경기를 주도할 수 있는 경기력을 갖춰 나가는 것이 무엇보다 중요하다. 또 관중들이 즐거워하는 공격적인 경기를 펼쳐야 한다. 16강에 들지 못해도 세 경기 모두 잘 뛰고, 운이 나빴다는 평을 듣는 게 더 낫다. 게임을 지배할 수 있다면 승리는 자연스럽게 따라온다.

– 2001. 10. 31, 부임 10개월 한겨레신문 인터뷰에서

나는 한국 팀이 장기적으로 경쟁력을 가질 수 있는 토양을 만들어 주려고 노력했고, 어느 정도 성공했다고 본다.

– 2002. 7. 1, 히딩크 수기(1) 제2의 조국 대한민국, 동아일보

올바른 리더는 '그리고(and)' 사고를 한다 41

3) 신중한 전략만이 아닌 과감한 혁신전략

한국은 본선에 4회 연속 진출했지만, 단 1승도 거두지 못했다. 세계무대에 강한 인상을 남기지도 못했다. 언제나 한국 선수들은 주눅 들어 있었고 자신감 없는 모습만 보여 줬다. 그게 한국의 과거였다. 이제는 우물 안에서 벗어나라. 국제적인 대세를 따르기 위해 보다 혹독한 노력이 필요하다.

한국은 토털사커라는 현대축구의 흐름을 따라야 한다. 현대축구, 소위 선진축구는 수비수와 공격수의 구분이 없다. 공격수도 수비에 적극 참여해야 한다.

 - 2002. 4. 11, MBC D-50 월드컵 특집 다큐멘터리 '히딩크와 한국축구'

4) 긍정적인 태도와 냉철한 분석

(당신이 감독직을 승인했을 때 놀랐다. 사람들은 당신 같은 명장이 왜 한국 같은 약체를 맡았는지 궁금해했다. 단순히 개최국이라는 점 때문인가?) 솔직히 나도 좀 주저했다. 하지만 날 찾아온 한국인 담당자는 무척 진지했고 암스테르담까지 따라와서 계속 면담을 요청했다. 지금에서야 하는 말이지만, 처음엔 찾아온 손님에 대한 예의 차원으로 만났다. 당시엔 유럽의 몇몇 팀과 국가대표에서도 사령탑 제의가 있었다. 그들은 하나 같이 거액을 제시했지만 나는 돈 문제에는 별로 관심이 없었다. 그건 내 변호사가 알아서 할 문제다. 나의 관심은 내가 맡을 팀에 대한 환경과 그 팀이 가진 경쟁력을 보는 것이었다. 한국인이 찾아왔을 때 그들은 정말 진지했다.

나는 1년 반이라는 시간은 너무 촉박하다고 거절의 의사를 표시했지만, 한국 담당자는 충분한 시간이 있으며 한국의 선수들은 결코 훈련을 게을리 하지 않고 최선을 다해 배울 것이라고 했다.

또한 내게 요구하는 것도 별로 없었다. 단지 월드컵에서 경쟁력을 갖추는 힘을 국민들이 느낄 수 있다면 좋겠다고 했다. 다른 조건은 하나도 말하지 않았다. 난 그 한국인의 자세에 점차 마음이 움직였고 오래도록 고민했다. 내 주위의 친구 중에서도 한국을 알고 있는 사람이 있다. 그들에게 조언을 구했더니 흔쾌히 해보라고 했다. 한국은 지난 월드컵에서 한번도 이겨보질 못했다. 하지만 이번에는 다를 것이다. 지금 개막이 얼마 남지 않아 다른 언론에서 한국의 결선 토너먼트 진출을 불가능하게 보도하지만, 그들의 판단이 얼마나 오판이었는가를 확실하게 보여 줄 것이다.

– 2001. 12. 24, 타임 지 스텔라 김과의 인터뷰에서

한국축구를 모르면 감독을 할 수 없다. 한국 선수들에 관한 것과 한국축구에 대한 자료를 가능하면 많이 보내 달라.

– 2000. 12, 대한축구협회 관계자에세

그래도 한국은 D조에서 객관적으로 랭킹 4위다.

*– 2002. 5. 21, 잉글랜드와의 평가전에서 1 : 1로 비긴 뒤,
선수들이 지나치게 들뜨면 안 된다며*

장담을 잘 안 하는 게 내 스타일이지만, 우리 팀이 지금 목표치에 가까이 도달한 만큼 운이 따른다면 가능성이 있다. 또 꿈을 이루겠다는 야망과 자신감이 있다.

– 2002. 5, 서귀포에서 네티즌 인터뷰 중 16강 진출을 자신하며

국내외에서 내가 차지하는 비중에 대해 과대평가하는 분위기가 있다는 것을 잘 알고 있다. 그러나 난 그렇게 생각하지 않으며, 모든 성과는 빨리 그리고 열심히 배우려 노력한 선수들의 순수함 덕분이다. 한국 국민들이 나를 사랑해 주는 것에 대해 매우 고맙게 생각하지만, 이로 인해 현실 감각을 잃고 싶지는 않다.

– 2002. 6. 10, 2002 한일 월드컵에서 미국과의 경기 후 인터뷰에서

5) 종합적이고 입체적인 사고와 세부적인 사고

다른 빅 매치를 앞둔 때와 마찬가지로 경기 엔트리 제출 시점까지는 언론에 선발출전 선수를 공개하지 않겠다. 하지만 폴란드에 대한 분석을 마쳤을 때 난 선발 선수에 대해 대략 구상을 했으며, 마지막 훈련기간에 선수 컨디션에 따라 약간의 변화를 줄 수는 있다. (폴란드에 대해) 지난 달 파주 트레이닝센터에서 비디오분석을 했을 때는 큰 틀에서 분석을 했다면, 31일 실시한 분석 때는 선수들에게 폴란드의 구체적인 장단점과 선수 개개인의 능력 등 세밀한 부분에 주목할 것을 주문했다.

– 2002. 6. 1, 회견에서

올바른 리더는
자신의 일을 안다

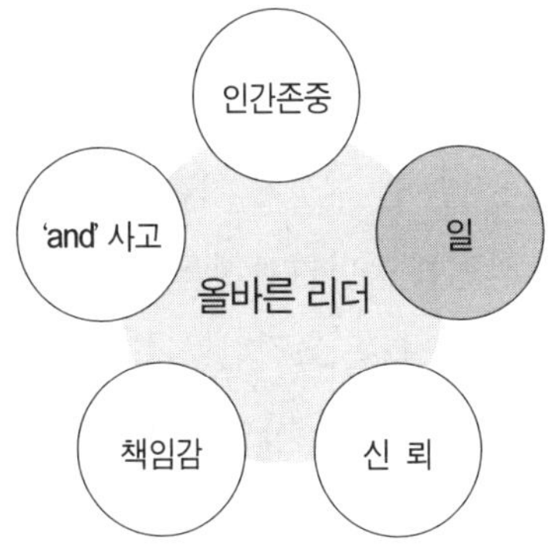

3

올바른 리더는 자신에게 주어진 일이 무엇인지 확실히 알고 즐기면서 일한다[1]

올바른 리더는 자신이 소속된 조직이 자신에게 요구하는 일(work)이 무엇인가를 먼저 확실히 파악한다. 그들은 조직원들을 일차적인 이해관계자(stakeholder)로 인식하고, 조직과 이해관계가 직간접으로 얽혀 있는 외부의 이해관계자(stakeholder)들을 파악하여 그들과 적절한 동반자관계(partnership)를 형성해 간다.

기업을 이끌어 가는 올바른 리더는, '내부고객으로서의 조직원(employee)', '주주와 채권자', '외부고객(customer)', '협력기업(공급업체)', '경쟁자(competitor)', '산업관련 협회와 단체', '지역공동체와 지역주민', '지방자치단체', '국가 기관' 등을 조직의 이해관계자들로 생각하고, 그들과 적절한 동반자관계를 형성해 나간다.

아울러 그들은 자신이 소속된 조직원들과는 끈끈한 팀워크를 이루어 가면서, 외부 이해관계자들의 요구사항을 고려하여 조직의 핵심가치와 목적을 설정하거나 확인한다.

다른 한편으로 그들은 조직원들과 함께 조직 내에서 '변하면 안 되는 것(不易)'과 '변해야만 되는 것(流行)'을 확실하게 설정한다. 여기서 '변하면 안 되는 것(不易)'이란 '조직의 마음이나 신념'을 일컫는데, 이를 '조직의 정체성(identity)' 혹은 '조직의 핵심이념(core ideology)'이라고도 한다. 즉, 그들은 자신을 포함하여 조직원 모두가 어떠한 경우에도 반드시 준수해야 할 핵심가치(core values)와 조직의 존재 의의인 목

---

1) 피터 드러커 지음, 이재규 옮김, 프로페셔널의 조건, 서울 : 청림출판(2001), pp.280-286

적(purpose)을 '변하면 안 되는 것(不易)'으로 깊이 인식하고, 이것을 명확하고 뚜렷하게 설정하고 유지해 간다.

그들은 또한 조직이 '변해야만 되는 것(流行)'이 무엇인지를 안다. 조직의 발전과 진보를 향한 끝없는 조직원들의 열정(drive, passion)과 에너지를 모아 크고, 어렵고, 대담한 목표(BHAG ; Big, Hairy, Audacious, Goal)를 조직의 비전(vision)으로 설정한다. 그리고 핵심가치와 목적, 비전에 비추어 조직원들과 함께 우선순위를 결정하고, 혁신적인 전략을 수립하고 실행함으로써 조직의 비전을 달성한다.

따라서 정치, 경제, 재정, 조직구성원, 노조문제 등과 관련하여 어떤 현실적인 제약요인이 발생했을 때에 그들이 수용하는 타협은 오직 조직의 핵심가치, 목적, 비전과 양립할 수 있는 경우일 뿐이다. 그것들로부터 벗어나서 타협하는 사람들은 올바른 리더라고 할 수 없다. 즉, 올바른 리더는 조직의 핵심가치와 목적을 준수하면서 그것을 자신의 행동으로 표현한다.

그 모든 과정에서 그들은 조직 내외부의 모든 이해관계자들과 일방적 의사전달(one-way communication)을 하지 않고 쌍방향 의사소통(two-way communication)을 지속적으로 유지한다.

그러나 그 무엇보다 그들은 자신이 하는 일을 진정으로 좋아한다. 그래서 자신이 하는 일에 매우 깊이 몰입된다. 이러한 현상을 편집증(paranoid)에 비유하기도 하지만, 그렇다고 그들이 맹목적으로 일에 몰입된다는 이야기는 아니다. 그들은 항상 조직의 정체성인 핵심가치와 목적 안에서 자신의 일을 즐긴다.

히딩크는 자신의 일을 확실하게 알고 즐겼다

히딩크 감독은 진정으로 축구를 좋아하고 사랑한다. 거의 매일 잠자리에 들기 전에 축구경기 녹화비디오를 시청할 정도다. 또한 우리나라 국가대표팀 감독으로 부임할 때 이미 자신이 해야 할 일이 무엇인지 확실하게 알고 있었다. 그는 시작부터 준비된 감독이었다.

1998년 네덜란드 국가대표팀을 이끌고 우리에게 5 : 0으로 대승을 거두고 파죽지세로 월드컵 4강에 진출했던 그는, 이미 그 전부터 유럽의 각종 명문 프로축구 구단들(스페인의 레알마드리드, 네덜란드의 PSV 아인트호벤 등)의 감독을 역임하면서 이미 그 역량을 검증받은 감독이었다.

그는 또한 감독으로서 '변해서는 안 될 것'과 '변해야만 되는 것'을 알고 감독직을 수행하였다.

"나를 신사적이라고 평가하는 것은 선수들이 규칙과 규율을 잘 지켰을 때는 맞는 말이지만, 그렇지 않을 때는 아니다. 규율과 규칙이 나를 여기까지 있게 했다."라는 그의 말은 이해관계자들에게 '변해서는 안 될 것'을 분명하게 천명한 것이다. 그는 자신을 영입하러 온 대한축구협회가 가삼현 국제부장에게 대뜸 "한국 선수들에게 아무 이유 없이 지금 당장에 나무에 올라가라고 지시한다면 그렇게 하겠는가?"라고 물었다. 가부장이 "아마 그럴 것이다."라고 대답하자, "좋은 전통"이라며 고개를 끄덕였다.

"나는 영웅보다는 독재자가 되기를 원했다. … 선수들이 처음에는 옷을 마음대로 입었는데 이동 중에도 복장을 통일하도록 했다. 모든 일과는 내 시계에 맞추도록 했다. 규율을 세우기 위해서였다."라는 말에서도 알 수 있듯이 그는 규율과 규칙을 자신을 포함한 선수, 스태프, 그리고 이해관계자 모두가 준수하도록 했다.

한편, 히딩크 감독은 부임 후 자신이 리더로서 관계를 맺어야 할 이해관계자들도 이미 파악하고 있었다. "나를 도와 줄 코치들과 함께 다시 한국에 오게 돼 기쁘다. 세계를 놀라게 하겠다. 연습 전후 기자들과 같은 말을 반복하는 것은 너무나 비효율적이다. 한국에서도 일주일에 두세 번 시간과 장소를 정해 기자들과 공식적으로 만나겠다." 그는 선수, 코치를 포함한 스태프, 대한축구협회, 국내외 프로축구 구단, 국내외 언론, 12번째 선수인 서포터스, 정부와 국민, 그리고 경쟁 상대국 대표팀과 세계 축구협회, 세계 축구인 등을 자신이 관계를 맺어야 할 이해관계자들로 인식하고 그들과 적절한 관계를 지속적으로 형성해 나갔다.

그는 4회 연속 월드컵에 진출하고서 한 번도 1승을 올리지 못한 한국축구의 전통과 잘못된 한국축구의 체질, 습관을 "변해야만 할 것"으로 파악했다. 그리고 월드컵 1승, 16강 진출과 한국축구의 체질 개선을 비전으로 설정하고, 이해관계자들과 적극적으로 공유했다. 그는 설정한 비전을 달성하기 위해 각 분야의 유능한 전문가들(전술코치, 비디오분석관, 체력훈련담당관, 언론 및 홍보 담당관, 물리치료사 등)로 스태프 진을 구성하고 그들과 팀워크를 형성하여 일했다. 그는 자신에게 필요한 전문 분야가 무엇이며, 누가 적임자인가를 이미 알고 있었던 것이다. 그는 그들과 열린 마음으로 그들의 의견을 경청했지만 최종 결정은 자신이 했고, 책임도 자신이 졌다.

약 9개월 동안(2001년 1월~2001년 9월) 자신의 스태프 진들과 팀워크를 이루어 한국축구의 구조적이고 근본적인 문제점을 파악한 그는 비전 달성을 위한 혁신적 전략을 치밀하게 수립했다. 그리고 원칙을 지키면서 전략들을 초지일관 실행해 갔다. 그러나 국내의 많은 이해관계자들은 그의 전략 실행 과정에서 엄청난 비난의 화살을 쏘았다.

월드컵을 앞둔 2002년 5월의 어느 날, 그는 자신의 조국인 네덜란드의 일간지 〈드 텔레그라프〉에 투고한 글에서 다음과 같이 말했다.

"남들이 뭐라 떠들던 나는 내가 생각한 길을 갈 것이며, 궁극적으로 이는 성공으로 이어질 것으로 확신한다. … 월드컵에서 우리는 분명 세계를 놀라게 할 것이다. 모든 것은 그 때에 알게 될 것이다."

그는 비난의 화살을 쏘았던 이해관계자들에게 자신의 말이 현실로 이루어지는 것을 보여 줌으로써 자신에게 쏟아지는 여러 가지 비난에도 불구하고 끝까지 자신의 전략을 실행에 옮긴 것이 결과적으로는 옳았음을 입증했다.

2002년 6월 4일 첫 번째 비전인 폴란드 전에 2 : 0으로 승리한 뒤 그는 이렇게 말했다. "더 커진 한국 국민들의 기대감을 어떻게 채워줘야 할지 다소 당황스럽다. 얼마 전까지만 해도 스포츠 기사에만 내 이름이 실렸는데, 최근엔 정치, 경제, 사회 등 각 부문에서 내 이름이 인용되는 것으로 듣고 있다. 그러나 나는 한국축구 국가대표팀을 이끌고 있는 '작은 독재자'로 만족한다."

히딩크의 언행을 통해서 본 자신의 '일'

1) 자신을 둘러싼 이해관계자들과의 적절한 관계 형성

• 선수

이동국이나 고종수 등 몇 사람이 리스트(월드컵 엔트리)에 포함되지 않은 사실에 실망하는 사람들이 많았다는 것도 알고 있다. 다시 말하지만, 나는 최종 엔트리를 결정하기까지 선수들을 대상으로 많은 테스트를 실시했다. 그리고 마지막 순간에 나는 결국 23명만을 선택해야 했다. 나는 리스트를 발표하기 전날 밤 이동국에게 불가피한 상황을 직접 전달했다. 2006년 월드컵에서 그를 다시 볼 수 있으면 좋겠다.

– 2002. 7. 3, 히딩크 수기(3) 컨페더레이션컵–골드컵 시련 딛고, 동아일보

• *코치*

자연스럽고 부담 없이 마음에 있는 말과 느낌, 생각 등을 전해주고 서로 존중하는 마음으로 생활하자. 허심탄회하게 한국축구에 대한 모든 것을 이야기해 주었으면 좋겠다. 열린 마음으로 듣겠다.

– 2000. 12. 19, 박항서, 정해성, 김현태 코치에게

• *축구협회와 프로축구 구단*

축구협회나 프로축구 구단에서 나에게 많은 충고를 한다. 대개는 선수들의 장단점에 관한 것들이다. 그러나 중요한 것은 축구에 대해선 내 방식이 있고, 이를 원칙으로 계속 추진한다는 점이다. 그렇다고 내가 모든 것을 파악할 수는 없기 때문에 모든 일을 코칭 스태프와 협의하면서 결정한다.

– 2001. 10. 31, 부임 10개월 한겨레신문 인터뷰에서

축구협회에 '나와 함께할 것이라면 내 방법으로 해야 한다' 고 말했다. 과거 한국은 월드컵 본선 워밍업 경기로 말레이시아나 싱가포르, 태국 등을 상대했다. 물론 그들은 이긴다. 그리고는 '이제 월드컵 준비가 되었겠지' 라고 생각해 왔다. 한국은 대패를 두려워했기 때문이다. 나는 협회에게 전 세계의 강호들을 친선 상대로 요구했다.

– 2002. 5. 20, 영국 언론과의 인터뷰에서

히딩크 감독은 한국 프로축구 10개 구단에 국가대표팀 운영과 소집에 협조를 부탁하고, 그 동안에 있었던 대표팀 구성에 협조해 준 데 대한 감사의 뜻을 전하는 내용을 본인이 직접 편지로 작성하여 보냈다. 그것은 대표팀 운영에 프로 구단들의 적극적인 지원이 절실한 상황에서 프로축구 구단들이 선수들의 국가대표팀 차출에 반발할 여지가 있다는 것을 고려한 그의 사려 깊은 행동이었다.

• 국내 기자들

나는 건전한 비판을 수용한다. 내가 선수들을 가르치는 방식에 대해 다른 생각을 가진 사람들의 코멘트도 환영한다. 민주주의 국가에서 언론이 건전한 비판을 가하는 것은 너무나 자연스러운 것이다. 하지만 때로 있지도 않은 사실을 만들어 팀의 분열을 시도하는 기사들이 나올 때는 매우 화가 났다. … 중요한 대회를 앞두고 여러분의 팀을 스스로 분열시키려는 의도를 지금까지도 알 수 없다. 다시 한번 말하지만, 나는 비판을 수용한다. 언론은 국민에게 지대한 영향을 미친다. 책임의식을 가져야 한다.

— 2002. 7. 3, 히딩크 수기(3) 컨페더컵-골드컵 시련 딛고, 동아일보

오늘 아침 4가지 스포츠 신문 1면 탑이 모두 야구기사던데, 월드컵이 한 달밖에 안 남은 시점에서 월드컵 개최국인 한국의 분위기가 이해가 안 된다.”
현재 내 머릿속에는 수백 가지의 주제가 들어 있다. 그런데 그것을 빼먹는 기자들이 없다. 축구는 창의적인 운동인 만큼 기사도 창의적인 아이템을 가지면 얼마든지 재미있는 기사를 쓸 수 있다고 생각한다. 인터뷰할 때마다 선수들의 애칭을 어떻게 부르는지 등 너무 뻔한 것을 몇 번씩 물어보니 짜증이 난다. 만약 기자들이 창의적인 아이템을 가지고 재미있는 기사를 써서 보냈다면 왜 보스(데스크)가 1면에 안 쓰겠는가?

— 2002. 5, 서귀포 훈련 인터뷰에서

신중한 언론은 환영, 신중하지 못한 언론은 사절한다.

> — 2002. 5. 1, D-30 인터뷰에서 최종엔트리 명단이 공식 발표되기 전
> 일부 언론이 앞질러 보도한 것에 대해 불만을 표시하며

• 해외 기자들

스코틀랜드는 지금 팀을 만들어가고 있는 과정이다. 나도 한국 팀을 맡으면서 초반에는 많은 어려움을 겪었으나 내 의지대로 밀어붙였고, 결국 지금의 팀을 만들었다. 오늘의 패배로 포그츠 감독에게 비판이 따르겠지만, 이에 굴하지 말고 자신의 뜻대로 팀을 이끌어야 한다. 스코틀랜드 축구협회도 이에 대한 지원을 아끼지 않아야 유로 2004에서 본궤도에 오를 수 있을 것이다.

> — 2002. 5. 16, 스코틀랜드와의 경기 후 스코틀랜드 기자와의 인터뷰에서

• 한국 국민

중요한 것은 축구인으로서 또 다른 도전을 할 수 있다는 것과 한국 국민과 함께 월드컵을 치를 수 있다는 것이다.

> — 2001. 1. 8, 한국 축구 국가대표팀 감독 부임 전 인터뷰에서

한국의 관중들은 유럽, 특히 스페인에 비해 너무 얌전하다. 매너가 좋은 것은 칭찬해야 될 일이나, 이래서는 내년에 홈그라운드의 이점을 제대로 살릴 수가 없다.

> — 2001. 11. 23, '히딩크, 네티즌에게 고한다', 일간스포츠

한국보다 기량과 스피드가 빠른 일본은 J리그 팀들에 대한 인기가 높아 축구 발전이 계속됐지만, 한국은 대표팀 이외에는 관심이 없어 정작 밑거름이 되어야 할 K리그는 쓰러지고 있다.

> — 2002. 5. 20, 영국 일간신문 가디언과의 인터뷰에서

- **세계 축구인**

오늘과 같은 상태라면 한국은 월드컵이 끝난 이후에도 아시아를 지배할 것이다. 세계는 우리를 얕잡아 보지만, 우리는 세계를 놀라게 할 준비가 되어 있다.

— 2002. 5. 16, 스코틀랜드와의 평가전에서 4 : 1로 대승한 후

- **자신의 일(work)에 대해**

내가 한국 팀 감독을 맡으면서 생각한 건 미래였다. 그저 월드컵에 나가 승리를 이끌어 내는 것 이상을 이뤄내겠다는 생각이었다. 한국 팀의 전반적인 경쟁력을 끌어올릴 수 있는 환경을 만드는 데 최선을 다하겠다는 생각을 했다. 그건 쉬운 일이 아니다. 한국 팀이 다른 팀들과 다른 뭔가를 갖춘 팀이 되어야 하기 때문이다. 기초 경쟁력을 키우게 되면 세계 어느 나라 팀과도 맞서 싸울 수 있는 역량이 생긴다. 특히 경기를 하다 보면 힘들 때가 있게 마련이다. 그럴 때 다시 일어나 싸울 수 있어야 한다. 그러기 위해서는 튼튼한 기초가 있어야 한다.

— 2002. 7. 1, 히딩크 수기(1) 제2의 조국 대한민국, 동아일보

내 취미는 음악과 축구이다. 남들은 직업이 어떻게 취미일 수 있느냐고 하지만, 나는 원래 그런 사람이다. 그날 훈련한 내용을 비디오로 분석해 정리하고 다음 프로그램을 생각한다.

— 2001. 2. 8, 두바이 4개국 대회 인터뷰에서

축구는 나에게 많은 것을 의미한다. 다양한 사람들과 일하는 것은 젊은 사람들의 경기 수준을 끌어 올리는 기회가 되기 때문에 나에게는 도전의 기회이다. 그들은 선수의 입장으로서도 이득을 보지만, 성장하고 있는 한 사람의 입장에서도 얻는 것이 많다. 이는 내게 도전이고, 또 많은 것들을 의미한다.

— 2002. 7. 1, KBS 일요스페셜 'Thank You 히딩크, 세계가 놀랐습니다'

난 영웅에는 관심이 없다. 나는 내 일을 할 뿐이고 내 일을 좋아한다.

- *2002년 6월 4일, 폴란드 전을 앞두고*
  폴란드를 이기면 당신이 영웅이 될 것이라는 말에 대해

2001년 말이나 2002년 초에는 한국 팀을 안정적 궤도에 올려놓게 될 것이다. … 한국축구가 나를 필요로 하는 것은 전술적인 면일 것이다. 축구 감독으로서 일반적인 목표는 90분 동안 통제할 수 있는 팀을 만드는 것이다. 곧 팀을 기계로 만들 것이다.

- *2001. 1. 8, 한국 부임 전 네덜란드에서의 인터뷰에서*

나와 함께 올 일행이 한국축구를 발전시킬 수 있다고 믿고 왔다. 하지만 성급하게 말할 단계는 아니다. 왜냐하면, 앞으로 한국축구를 분석해야 하기 때문이다. 그러나 한국에 와서 유럽에서의 경험으로, 축구 발전에 일조할 수 있게 된 것을 자랑스럽게 생각한다. 오늘까지 며칠간 선수들과 시간을 함께했는데, 전반적으로 봐서 선수들의 개인적인 기량은 뛰어나다. 볼을 다루는 기술도 그만하면 훌륭하다. 지금의 목표는 경기 방법상의 조직력을 크게 향상시키는 것이다. 좋은 성과를 거두고 기량을 향상시키려면, 선수 개개인의 기량을 팀 전체적으로 통합시켜, 조화롭게 운영해야 한다.

- *2001. 2. 11, KBS 일요스페셜 '월드컵 1년, 히딩크의 한국축구 무엇을 할 것인가'*

난 16강 진출을 돕는 조력자일 뿐 주인공은 선수들이다. 내 역할은 내가 가진 경험과 지식을 선수들에게 효과적으로 전달해 그들이 세계축구의 흐름을 따라잡도록 돕는 것이다. 그동안 이 일에 몰두하며 매우 즐거운 시간을 보냈으며, 선수들도 엄청난 집중력을 가지고 잘 따라 주었다.

- *2002. 6. 10, 2002 한일 월드컵에서 미국과의 경기 후*

- **원칙과 규율을 준수하는 일에 대해**

식사시간에 늦으면 벌금을 낸다. 난 낼 돈이 없어 1분이라도 늦으면 안 된다.
나를 신사적이라고 평가하는 것은 선수들이 규칙과 규율을 지켰을 때는 맞는
말이지만, 그렇지 않을 때는 아니다. 규율과 규칙이 나를 여기까지 있게 했다.

 – 2001. 1. 12, 울산 첫 훈련에 앞선 공식기자회견에서 '빨리 가야 한다'며

난 선수들을 칭찬은 하지만 비난하지는 않는다. 잘못을 지적하고 야단을 치
는 것은 우리 팀 내부에서만 한다. 그것이 나와 선수의 약속이고 신의다.

 – 2001. 2. 8, 두바이 4개국 대회 회견에서

여론을 수렴하다 보면 내 축구철학이 흔들릴 수 있고 전술적인 완성도가 방
해 받을 수 있다. 나는 오로지 나의 길을 간다.

 – 2001. 4. 11, LG컵 이집트 대회를 앞두고 대표팀 구성에 대해 묻자

조직에서는 개인보다 팀이 우선이다. 팀워크를 해치는 개인기는 경계해야 한다.

 – 2002. 5, 서귀포 전지훈련에서

올바른 리더는 책임감이 있다

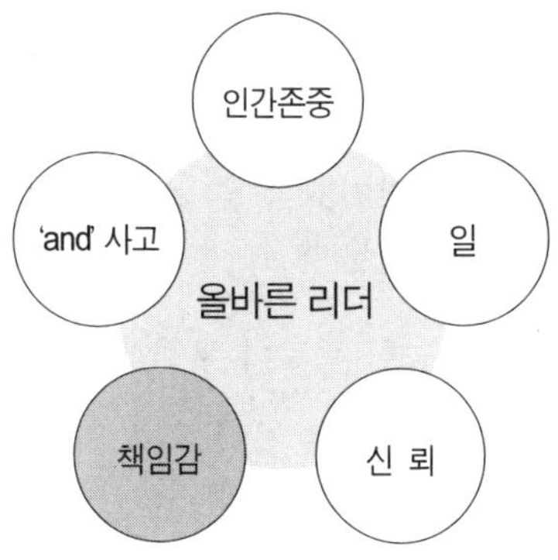

4

올바른 리더는 리더십을 계급과 특권으로 보지 않는다 자신에게 주어진 '책임감'으로 여기고 행동한다[1]

올바른 리더는 결코 '무분별하게' 관대하지 않다. 그러나 일단 자신이 맡은 일이 잘못되었을 경우, 다른 사람들을 책망하거나 그들에게 책임을 전가하지도 않는다. 그들은 '모든 책임은 여기에' 라는 말을 리더십에 대한 훌륭한 정의라고 생각하고 그에 따라 행동한다.

그들은 다른 어느 누구도 아닌 바로 자신이 조직의 성과에 최종적인 책임을 져야 한다는 것을 확실하게 알고 행동하기 때문에 동료나 부하들이 뛰어나다고 해서 위협을 느끼지는 않는다. 반면, 잘못된 리더는 동료나 부하들의 능력과 힘을 두려워한다. 때문에 그들은 유능한 동료나 부하들이 있으면 즉시 제거해 버리고 싶은 충동에 휩싸이고, 실제 행동으로 옮기기도 한다.

그러나 올바른 리더는 유능한 동료나 부하들과 함께 일하기를 원하고, 그들을 격려하고, 밀어주고, 그들을 진정으로 자랑스럽게 생각한다. 그들은 동료와 부하들의 실수에 대해 자신들이 최종적인 책임을 지기 때문에, 부하들의 성공을 위협이 아닌 조직과 자신의 성공으로 여긴다. 그러므로 조직의 더 나은 미래를 위해 동료나 부하들이 새롭고 혁신적인 제도나 시스템을 적극적으로 받아들일 수 있도록 긍정적이고 미래지향적이며 혁신적인 분위기를 조성한다. 뿐만 아니라, 동료들과 부하들이 그러한 새로운 제도나 시스템을 올바로 도입하지 못하거나 제대로 적응하지 못해 실수할 경우에도 무조건 책망하기보다는 오히려 실수를 통하여 학습하는 분위기를 조성한다.

---

1) 피터 드러커 지음, 이재규 옮김, *프로페셔널의 조건*, 서울 : 청림출판(2001), pp.280-286

때문에 그들은 자신이 자리를 떠나자마자 자신이 몸담았던 조직이 붕괴되는 것을 가장 불명예스럽게 생각한다. 자신이 조직을 떠난 후에도 조직구성원들 스스로가 핵심이념을 지속적으로 유지해 가면서 발전과 진보를 향한 강한 의지와 열정을 가지고 끊임없이 새로운 비전을 창출하고 달성하는 것이 리더십의 궁극적인 과제임을 알기 때문이다.

히딩크는 리더십을 자신의 '책임감'으로 받아들였다

히딩크 감독은 전략 실행 과정에서 현장학습(on-the-job learning, action-learning)을 위해 우리 축구 국가대표팀으로 하여금 수많은 외국의 강팀들과 평가전을 치르도록 했다. 당시 대부분의 이해관계자들(언론, 일부 축구 감독과 국민)은 외국 강팀들과의 평가전 결과에 일희일비하면서 그에게 많은 비난을 쏟아 부었지만, 그는 그 어느 누구에게도 평가전 결과에 대한 책임을 전가하는 모습을 보이지 않았다.

그는 오히려 경기에서 패한 선수들을 칭찬해 주었다. 그러한 그의 행동은 월드컵에서도 계속되었다. 미국 전에서 이을용 선수가 페널티킥을 실축했을 때도 그를 교체하지 않고 경기 마지막까지 뛰게 하였으며, 안정환 선수 역시 이탈리아 전 때 페널티킥을 실축했지만 연장전까지 계속 뛰게 하였다. 그 결과는 어떠했는가? 이을용 선수는 후반에 동점골을 터뜨리는 데 결정적인 어시스트를 했고, 안정환 선수는 결국 드라마 같은 골든골을 넣었다. 그들은 감독의 신뢰에 보답했고, 우리는 승리했다.

히딩크 감독이 그렇게 할 수 있었던 근저에는 선수들에 대한 강한 신뢰와 함께, 팀의 최종 성적에 대한 책임을 전적으로 자신이 지겠다는 강한 책임감이 있었다. 그는 선수들에게 책임을 전가하지 않았다.

히딩크의 언행을 통해서 본 책임감

세계적인 강팀과의 격차를 실감한 이상 이제부터는 그 격차를 줄여나가는 데 최선을 다하겠다. 창피하지 않다. 좋은 경험이었다.

– 2001. 5. 31, 컨페더레이션스컵에서 프랑스에게 0 : 5로 패한 뒤

오늘 승리는 내 지도방식에 맞춰 열심히 뛰어준 선수들의 몫이다.

– 2002. 6. 4, 폴란드에 2 : 0으로 승리한 뒤 네덜란드 기자들과의 인터뷰에서

결국 무승부는 불만족스러운 결과다. 하지만 선수들이 적극적인 플레이를 펼친 데는 만족한다. 감독 부임 이래 한국 팀은 많은 점이 바뀌었다. 비록 경험이 부족할지라도 그들은 '진정한 전사들'이다. 나는 그들 모두가 자랑스럽다.

– 2002. 6. 10, 미국과 1 : 1로 비긴 뒤

우린 수백 번 페널티킥을 연습했다. 그러나 실전은 전혀 상황이 다르다. 이을용은 페널티킥 연습에서 전혀 실수를 하지 않는 선수다. 이을용이 실패했지만, 다 경기의 일부분이다. 더 중요한 점은 많은 찬스가 있었는데 골을 넣지 못한 것이다. … 1994년 월드컵 때 이탈리아의 최고 스타 로베르토 바조도 그랬다. 1990년 월드컵 때는 나의 모국 네덜란드도 페널티킥을 놓쳐 8강에서 탈락했다. 그것은 경기의 일부일 뿐이니 기죽이지 말라.

– 2002. 6. 10, 2002 한일 월드컵 미국 전에서 이을용의 페널티킥 실축에 대해

난 16강 진출을 돕는 조력자일 뿐 주인공은 선수들이다. … 국내외에서 내가 차지하는 비중에 대해 과대평가하는 분위기가 있는 것을 잘 알고 있다. 그러나 난 그렇게 생각하지 않으며, 모든 성과는 빨리 그리고 열심히 배우려 노력한 선수들의 순수함 덕택이다.

– 2002. 6. 10, 2002 한일 월드컵 미국과의 경기 후에

올바른 리더는
신뢰를 확보한다

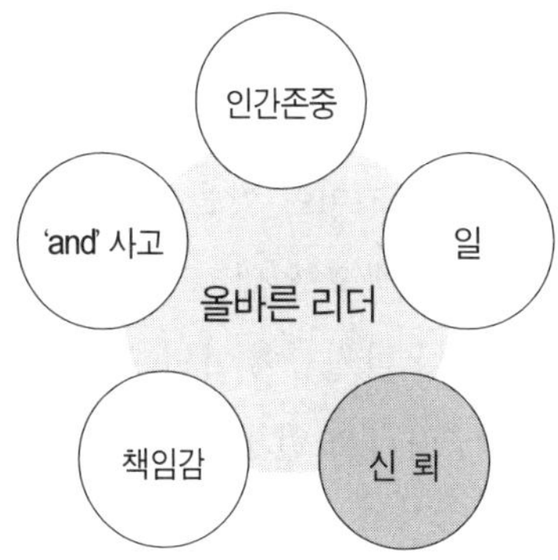

5

올바른 리더는 주위 사람들로부터 신뢰를 확보한다[1]

리더에 대한 유일한 정의는 '자신을 따르는 사람, 즉 추종자(follower)를 거느린 사람' 이다. 그런데 신뢰할 수 없는 리더를 따르고자 하는 사람은 아마 한 사람도 없을 것이다.

어떤 리더를 신뢰하기 위해서 그와 의견을 똑같이 하거나 그를 인간적으로 좋아할 필요까지는 없다. 신뢰라는 것은 리더의 말과 행동(言行)이 일치되고 있다는 '성실(誠 : 말(言)이 행동으로 이루어지는 것(成) + (實 : 속이 비어 있지 않고 꽉 차 있는 모습)' 에 대한 주위 사람들의 확신이기 때문이다.

그들은 자신이 표방하거나 공언한 신념, 내세우는 가치체계와 원칙, 기준들이 자신의 행동과 일치되어야 함을 안다. 적어도 말과 행동 간에 모순이 없어야 함을 잘 인식하고 있다. 그런 의미에서 그들에게 있어 '신뢰' 라는 것은 영특함이나 탁월함이 아닌 '일관성(consistency)' 에 그 기초를 두고 있는 것이다. 따라서 언행일치(言行一致)에서 비롯되는 성실성과 일관성에 기초한 그들의 행동은 그들을 둘러싼 이해관계자들이 예측 가능할 정도로 투명할 수밖에 없다.

히딩크는 주위 사람들로부터 신뢰를 확보했다

전략 실행 과정인 체력훈련과 실전 경험을 쌓기 위한 각종 평가전에서 우리 대표팀의 성적이 좋지 않을 때, 일부 언론들과 상당한 축구관계자

---

[1] 피터 드러커 지음, 이재규 옮김, 프로페셔널의 조건, 서울 : 청림출판(2001), pp. 280-286

들은 언제까지 계속 실험만 할 것이냐며 히딩크 감독에게 강한 불신을 표명했고, 심지어는 해임까지 거론했다. 그러나 그때에도 선수들은 한결같이 그를 신뢰했다. 선수들은 그의 말과 행동이 일관성이 있고, 자신이 공표한 규칙과 규율을 자신에게도 엄격하게 적용하는 모습을 곁에서 지켜봤기 때문이다. 그는 이해관계자들 중에서도 신뢰를 획득하기 가장 어려운 자신의 조직원들인 선수들로부터 강한 신뢰를 확보했다.

'98 프랑스 월드컵을 앞두고 왠시 모를 두려움에 휩싸였다. 하지만 히딩크호 출범 이후에는 믿는 구석이 있었다. 정확히 꼬집어 뭐라 말할 수는 없다. 하지만 정말 편안했고 할 수 있다는 생각이 들었다. 아무래도 이게 진짜 '자신감'이었던 것 같다. 이 때문에 0 : 5로 두 차례 대패했을 때도 괜찮았고 월드컵 개막 후에도 불안하지 않았다. 우리 모두가 똘똘 뭉쳐 정말 큰일을 해냈다.

– 나의 월드컵 (8), 유상철, 스포츠투데이

히딩크 감독님의 지도방식에 최고점수를 주고 싶다. 히딩크 감독님은 모든 면에서 존경스러운 분이고 나에게는 꿈을 이뤄주신 분이다. 시간이 흘러도 이런 감정은 지워지지 않을 것 같다. … 히딩크 감독님처럼 훌륭한 지도자가 될 수 있다면 더 바랄 것이 없겠다.

– 나의 월드컵 (10), 김남일, 스포츠투데이

용장 밑에 약졸 없다는 말이 있다. 히딩크 감독님이 지휘하는 대표팀은 모두가 강한 정신력으로 똘똘 뭉쳐 있었고 한국의 4강 신화도 우연이 아니었다. 히딩크 감독님의 능력도 존경하지만, 용감한 도전의식을 높이 평가하고 싶다.

– 나의 월드컵 (12), 김태영, 스포츠투데이

발목이 아파 제대로 걸음조차 걸을 수 없었던 나를 끝까지 이끌어 준 히딩크 감독님께 항상 감사했다. 아마도 감독님이 아니었다면 난 대표팀 탈락의 고

배를 마셨을 거라 생각한다. 그때마다 감독님에 대한 고마움은 인간이 느낄 수 있는 최고의 것이었다고 생각한다. 지도자와 선수를 떠나 인간 대 인간으로서 사람을 이끄는 힘이라는 것을 배울 수 있었다. … 사람을 끝까지 버리지 않는다는 게 이번 월드컵뿐 아니라 내 인생에 있어 큰 가르침을 줬다.

– 나의 월드컵 (13), 이민성, 스포츠투데이

히(딩크)감독님은 칭찬과 꾸지람이 매우 명확하셨다. 감독님은 하물며 우리가 경기에 졌을 때도 칭찬을 아끼지 않으셨다. 비록 진 경기라 하더라도 그 가운데 훌륭한 플레이가 나왔다면 감독님은 그 부분에 대한 칭찬을 아끼지 않으셨다. 감독님의 이 같은 배려는 경기 중 선수들에 대한 말 없는 칭찬과 신뢰로 이어졌다.

– 송종국 지음, 아름다운 질주, 서울 : (주)한언(2002)

히딩크의 언행을 통해서 본 신뢰 확보

식사시간에 늦으면 벌금을 낸다. 난 내일 돈이 없어서 일분 이라도 늦으면 안 된다.

– 2001. 1. 12, 울산 첫 훈련에 앞선 공식 기자회견에서 빨리 가야 한다며

(두바이 4개국 대회에서 아랍에미리트를 4 : 1로 이긴뒤 축구협회 조중연 전무가 격려금을 나누어 주겠다는 자리에서) 선수나 코칭스태프에게 똑같이 나누어 달라.

– 2002. 2, 두바이 4개국 대회에서

언론에서 뭐라고 떠들든지 난 크게 개의치 않는다. 그것을 읽어보지도 않는다. 내가 믿는 것은 오직 함께하는 선수들과 스태프, 나의 전략, 나의 철학뿐

이다. 그 외에 다른 사람들이 뭐라고 하는지에 대해서는 흥미가 없다.

— 2002. 4. 11, MBC D-50 월드컵 특집 다큐멘터리 '히딩크와 한국축구'

난 선수들을 칭찬은 하지만 비난하지는 않는다. 잘못을 지적하고 야단을 치는 것은 우리 팀 내부에서만 한다. 그것이 나와 선수의 약속이고 신의다.

— 2001. 2, 두바이 4개국 대회 회견에서

올바른 리더는 자신이 '하고 있는 일이나 할 일'을 자신의 '사명'으로 생각하고, 조직구성원들과 함께 그 사명을 완수하기 위한 비전을 공유한다. 그리고 그 비전을 달성하기 위해 치밀한 전략을 수립, 실행하여 결국 비전을 실현시킨다. 히딩크는 월드컵 1승과 16강 진출이라는 비전을 달성하기 위해 혁신적인 전략을 수립했고, 그 전략을 꿋꿋하게 효과적으로 실행에 옮김으로써 그 비전을 달성했다. 아울러, 자신이 떠난 후에도 한국축구가 경쟁력을 가질 수 있도록 하는 것까지도 자신의 사명에 포함시켰다. 따라서 2부에서는 올바른 리더가 자신의 비전과 과업을 실천해 가는 과정을 히딩크의 사례를 통해 체계적으로 살펴보고자 한다.

올바른 리더의 길

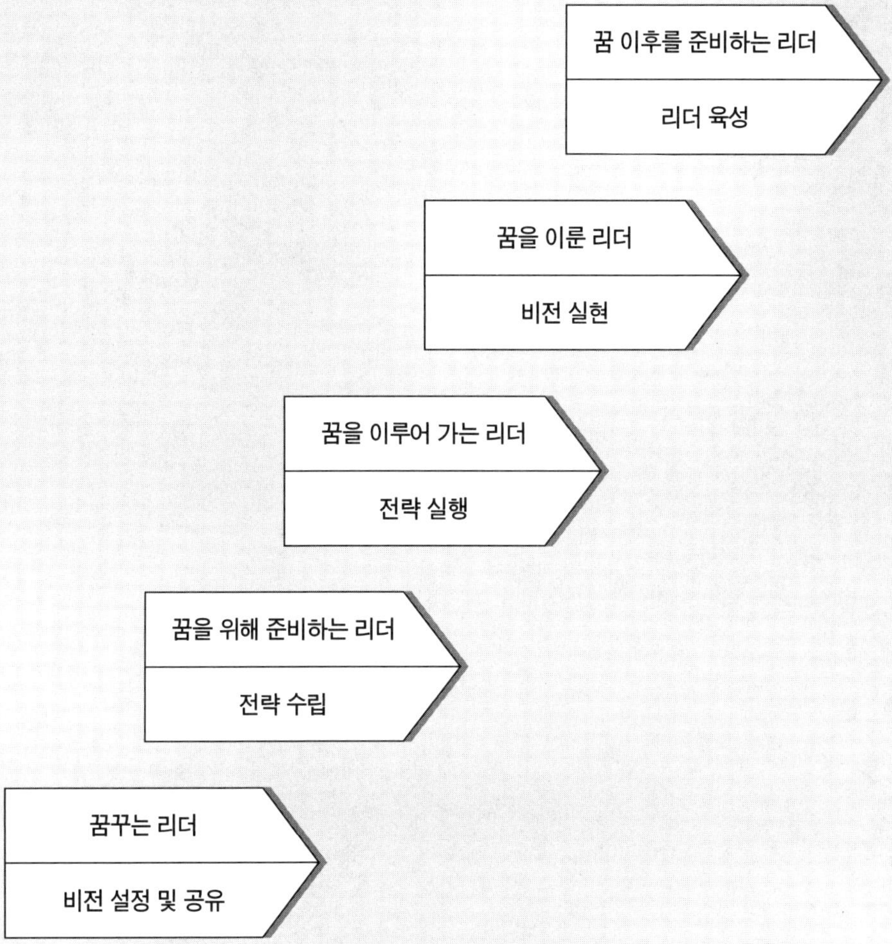

꿈 이후를 준비하는 리더
리더 육성
꿈을 이룬 리더
비전 실현
꿈을 이루어 가는 리더
전략 실행
꿈을 위해 준비하는 리더
전략 수립
꿈꾸는 리더
비전 설정 및 공유

꿈꾸는 리더
: 비전 설정 및 공유

꿈꾸는 리더	꿈을 위해 준비하는 리더	꿈을 이루어 가는 리더	꿈을 이룬 리더	꿈 이후를 준비하는 리더
비전 설정 및 공유	전략 수립	전략 실행	비전 실현	리더 육성

1

사명과 핵심가치

올바른 리더는 자신의 삶의 목적과 살아가는 방식이 뚜렷하다. 무엇보다도 그들은 자신이 '하고 있는 일이나 할 일'을 자신의 '사명(mission)'으로 생각한다.[1] 그들은 자신의 사명을 등지고 살아가지 않는다. 그들은 자신의 사명을 '어떻게' 수행해 나갈 것인가에 대해서도 항상 자문(自問)한다. 이때 '어떻게'는 그들의 삶의 모든 의사결정과 판단의 기준이다. 또한 자신들의 삶에서 추구하는 '핵심가치(core values)'이며, 인생관, 가치관이라고도 말할 수 있다.[2]

올바른 리더는 자신에게 적용하는 원칙을 자신이 몸담고 있는 조직에도 그대로 적용한다. 그들은 자신이 소속된 조직이 '하고 있는 일이나 할 일', '사업 영역', 조직의 '사명(mission)'을 '조직원들과 함께' 정립한다. 조직의 사명은 특정한 목표나 전략이 아니다. 그것은 조직의 나아갈 방향을 제시하고 조직원들에게 동기를 부여하는 조직의 근본적인 존재 이유이다. 그렇기 때문에 당연히 조직원들과 함께 정립하는 것이다.

그들은 조직이 자신의 '사명'을 어떻게 수행해 나갈 것인가에 대한 조직의 '핵심가치'에 대해서도 '조직원들과 함께' 정립한다. 그들은 다른 조직들이 이미 세워 놓은 것들이나 조직의 외부에서 들려오는 목소리가 아닌, 조직 내의 모든 사람들의 마음속에서 진실로 믿을 수 있는 것들을 핵심가치로 이끌어 낸다. 조직원들의 마음에서 자기 조직의 핵심가치를 이끌어 내는 것이다. 핵심가치는 특수한 문화나 운영지침과는 다르다. 그것은 경제적 이익이나 근시안적 기대치와도 타협해서는 안 되는 '조

---

1) 로리 베스 존스 지음, 송경근 옮김, *기적의 사명선언문*, 서울 : 한언(1998), p.15
2) 제임스 콜린스, 제리 포라스 지음, 워튼 포럼 옮김, *성공하는 기업들의 8가지 습관*, 서울 : 김영사(1996), pp.68-107

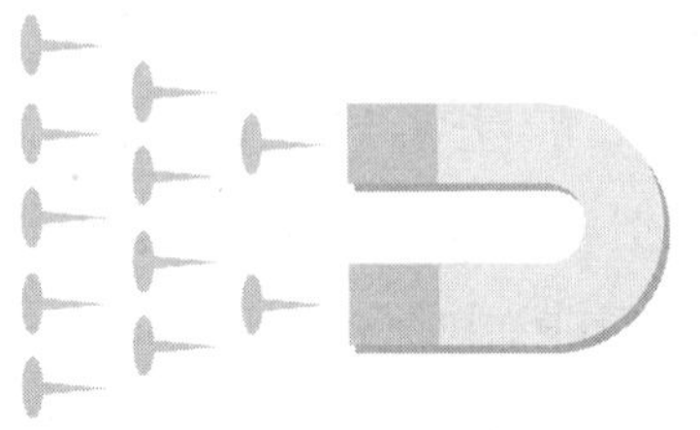

Mission(Core Values 포함)	Vision
· 안정성과 지속성 제공	· 새로운 방향, 방법, 전략 등의 지속적 변화추구
· 상대적으로 고정된 위치	· 목표, 개선, 이상적인 상태 등을 향한 역동성
· 가증성과 회사의 방향 제한	· 가능성의 숫자와 종류 확대
· 핵심이면서 준수해야 할 뚜렷한 내용 포함	· 핵심과 일치되는 한 내용이 없을 수도 있음.
· 성격상 보수적임.	· 극적이고 획기적이며 혁명적 변화 초래

직의 필수적이고 영속적인 신념' 이라 말할 수 있다.

조직원들과 함께 정립한 조직의 사명과 핵심가치는 자연스럽게 조직원들에게 공유된다. 모든 조직원들이 자신들이 몸담고 있는 조직의 사명과 핵심가치를 공유하고 있는지의 여부는 그들의 의사결정 과정을 지켜보면 알 수 있다. 모든 조직구성원들이 조직의 사명을 수행하기 위해 조직의 핵심가치에 입각하여 모든 의사결정을 자율적으로 하고 있으면, 그들은 조직의 사명과 핵심가치를 공유하고 있는 것이다. 조직의 사명과 핵심가치는 머리로 암기하는 것이 아니다. 조직구성원들의 실제 행동으로 나타나야만 한다.

바람직한 미래에 대한 꿈, 비전[3]

　현실에 결코 안주하지 않는 사람들이 있다. 그들은 세상을 근시안적 시각으로만 보지 않는다. 중장기적 시각으로도 세상을 바라본다. 그들은 또한 오늘보다 내일이 더 나을 것이라는 매우 긍정적인 태도와 낙관적인 자세로 세상을 살아간다. 그들의 마음에는 항상 바람직한 미래상이 있기 때문이다.

　과거나 현재를 꿈꾸는 사람은 없다. 비관적으로 꿈꾸는 사람도 없다. 꿈은 속성상 미래지향적이고 긍정적이다. 그런 면에서 자신과 자신이 몸담고 있는 조직을 단기적 시각에서만 보는 것이 아니라, 중장기적 시각과 긍정적인 태도로 보는 사람들이야말로 진정한 리더다. 그들의 마음에는 언제나 자신과 조직에 대한 새롭고 긍정적인 미래상이 있다. 그들은 자신들의 미래상인 비전(vision)을, 자신과 자신이 몸담고 있는 조직의 구성원들과 함께 공유한다.

〈표 2-1〉 개인의 사명 사례

에이브러험 링컨	미합중국의 분열을 막는다.
루스벨트	대공황을 극복한다.
만델라	남아공의 인종차별을 종식시킨다.
마더테레사	굶주리고 가난한 사람을 돕는다.

---

3) 버트 나누스 지음, 박종백, 이상욱 옮김, *리더는 비전을 이렇게 만든다*, 서울 : 21세기북스(1994), pp.32-36

<표 2-2> 조직의 사명, 비전 사례 1

미션(핵심가치)	조 직	비전(BHAGs)
·우리가 관련하는 모든 부분에서 우위를 확보한다. 고객을 만족시키는 데 많은 시간을 할애한다.	IBM	·360 컴퓨터에 50억 달러짜리 도박을 감행한다. ·고객의 새로운 요구에 부응한다.
·우리는 자동차—특히 보통사람들을 위한—사업을 한다.	Ford	·자동차를 대중화한다.
·'우리 내부의 잠재적인 창의력'을 개발한다. 스스로 변화하고 계속해서 향상시키며 훌륭한 제품을 통하여 명예롭게 사회에 봉사한다.	Motorola	·179.95달러에 텔레비전을 판매할 수 있는 방법을 개발하라. ·6시그마 품질 수준을 달성하라. ·볼드리지 상을 수상하라. ·이리듐 사업에 착수하라.

BHAG : Big Hairy Audacious Goals

<표 2-3> 조직의 사명, 비전 사례 2

미션(핵심가치)	조 직	비전(BHAGs)
·인간의 생명을 보존하고 향상시키는 것 ·의약품이란 환자를 위한 것이지 이익을 위한 것이 아니다.	Merk	·광범위한 연구개발과 신약을 통하여 세계적으로 우수한 회사가 되자.
·일본문화와 국가적 지위를 향상시키는 것 ·개척자가 되고, 불가능한 것에 도전하는 것	Sony	·세계적으로 저품질 제품으로 인식되어 있는 일본 제품에 대한 이미지를 바꾸어 놓자.
·'수백만의 세부적인 것'에 거의 광적인 주의를 기울임. ·창의력, 꿈, 상상력	Walt Disney	·디즈니랜드를 건립하라—그리고 그것을 산업의 표준이 아닌 우리의 이미지로 건설하라.

BHAG : Big Hairy Audacious Goals

건강한 조직은 변화하고 발전하는 조직이어야 한다. 조직은 반드시 목
표를 가져야만 한다. 하지만, 외부적 상황만을 고려하여 나온 지극히 단순
한 인식은 발전과 진보를 향한 과감한 변화의 원동력이 되지 못한다. 조직
의 비전은 '조직의 사명과 핵심가치를 미래에 투시하는 것' 으로서 '현실
성이 있고 믿을 만하며 매력적인 조직의 미래상' 이어야 하기 때문이다.
역동적으로 변화하는 세계에서 자신의 내부에서 나오는 인간의 깊은 욕
망인 탐험, 창조, 발견, 성취, 변화와 같은 비전을 향한 끝없는 열정만이 진
정으로 과감한 변화의 원동력이 된다는 것을 올바른 리더는 알고 있다.

조직구성원들에게 공유된 비전은 조직의 발전을 자극한다. 조직 내에
추진력을 만들어 낸다. 따라서 조직구성원들이 자연히 활력을 가지고 움
직이게 되며, 목표에 자극을 받아 일에 재미를 느끼며 모험적이 된다. 또
한 자신들의 상상력과 창의적인 재능, 그리고 에너지를 조직의 목표달성
을 위해 기꺼이 헌신하게 된다.

사명, 핵심가치, 비전의 정립 시기[4]

리더는 자신이 속한 조직에서 다음과 같은 경고 신호들 중 하나 이상
을 감지하게 되면, 그 때는 조직의 사명, 핵심가치, 비전을 새롭게 정립
해야 한다.
- 사명, 핵심가치, 비전이 설정되어 있지 않는 경우
- 설정되어 있지만, 현재의 상황과 맞지 않는 경우

---

4) 버트 나누스 지음, 박종백, 이상욱 옮김, *리더는 비전을 이렇게 만든다*, 서울 : 21세기북
스(1994), pp.47-48

- 조직 전반에 걸쳐 개혁을 추진할 필요가 있는 경우
- 한정된 자원과 역량을 집중하려고 할 경우
- 최고경영층에 변동이 생긴 경우

위와 같은 경우는 현재의 사명, 핵심가치, 비전이 조직구성원들에게
잘 전달되지 않았거나, 그들이 이해하지 못하고 있거나, 아니면 더 이상
설득력도 없고, 고무적이지 못할 가능성이 큰 경우이기 때문이다.

따라서 조직의 리더는 항상 다음 사항들에 대해 질문을 해야만 한다.

- 조직의 사명, 핵심가치, 비전에 대해 구성원들이 혼란을 겪고 있다
  는 증거가 있는가?

  [예] '어떤 고객들을 우선적으로 대해야 하는가?', '제공하는 서비
  스나 기술 중에서 무엇이 더 중요한가?', '어디에 가장 큰 위협
  과 기회가 존재하는가?' 등에 대하여 조직의 핵심인물들 간에
  의견이 일치하지 않는 경우가 빈번하다면, 구성원들이 혼란을
  겪고 있다는 증거이다.

- 조직원들이 도전적인 일이 충분하지 않다고 불평하거나 더 이상 즐
  겁지 않다고 말하고 있는가? 조직원들이 미래를 회의적으로 보거
  나 현재에 대해 냉소적인가?

- 조직이 정당성, 시장에서의 주도적 위치, 또는 혁신에 대한 명성을
  잃고 있는가? 고객을 더욱 잘 만족시키는 새로운 경쟁자가 등장했
  는가?

- 조직이 외부 환경 변화에 능동적으로 적응하지 못하는 것처럼 보이
  는가? 고객, 의뢰인, 또는 투자자나 설립자와 같이 조직의 중요한 외
  부 인물들이 당신의 조직이 쇠퇴하고 있다고 말하는가? 기술, 또는
  사회경제적 발전의 변화에 보조를 맞추지 못하고 있다고 말하는가?

- 조직 내에서 자부심이 사라지는 징조들이 보이는가? 조직구성원들은 진정한 참여의식과 소속감 없이 그저 급여만을 위해서 일하고 있는가?
- 조직구성원들이 지나치게 모험을 회피하여 좁은 직무기술서에 안주하거나 새로운 프로젝트에 대한 책임을 피하는 등 변화에 저항하고 있는가?
- 발전이나 중요한 계기에 대한 공통적인 인식이 결여되어 있는가? 얼마나 많은 일들이 개선되고 있는지에 대해 관리자들이 분명하게 알기 어려운가? 그들은 여전히 조직이 매력적인 미래를 가지고 있다고 낙관하고 있는가? 조직 내에서 잘못된 소문들이 판을 쳐, 사람들이 자신과 조직에 대해 활동하는 비밀 정보망을 추적하려고 끊임없이 노력하고 있는가?
- 조직구성원들은 최고경영진들을 진심으로 신뢰하고 존경하고 있는가?

사명, 핵심가치, 비전의 정립 방법[5]

리더가 조직의 사명, 핵심가치, 비전을 정립하는 데는 기본적으로 3가지 단계가 있다.

첫째, 사회 환경 변화나 다른 조직들의 동향들을 보아 당연히 '해야 할

---

5) 시오야 미치 지음, 이광현, 갈정웅 옮김, *전사원이 참여하는 기업비전 만들기*, 서울 : 명진출판(1994), pp.57-58

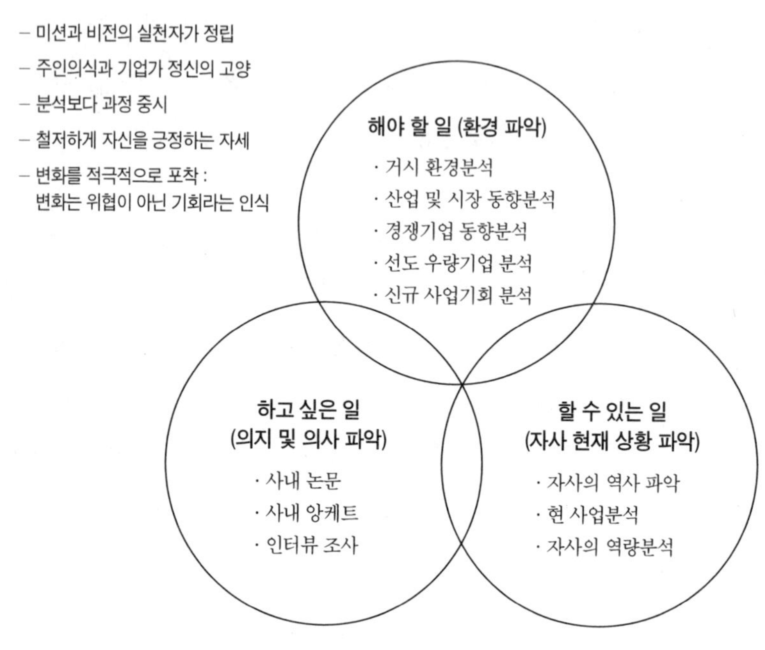

일'을 파악한다. 여기에는 거시적인 환경 동향분석, 산업 및 시장 동향분석, 그리고 선도기업이나 우량기업 분석 등이 포함된다. 즉, 과거로부터 현재까지의 변화를 체계적으로 분석하여 변화를 포착하는 단계이다.

둘째, 자신을 올바로 아는 작업을 한다. 즉, 자사의 경영자원이나 현재 상황에 대해 냉정하게 판단하여 '할 수 있는 일'이 무엇인가를 분명히 파악하는 것이다. 이 작업을 진행해 나갈 때의 기본자세는 항상 긍정적으로 생각하며, 자기 조직의 장점을 찾아보려는 태도이다. 다시 말해, '할 수 없어요', '능력이 부족해서 안 됩니다'라고 뭐든지 부정적으로만 사물을 바라보는 것이 아니라, 자기 조직을 긍정적으로 바라보면서 '할수 있는 일'을 찾아내는 작업이다. 구체적인 활동으로는 자기 조직의 역사, 사업 영역의 포트폴리오, 현재의 사업 분석과 기술, 그리고 영업 및 마케팅 등과 같은 경영자원 등을 분석하는 단계이다.

셋째, '하고 싶은 일'에 대한 스스로의 의사를 분명히 밝힌다. 즉, 조직구성원들이 무엇을 원하고 실행하기를 원하는지를 명백하게 드러내는 과정이다. 이처럼 조직구성원들의 의사를 밝히기 위해서는 각종 앙케트나 인터뷰 등을 수시로 실시하는 것이 효과적이다. 그리고 검증할 가설이 있는 경우에는 최고경영층에게 제시하여 그들의 의사를 확고히 해나가는 것이 바람직하다.

거스 히딩크는 꿈꾸는 리더였는가?

1) 궁즉변, 변즉통(窮卽通, 通卽變)

한국 축구 국가대표팀은 1998년 프랑스 월드컵까지 월드컵 4회 연속 출전 기록을 세웠지만, 그동안 16강 진출은 고사하고 단 1승조차 올리지 못했다. 2000년 12월 시드니 올림픽에서도 목표했던 8강에 오르지 못하고, 예선 탈락하고 말았다. 아시안 컵에서도 3위로 전락하면서 그동안 지켜왔던 아시아의 맹주 자리를 일본과 사우디아라비아에 내주어야만 했다. 그야말로 한국축구는 국제무대에서 만신창이가 되었다. 더구나 2002년 월드컵 공동개최국이라는 사실을 감안할 때, 대한축구협회는 막다른 골목이라는 매우 궁(窮)한 입장에 처하게 되었다.

그동안 역대 국가대표팀 감독들은 독일과 네덜란드의 명문 팀에서 화려한 선수생활을 하고 지도자가 된 사람들이었다. 더 이상 국내의 지도자들에게 기대를 걸 수 없는 상황이었다. 역대 월드컵을 개최한 나라들은 모두가 16강에 진출했다는 역사적 사실(징크스)도 그들을 더욱 심리적인 궁지로 몰아넣었다.

하지만, 월드컵 1승과 16강 진출이라는 비전은 돌이킬 수 없는 하나의 대세로 굳어져 갔다. 그들은 또한 한국축구의 체질도 개선해야만 한다는 뚜렷한 사명도 가지고 있었다. 그들은 돌파구를 찾을 수밖에 없었다. 그때 그들은 발상의 전환을 통한 과감한 변화를 시도했다. 그리하여 기술위원회에서 외국인 감독을 영입하기로 결정한 것은, 그들이 자신들의 사명과 비전을 달성하기 위해 조직 전반에 걸쳐 과감한 혁신을 시도하겠다는 의지였다.

2) 외국인 감독 영입 기준 설정[6]

과감하게 발상의 전환을 시도한 대한축구협회 기술위원회는 외국인 감독 후보를 5명으로 압축했다. 그런데 그들에게는 시간이 대단히 촉박했다. A매치를 잡기 어려운 상황에서 2000년 12월 20일에 열리는 한일 정기전을 새 감독에게 보여 주어야만 했기 때문이다. 더구나 2002년 한일 월드컵 공동개최국인 일본은 이미 1998년 프랑스 월드컵이 끝나자마자 2002년 한일 월드컵을 준비하기 위해 프랑스인 트루시에를 감독으로 선임하고 승승장구하고 있었다. 그들은 이미 우리로부터 아시아의 맹주 자리도 빼앗아 갔다.

---

6) 2002. 7. 5, 유소년 · 지도자 히딩크 팀서 교육, 중앙일보

2000년 11월, 기술위원회는 영입 대상 외국인 감독들의 우선순위를 정했다. 그 기준은 '노하우를 체계화할 수 있는 지도자'를 데려와야만 한다는 것이었다. 그들은 서유럽 지도자들이 그러한 조건에 맞다고 생각하고, 다음과 같은 5명의 후보들을 선임했다.

- 1번 : 에메 자케(전 프랑스 대표팀 감독, 1998년 프랑스 월드컵 우승)
- 2번 : 거스 히딩크(전 네덜란드 대표팀 감독, 1998년 프랑스 월드컵 4강 진출)
- 3번 : 본프레레(전 나이지리아 대표팀 감독, 1996년 올림픽 우승)
- 4번 : 블라제오비치(전 크로아티아 대표팀 감독, 1998년 프랑스 월드컵 3위)
- 5번 : 밀루티노비치(유고 출신 2002년 한일 월드컵 중국 대표팀 감독)

그들은 만약 1,2번의 감독들을 영입하는 데 실패하면 기술위원회를 다시 열 생각을 하고 있었다.

3) 외국인 감독 영입을 위한 접촉

위에서 우선순위가 높은 감독들을 우리 대표팀의 감독으로 영입하기까지의 과정을 간략히 정리해 보자.

- 2000. 11. 14 : 대한축구협회 기술위원회에서 히딩크 감독과 에메 자케 전 프랑스 대표팀 감독을 2002년 한일 월드컵 대표팀 감독 후보 우선 접촉 대상으로 선정. 가삼현 협회 국제부장 유럽으로 출국, 영입 작업에 돌입
- 2000. 11. 15 : 가삼현 부장, 히딩크 감독과 첫 접촉
- 2000. 11. 21 : 가삼현 부장, 에메 자케와 접촉, 거절 의사 확인
- 2000. 11. 24 : 히딩크 감독과 가삼현 부장의 2차 협상, 연봉 합의

- 2000. 11. 25 : 히딩크 감독과 가삼현 부장의 3차 협상, 대우 등에
  관해 구체적으로 합의
- 2000. 11. 26 : 가삼현 부장 귀국
- 2000. 11. 27 : 축구협회, 히딩크 한국 대표팀 감독 내정 사실과 계
  약기간 등 그동안의 협상 결과 공식 발표
- 2000. 12. 7 : 히딩크 감독, 축구협회에 감독직 수락 공식 통보. 입
  국 일정 등 전해 옴.
- 2000. 12. 17 : 서울 도착
- 2000. 12. 18 : 감독직 계약서 서명 및 공식 기자회견

'외국인 감독을 영입하라'

가삼현 축구협회 부장

대한축구협회, 아니 한국축구가 내게 던져 준 절체절명의 지령이었다.
'과연 성공할 수 있을까?' 라는 물음표를 달고, 정몽준 회장 이하 협회 직
원들의 걱정 어린 눈빛을 뒤로 한 채 14일 파리행 비행기에 몸을 실었다.
'에메 자케' 와 '거스 히딩크' 에 대한 두툼한 파일을 무릎에 올려놓은 채
거사(?)를 위한 갖가지 아이디어를 짜내느라 머리가 복잡했다.
천근만근 부담감은 있었지만, 93년 비쇼베츠, 비록 실패했지만 지난해 밀
루티노비치 감독 등의 영입작전을 수행한 경험이 있기에 어느 정도 자신
감도 있었다. '무조건 부딪쳐 보는 거야.' 이런 결심으로 파리공항에 내
렸지만 첫 단추부터 어긋나기 시작했다. 당초 파리에서 만날 것으로 기대
했던 자케가 그만 휴가를 떠나버린 것이다. 난감했다. 에메 자케에 대한

가능성은 적었지만 초장부터 일이 일그러져 불길한 예감마저 들었다.

일단 자케와의 만남을 포기한 채 다음날 암스테르담으로 직행했다. 히딩크를 만나기 위함이었다. 그동안 간접적으로 의사를 타진해 본 결과 어느 정도 가능성이 있겠다 싶어 약간은 강하게 밀어붙일 작정이었다. 그러나 첫 만남에서 히딩크는 외모와 달리 굉장히 차분했고 편안하다는 느낌을 주었다. 섣불리 대했다가는 망신당할 수도 있겠다 싶어 단도직입적으로 나서기보다는 충분한 협상을 통해 주도권을 잡아야겠다고 판단했다. 물론 히딩크도 예상했던 대로였다. 2시간여 동안 주로 잡담으로 일관하던 그는 감독직을 공식적으로 요청하자 "한국축구에 대해 아는 것이 많지 않기 때문에 제반여건에 대해 나름대로 더 알아보고, 또 주변 사람들과 얘기를 나눈 뒤 결정하겠다."며 한발 물러서는 것이 아닌가. 될 듯될 듯하다가 문턱에서 주춤한 형세였다. 정말 신중했다. 몸값을 올리려는 작전 같지는 않았고, 낯선 아시아권에 가는 것을 두려워하는 듯한 느낌을 받았다.

50세를 바라보는 나이인데도 10대처럼 옷을 입은 히딩크의 대리인은 한술 더 떴다. "우리만 접촉하는 것이 아니지 않으냐", "다른 상대는 누구냐"며 경계의 눈초리를 보냈다. 이들이 의심하는 것도 십분 이해가 갔다. 급한 것은 바로 나였으니까. 숨기느냐 마느냐, 순간적인 갈등을 하면서 내린 결정은 '솔직함'이었다. 모든 것을 털어놓기로 했다. 그리고 그의 결정을 기다릴 수밖에 없었다. 다른 상대는 자케라고 얘기했음은 물론 둘(자케와 히딩크) 모두 '세계 최고의 감독'이라는 점을 부각시키는 데도 열을 올렸다. 작전은 들어맞았다. 그들이 나에게 의외로 밝은 표정을 지었고, 순간 '승산 있다'며 내심 쾌재를 불렀다.

히딩크와의 첫 만남 이후 몇몇 국내 언론은 '가능성이 희박하다'는 시각으로 보도했는데, 보안유지를 위해 차라리 다행이라는 생각이 들었다. 이제는 자케와 담판을 지을 차례였다. 사실 협회에서 자케를 1순위로 올려놓았지만, 그가 평소 "다른 나라 대표팀을 맡지 않겠다."고 발언해 온 것을 볼 때 별로 희망은 없었다. 그러나 그의 솔직한 심정을 듣고 싶었다. 기다리던 답신이 16일 자케의 대리인으로부터 날아왔다. 21일 오후 2시 30분에 만나자는 것이었다. 몇 가지 볼일을 본 뒤 다시 파리로 향했고, 프랑스축구협회 건물로 들어섰다. 하지만 '혹시나' 가 '역시나' 로 바뀌는 데는 한 시간도 걸리지 않았다. 이런저런 얘기를 주고받던 그는 감독을 맡아 달라는 나의 제의에 "고맙게 생각한다. 하지만 98년 월드컵 이후 어느 팀이든 감독직은 맡지 않기로 결심했다."고 완곡하면서도 분명한 어조로 거절했다. 더 붙잡다가는 추해지겠다는 생각이 들어 깨끗이 물러나기로 마음먹었다.

이제 남은 희망은 히딩크였다. 첫 만남에서 감을 잡은 나는 어느 정도 자신이 있었다. 하지만 문제는 답신이 없었다는 점. 몇 차례 대리인에게 2차 만남을 요청했지만, 감감무소식이었다. '혹시 빈손으로 돌아가는 것은 아닐까.' 그러나 기다림은 헛되지 않았다. 히딩크가 스위스에 있는 자신의 변호사를 통해 다시 만나 구체적인 협상을 벌이자고 제의해왔고, 23일 오후 취리히에서 만나기로 약속했다. 취리히를 약속장소로 한 이유는 그의 대리인이 거주하는 베른에는 변호사 사무실이 즐비해 혹시 나도 모르게 주눅 들지도 모른다는 생각에 내가 묵고 있던 호텔로 정했던 것이다. 이제부터는 필사적으로 설득하는 일만 남았다. 처음 경험해 보는 아시아권 감독에 대한 히딩크의 불안감을 '월드컵 개최국의 감독이며, 지역예선을 거치는 스트레스를 받지 않아도 된다' 는 점과 '60세가 되기 전에 한번 도전해 보는 것도 나쁘지 않다' 는 말로 누그러뜨리려 했다.

이 와중에 대리인이 "그래도 연봉은 수준에 맞게 해줘야 되는데…"라며 주저하는 모습을 보일 때는 난감했다. 분명 내 능력 밖의 문제였다. 그의 연봉은 족히 250만 달러는 되는데, 그걸 맞춰주기는 애초부터 힘들었던 것이다. 또 "우리뿐 아니라 다른 대상자와도 계속 접촉할 것 아닌가?"라며 반신반의할 때는 절망감에 빠지기도 했다. 하지만 여기서 반드시 끝내겠다는 각오로 "당신 이외에 더 이상의 접촉상대는 없다."고 잘라 말했고, "우린 당신이 반드시 필요하다."며 최후통첩처럼 되받아쳤다. 이 것이 주효한 것일까. 슬며시 환한 미소를 짓던 히딩크는 대리인에게 제반 계약조건에 대해 협의할 것을 지시했고, 이후 우리는 두 차례 더 만나 '히딩크, 2002년 월드컵 한국 감독'이라는 옥동자를 낳을 수 있었다.

〈2000. 11. 27~28, 스포츠투데이〉

한국인이 찾아 왔을 때 그들은 정말 진지했다. 나는 1년 반이란 시간은 너무 촉박하다고 거절의 의사를 표시했지만, 한국 담당자는 충분한 시간이 있으며 자국의 선수들은 결코 훈련을 게을리 하지 않고 열심히 배울 것이라고 했다. 또한 내게 요구하는 것도 많지 않았다. 단지 월드컵에서 경쟁력을 갖추는 힘만을 국민들이 느낄 수 있다면 좋겠다고 했다. 다른 조건은 하나도 말하지 않았다. 난 한국인의 자세에 점차 마음이 움직였고, 오래도록 고민했다. 내 주위의 친구 중에서도 한국을 알고 있는 사람이 있어 그들에게 조언을 구했더니 흔쾌히 해보라고 했다.

한국은 지난 월드컵에서 한 번도 이겨보질 못했다. 하지만 이번에는 다를 것이다. 지금 개막이 얼마 남지 않아 다른 언론에서 한국의 결선 토너먼트 진출을 불가능하게 보도하지만, 그들의 판단이 얼마나 오판이었는가를 확실하게 보여 줄 것이다.

– 2001. 12. 24, 타임 지 스텔라 김과의 인터뷰에서

나는 어떤 결정을 내릴 때 심사숙고한다. 하지만 때로는 느낌을 믿을 때가 있다. 내가 함께 일하게 될 사람들이나 그 사람들을 책임지고 있는 사람에 대해 어떤 느낌이 올 때가 있다. 그 사람들과 가슴을 열고 진솔한 이야기를 나누다 보면 그 느낌이 더욱 강해지기도 한다. 이럴 때는 생각보다는 느낌을 믿게 된

다. 어떤 경우에는 이런 느낌이 매우 빨리 오기도 한다. 한국의 경우가 그랬다.

4) 꿈꾸는 감독 거스 히딩크 : 자신의 사명과 비전 설정

히딩크 감독은, 한국 국가대표팀의 감독직을 수락할 때 염두에 둔 것은 '미래'였다고 말했다. 단순히 승리에만 집착하지 않겠다고 했다. "그저 월드컵에 나가 승리를 이끌어 내는 것 이상을 이뤄내겠다는 생각이었다. 한국 팀의 전반적인 경쟁력을 끌어올릴 수 있는 환경을 만드는 데 최선을 다하겠다."

그는 자신을 감독으로 영입하기 위해 찾아간 사람들이 제시한 월드컵 16강 진출이라는 포부만을 공유한 것이 아니라, 한국축구의 전반적인 경쟁력 향상을 위한 체질 개선 및 환경 조성까지를 자신의 사명과 비전으로 설정했다.

그는 그때 벌써 우리들과 함께 꿈을 꾸기 시작한 것이다. 그는 자신의 눈앞에 놓여진 단기간의 결과만이 아니라, 그 결과를 가져오는 과정의 근본적인 혁신까지를 염두에 두고 자신의 일을 시작한 것이다. 그는 단기적 사고만이 아니라 중장기적 사고를 하였다. 그는 한국축구의 밖으로 드러나는 증상만을 치료하는 대증요법만을 쓰지 않았다. 한국축구의 고질적인 병의 근원도 치료할 수 있는 대인요법까지 쓰고자 한 것이었다. 그는 '그리고(and)' 사고를 소유한 올바른 리더였던 것이다.

난 프로다. 그래서 일한 만큼 받아야 한다. 돈은 다음 문제다. 중요한 것은 축구인으로서 또 다른 도전을 할 수 있다는 것과 한국 국민들과 함께 월드컵을 치를 수 있다는 것이다.

내게는 새로운 도전이 기다리고 있다. 그렇다고 한국과의 인연을 여기서 끝내자는 것은 아니다. 나와 한국 팀을 위해 한동안의 이별이 불가피하다는 말이다. … 나는 오히려 한국축구의 미래에 관심이 많다. 내가 청소년 팀의 어린 선수들(최성국, 정조국 등)을 대표팀에 데리고 있었던 것도 그들이 한국축구의 미래이기 때문이다. 내가 한국인들의 사랑에 보답하는 길은 한국축구가 '근본적'으로 세계 톱클래스 수준으로 진입할 수 있도록 돕는 것이라고 생각한다.

- 2002. 7. 1, 히딩크 수기(7) 재회를 기약하며, 동아일보

그가 했던 말들을 통해서 우리는 그가 축구에 대한 확실한 사명감을 가지고 살아가는 사람임을 알 수 있었다. 그가 한국 국가대표팀 감독직을 수락한 이유 중 하나는 축구를 사랑하는 그의 사명감 때문이었고, 또 하나는 그는 항상 새로운 꿈을 꾸고, 그 꿈을 향해 새롭게 도전하는 리더였기 때문이다.

그는 말했다. "나는 월드컵 때 응원석에서 선보였던 카드섹션의 '꿈은 이루어진다'는 말을 좋아한다. 강한 의지가 있으면 못할 게 없다는 게 내 생각이다."[7]

한국 국가대표팀 감독직을 수락하면서부터 그는 우리들과 함께 2002년 한일 월드컵에 대한 꿈을 꾸었다. 그는 이미 그 꿈의 가능성을 보았기 때문이다. "히딩크는 지독히 현실적인 사람이다. 만약 16강 믿음이 없었다면, 그는 서울에 오지도 않았을 것이다(핌 베어벡 수석코치)."

그는 우리들이 꾸었던 꿈의 실현가능성을 우리들의 축구에 대한 열정과 대한축구협회의 역량에 대한 판단을 통해 미리 가늠해 보고서, 결국 우리와 함께 같은 꿈을 꾸었던 것이다.

---

7) 2002. 7. 4, 히딩크 수기(4) 평가전 잇단 선전 희망을 봤다, 동아일보

꿈을 위해 준비하는 리더
: 전략 수립

2

비전을 실현하기 위한 전략

　크고, 어렵고, 대담한 목표(BHAG : Big, Hairy, Audacious Goal)를 조직의 비전으로 설정하고 공유한 리더는, 그 비전을 달성하기 위한 방안이나 수단을 핵심요원들(the guiding team)과 함께 모색한다. 이때, 비전이나 목표를 달성하기 위한 방안이나 수단을 전략(strategy)이라고 한다.

　경영학의 대가 피터 드러커는 전략에는 두 가지 목적이 있다고 말한다.[1]
　전략의 첫 번째 목적은 조직이 알고 있는 이론을 성과 창출로 전환시키는 것, 즉 조직으로 하여금 기회 탐색적 활동을 의도적으로 수행할 수 있도록 함으로써 예측할 수 없는 환경에서도 조직이 원하는 결과를 달성하도록 해 주는 것이다. 여기서 말하는 성과는 조직이 설정한 비전이나 목표를 말한다. 무엇이 '기회(opportunity)'인가는 전략이 있을 때만 결정될 수 있다. 만약 전략이 없다면 조직이 원하는 결과를 향해 나아가도록 하는 요인은 무엇인지, 또는 조직의 자원이 잘못 사용되거나 낭비되게 하는 요인은 무엇인지 알 수가 없게 된다.

　전략의 두 번째 목적은 조직이나 기업이 알고 있는 이론의 검증이다. 조직이 기대되는 결과를 산출하는 데 실패하면, 그것은 대개 자기 조직이나 기업의 이론에 대해 철저하게 다시 생각할 때가 되었다는 최초의 진지한 신호에 해당한다. 예상치 못한 성공 역시 조직과 기업의 이론을 재고할 필요가 있음을 알리는 최초의 신호이다.

　'정보 없는 전략 없고, 전략 없는 정보 없다'는 말이 있다. 조직이 갖고 있는 이론을 성과 창출로 전환할 기회를 포착하기 위해 전략을 수립

---

1) 피터 드러커 지음, 이재규 옮김, *변화리더의 조건*, 서울 : 청림출판(2001), pp.93-105

할 때, 조직의 성과가 창출되는 곳인 환경, 즉 시장, 고객, 지금 현재 자신의 고객이 아닌 비고객(noncustomer), 경쟁자, 소속된 업종과 다른 업종에서 활용되는 각종 기술들, 전 세계적인 금융, 변화하는 세계경제 등에 대한 조직화된 정보들을 필요로 한다.

'(환경에 대한) 정보 없는 전략 (수립은) 없다' 는 말은 전략의 첫 번째 목적 때문에 생겨난 것이다. 수립된 전략을 실행하는 단계에서도 수립된 전략이 소기의 성과를 달성하고 있는지를 검증하기 위해서는 정보가 필요하다. 따라서 '전략 (실행) 없는 정보 없다' 는 말은 바로 전략의 두 번째 목적인 전략 검증에 관한 말이다.

1) 전략적 사고

조직의 성과에 대해 책임감을 느끼는 리더들은 조직이 알고 있는 이론을 성과 창출로 전환시키고, 이론의 타당성을 검증하는 전략을 생각하면서 의사결정을 한다. 그들은 의사결정 시 언제나 전략적 사고(strategic thinking)를 한다.

리더는 조직을 위한 의사결정을 할 때 눈앞의 일에만 얽매이지 않는다. 긴 안목으로도 내다보면서 의사결정을 한다. 그들은 단기적 성과에만 집착하지 않는다. 더불어 중장기적인 성과까지를 염두에 두면서 의사결정을 한다. 바둑의 고수들이 바둑을 두는 것과 같다. 고수들은 한 수 한 수에만 급급하지 않고, 몇 수 앞을 내다보면서 바둑을 둔다.

리더는 조직의 어떤 한 측면만을 보고서 의사결정을 하지 않는다. 조직을 다면적이고 입체적이고 종합적이고 유기적으로 보면서 의사결정을 한다. 그들은 의사결정이 미치는 효과를 어느 한 측면에서만 분석하는 것이 아니다. 그 효과를 종합적이고 입체적으로 분석한 후에 의사결정을 한다. 바둑의 고수들은 소탐대실(小貪大失)하지 않는다.

리더는 지엽적인 것에 구애받는 의사결정을 하지 않는다. 그들은 항상 본질과 핵심들을 파악하고서 의사결정을 한다. 파레토의 80 : 20 법칙에서의 20%가 본질과 핵심들이다.

리더는 조직의 성과인 비전과 목표 달성을 위해, 중장기적인 안목을 가지고, 다면적이고 입체적이고 종합적이고 유기적으로 생각하면서, 본질과 핵심들을 파악하고 선택하는 의사결정을 한다. 그리고 나서는 본질과 핵심들 간의 우선순위를 파악하는 의사결정을 한다. 그리고 마지막에 조직의 시간, 에너지, 각종 자원들을 우선순위에 입각하여 투입한다.

그들은 항상 본질과 핵심들만을 '선택' 하고, 본질과 핵심들 간의 '우선순위를 정하고', 그곳에 자원을 '집중' 투입하는 '전략적 사고' 에 입각한 의사결정을 한다.

핵심성공요인(KSF/CSF ; Key Success Factors/Critical Success Factors), 핵심역량(Core Competence), 핵심가치동인(KVD ; Key Value Drivers), 핵심성과지표(KPI ; Key Performance Indicators) 등에 나오는 '핵심(Core, Key, Critical)' 은 바로 그러한 전략적 사고에 입각한 의사결정의 산출물이다.

2) 전략 수립의 두 가지 방법론

조직의 전략은 발상에 따라서 그 결과가 달라진다. 조직은 '무엇을 할 수 있는가?' 라는 발상으로부터 전략을 수립할 수도 있고, '무엇을 하고 싶은가?' 라는 발상으로부터 전략을 수립할 수도 있다.

'무엇을 할 수 있는가?' 라는 발상은 기존의 조직 문화나 경영자원으로부터 시작된다. 그에 반해 '무엇을 하고 싶은가?' 라는 발상은 대체적으로 크고, 어렵고, 대담한 목표나 비전으로부터 시작된다.

'무엇을 할 수 있는가?' 라는 발상에는 현실의 환경에 맞춰서 어떻게 조직의 생존 영역을 찾을 것인지에 대한 분석이 선행되어 있다. 그래서 과거와 현재 지향적이다. 반면, '무엇을 하고 싶은가?' 라는 발상에는 비전이나 목표 달성을 위한 강한 애착심, 열정, 그리고 전략적 의지(strategic intent)가 선행되어 있다. 조직이 원하는 선도적 위치를 미리 상정하고 그것을 향해 어떻게 전진해 나갈 것인지를 생각하는 것이다. 그래서 미래 지향적이다.

'무엇을 할 수 있는가?' 라는 발상에서는 조직 내부의 기존 경영자원과 조직 외부에서의 환경변화로 인해 생겨난 기회와의 전략적 적합성(strategic fit)에 생각의 초점을 맞춘다. 따라서 현재의 위협에 대한 대응이 중심이 되며, 향후 어떻게 될 것인가를 예측하면서, 앞으로도 유지될 우위성만을 검토한다. 그에 반해, '무엇을 하고 싶은가?' 라는 발상에서는 크고, 어렵고, 담대한 목표를 세우며, 비전을 지향하면서 경영자원 자체를 고도화하고, 잠재적 위협을 이해하고, 새로운 우위성을 구축하기 위해 앞으로 무엇을 할 것인가를 진지하게 생각한다. 그리고 전략적 의지를 가지고 앞으로 무엇을 어떻게 과감하게 혁신적으로 변혁할 것인가를 생각한다.

'무엇을 할 수 있는가?' 라는 발상이 기존의 경쟁 규칙에 그대로 따르는 방식이라면, '무엇을 하고 싶은가?' 라는 발상은 기존의 조직 역량을 극대화하면서 새로운 역량을 구축하여 예전의 지도에는 없었던 새로운 공간과 새로운 경쟁 규칙을 만들어 내는 방식이다.

'무엇을 할 수 있는가?' 는 기존의 조직 문화와 경영자원을 전제로 한 분석 중심의 접근방식을 따르기 때문에 현재의 경쟁 상태를 주시하고 빈틈을 찾아내어 환경과 시장에 대응하는 환경 · 자원적합형 전략 수립이

<표 2-4> 전략 수립의 두 가지 방법론

환경 · 자원적합형 전략 수립		소프트 · 시스템형 전략 수립
기존의 조직풍토, 경영자원 → 무엇을 할 수 있는가?	발상의 기점	전략적 의지, 주의주장 → 무엇을 하고 싶은가?
분석 진행 → 현실의 환경에 맞춰서 어떻게 자기 회사의 생존영역을 찾는가?	의사결정 프로세스	전략적 의지 선행 → 자기가 원하는 지도적 지위를 상정해서 그것을 향해 어떻게 전진해가느냐를 상정
· 경영자원과 기회와의 적합성을 달성하기 위하여 보유한 자원에 맞춘 야망 · 본질적으로 유지될 우위성 · 현재적 위협에 대한 대응 · 금년에 비해 내년은 어떻게 될 것인가? : 예측 · 경쟁 룰에 따르는 전략 수립 ↓ 현재 조직, 경영자원이 전제되기 때문에 분석을 중심으로 하면서 경쟁 상태를 주시하여 어디서 빈틈을 찾아내느냐 하는 시장 대응형 전략. 따라서 돌파구는 좀처럼 만들지 못함.		· 달성 곤란한 목표를 지향해서 경영자원 그 자체를 고도화 · 새로운 우위성을 구축하기 위해선 무엇을 할 것인가? · 잠재적 위협에 대한 이해 · 전략 의도를 달성하기 위해 내년은 무엇을 어떻게 바꾸어야 하는가? ↓ 자기 회사의 실력에 어울리고 지도에 없는 새로운 공간을 만들어 내는 것 ↓ '무엇을 하고 싶은가?' 라는 전략적 의지가 선행되기 때문에 자신이 경쟁 룰을 만들어 낸다는 자세가 중요. 명확한 기업 도전을 향해 각자의 관심을 집중
Feasibility Study		Desirability Study

다. 이에 반해, '무엇을 하고 싶은가?' 라는 발상은 비전을 향한 전략적 의지가 선행되기 때문에 자신이 경쟁의 규칙을 만들어 낸다는 자세를 가지며, 명확한 도전을 위해 조직원 모두의 관심과 열정을 집중하여 환경과 시장을 선도하는 소프트 · 시스템형 전략 수립이다.

3) 환경 · 자원적합형 전략 수립

'무엇을 할 수 있는가?(Feasibility Study)' 라는 발상으로부터 시작되는 환경 · 자원적합형 전략 수립에는 외부 시장 환경의 변화, 즉 광범위한 사회적 기대나 욕구의 변화가 만들어 내는 '위기(危機)', 즉 위협(threat)과 기회(opportunity), 그리고 조직 내부의 기존 문화와 경영 자원을 경쟁자들과 비교한 강점과 약점 분석을 전제로 한다. 이 전제에 따라 조직 외부와 내부 간의 전략적 적합성(strategic fit)을 살펴보고 조직을 이끌어 가며, 또한 경영자의 핵심가치에 따라 전략을 수립하는 SWOT 방법론이 있다.[2]

〈그림 2-3〉 SWOT 전략 수립 방법론

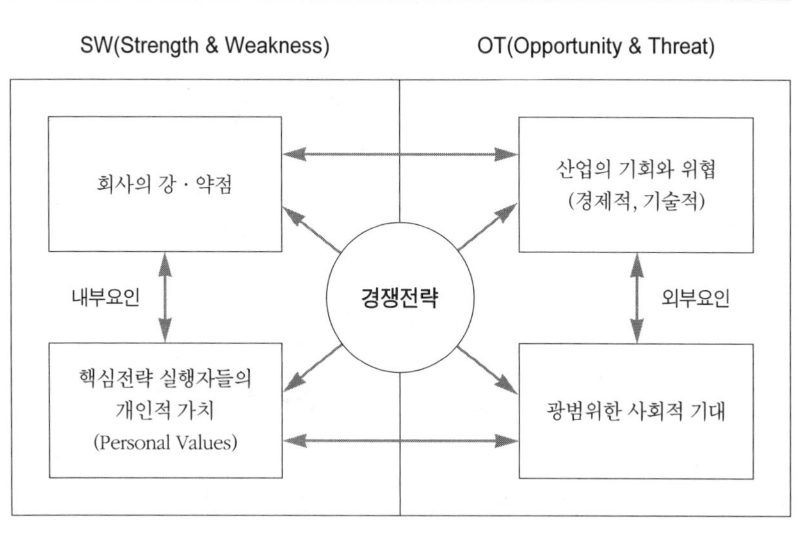

2) Henry Minzberg, Bruce Ahlstrand, Joseph Lampel, *Strategy Safari -A Guide Tour Through The Wilds of Strategic Management*, New York : Free Press(1998), pp.23-45

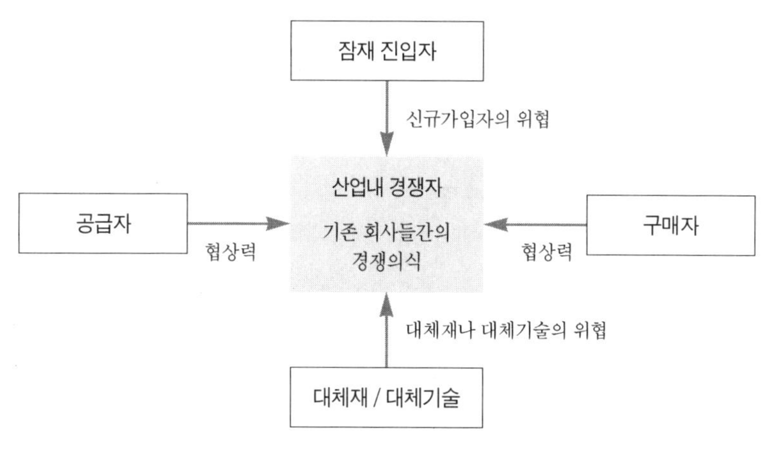

〈그림 2-4〉 산업구조 내의 경쟁의 원동력 분석 모형

Michael E. Porter 'Compertitive Strategy'

〈그림 2-5〉 경쟁우위 원천의 분석 모형 : 가치사슬

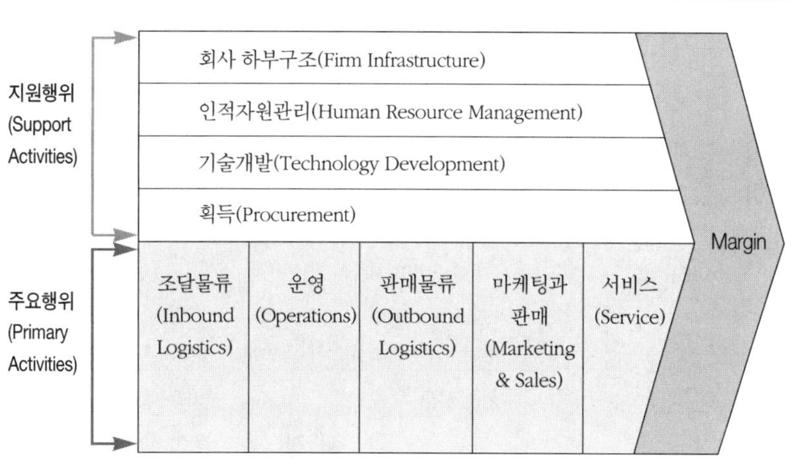

그리고 마이클 포터(Michael E. Porter)가 제창한 산업구조 내의 5가지 경쟁의 원동력(competitive forces)의 강약을 분석하고, 가치사슬(value chain) 분석기법을 활용하여 경쟁우위 분석을 전제로 전략을 수립하는 경쟁전략(competitive strategy) 수립 방법론도 있다.[3]

4) 소프트 · 시스템형 전략 수립[4]

'무엇을 하고 싶은가?(Desirability Study)' 라는 발상으로부터 시작되는 소프트 · 시스템형 전략 수립은 조직구성원들이 조직의 사명과 핵심가치에 입각하여, 자신들이 타고 있는 배, 군단이 어디로 향하고 있는가,

〈그림 2-6〉 핵심역량 구축 방향 설정을 위한 도표

핵심역량		현존 시장	미래 시장
	미래역량	현 시장 점유율 향상을 위한 미래 핵심역량 구축	미래 대상고객의 필요와 미래 산업환경변화 예측을 통한 새로운 핵심역량 구축 : 총괄역량 창출 (Mega - Competencies)
	현존 보유역량	현 보유역량 및 시장중심의 핵심역량 지속	미래 고객의 필요제품 및 서비스 예측을 통한 현 핵심역량의 팽창 및 개발
		현존 시장	미래 시장

시 장

어느 방향으로 향해야 보물섬이 있는가, 그 보물섬은 어떤 것이고, 어떤 모습이며, 어느 정도의 가치가 있는가 하는 비전을 그리는 것으로부터 시작된다. 전략 수립은 그렇게 그려진 비전을 조직구성원들이 전략적 의지(strategic intent)를 가지고 어떻게 실현시킬 것인지에 대한 방법을 모색하는 것이다.

비전은 조직구성원들의 전략적 의지만으로는 실현되지 않는다. 비전을 실현할 수 있는 역량(competence)도 필요로 한다. 여기서 말하는 역량은 조직이 현재 보유하고 있는 것을 말하는 것이 아니라, 비전이 실현될 미래의 시장 환경에서 꼭 필요한 핵심역량(core competence)을 뜻한다.

비전을 가진 조직은 현재의 시장 환경에만 시간과 에너지와 자원을 투입하지 않는다. 불확실한 미래의 시장 환경을 파악하는 데도 자신들의 시간과 에너지와 자원을 투입한다. 그리고 비전이 실현될 미래의 시장 환경에 핵심적으로 필요한 역량을 미리 파악하여 구축해 나감으로써 원하는 비전을 실현시키고야 만다.

자신들의 비전을 기필코 실현시키고자 하는 조직은 핵심역량 구축 방향 설정을 위한 도표와 핵심역량 구축 체계를 전략 수립의 방법론으로 활용한다.

---

3) Henry Minzberg, Bruce Ahlstrand, Joseph Lampel, *Strategy Safari -A Guide Tour Through The Wilds of Strategic Management*, New York : Free Press(1998), pp.99-106 Porter, M.E. *Competitive Strategy : Techniques for Analyzing Industries and Competitors*, New York : Free Press(1980), Porter, M.E. *Competitive Advantage : Creating and Sustaining Superior Performance*, New York : Free Press(1985)
4) G. 하멜 & C.K. 프라헬러드, *코아 컴피턴스 경영혁명*, 서울 : 신구미디어(1995), pp.295-314

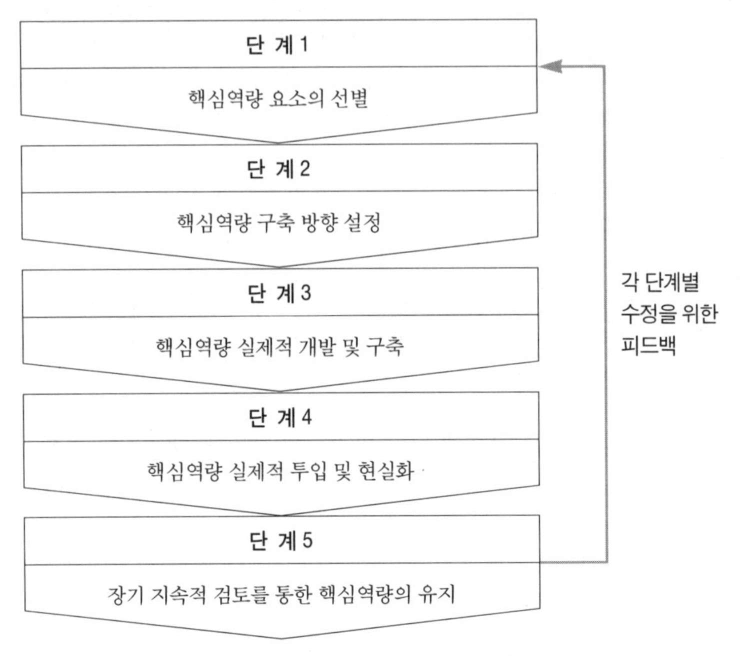

5) 리더의 전략 수립

리더는 상기의 두 가지 전략 수립 접근방식 중 어느 하나만을 선택하지 않는다. 앞서 말했듯이 그들은 '이것 아니면(or) 저것'이 아닌 '이것 그리고(and) 저것'의 사고 소유자들이기 때문이다. 그들은 중장기적으로는 양자 모두가 선택되도록 하지만, 단기적으로는 하나를 우선적으로 선택한다. 그들은 먼저 양자 간에 우선순위를 부여한다. 그리고 그 우선순위에 따라 '선택과 집중'을 하는 전략적 사고를 한다(〈그림 2-8〉 참고).

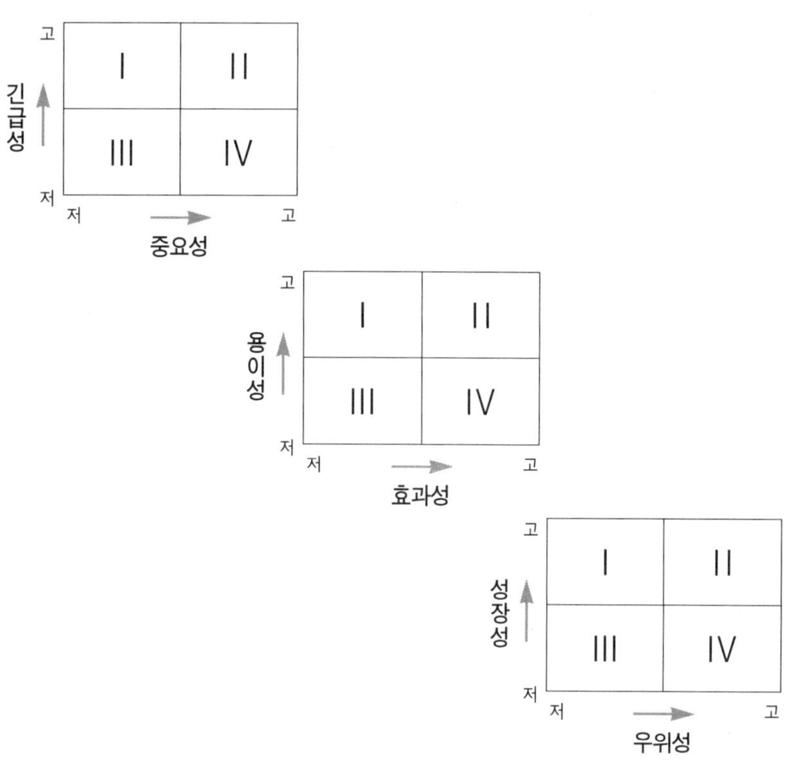

미래가 과거의 연장선상에 있었던 시기, 즉 환경변화가 심하지 않고 상대적으로 안정되고 확실한 시대에는 환경·자원적합형의 전략 수립만으로도 조직의 미래 성과를 달성하는 데 큰 문제가 되지 않았다. 따라서 소프트·시스템형 전략 수립도 큰 비중을 차지하지 않았다. 하지만 이미 지금은 옛날처럼 안정적이고 확실한 시대가 아니다. 지금의 환경은 불확실, 불안정, 단절 등의 말들로 설명되는 급격한 환경변화의 시대이

다. 사회의 미래가 더 이상 과거나 현재의 연장선상에 놓여 있지 않다는 말이다.

전략의 첫 번째 목적은 환경변화가 그렇게 불확실하게 일어나는 상황 속에서도 조직이 성과를 창출할 수 있도록 하는 것이라는 점을 리더는 잘 알고 있다. 그래서 그들은 '무엇을 하고 싶은가?'라는 발상으로부터 전략을 수립한다. 그들은 먼저 미래의 바람직한 목표와 비전을 달성하고야 말겠다는 전략적 의지(strategic intent)를 가지고 있는 조직의 핵심요원들과 함께 팀을 이룬다. 그런 다음 향후의 외부 환경변화와 경쟁자들의 동향을 고려하여 미래의 핵심역량을 파악한다. 그리고 미래의 핵심역량에 비추어 자신이 소속된 조직의 기존 역량과의 차이를 분석한다. 또한, 그들은 조직의 비전이 실현되는 미래의 시각에서 조직의 현재와 과거를 바라보면서 의사결정을 한다. 환경·자원적합형 전략 수립 방법론처럼 과거와 현재의 시각에서 미래를 보고 의사결정을 하는 것이 아니다. 그들은 항상 미래지향적으로 미래에 필요한 핵심역량에 비추어 기존의 핵심역량과의 차이를 분석하고, 비전을 실현시키고야 말겠다는 강한 전략적 의지와 열정을 가지고 미래의 핵심역량을 구축해 나간다.

전략적 의지와 열정은 조직의 외부로부터 생성되어 주어지거나 부여되는 것이 결코 아니다. 그것은 오직 조직의 내부로부터만 생성된다. 반면에 핵심역량은 전략적 의지와 열정만 있으면 외부로부터 들여오거나 내부에서 구축할 수도 있다. 이처럼 전략적 의지와 핵심역량 간에는 분명한 우선순위가 있다.

의지나 열정이 있는 조직은 미래에 필요한 핵심역량을 구축할 수 있다. 반면에 의지나 열정이 없는 조직은 미래에 필요한 핵심역량을 구축하기 어렵다. 물론 의지나 열정이 없는 조직이라도 현재는 핵심역량이 있기 때문에 단기적으로는 큰 문제가 없을 수도 있다. 하지만 환경변화

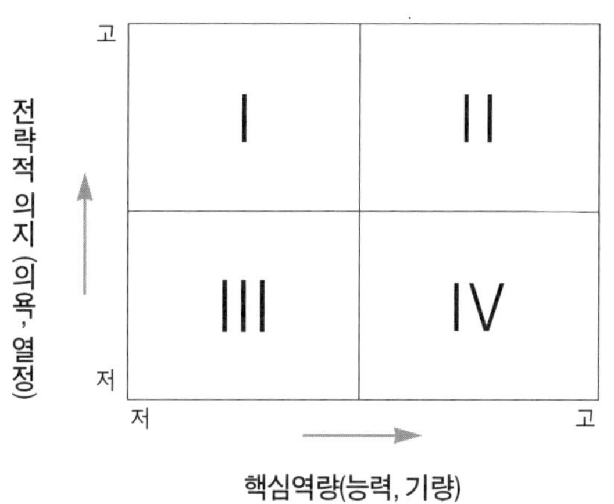

의 심도나 강도가 커지는 중장기적 상황에서는 요구되는 핵심역량들이 엄청나게 바뀔 수 있기 때문에 크나큰 문제가 생길 수 있다. 중장기적으로 양자 모두를 선택하는 미래지향적인 리더가 기존의 핵심역량이 아닌, 비전과 전략적 의지와 열정을 먼저 선택하는 이유가 바로 여기에 있다.

이와 같이 리더는 조직 내부에서 전략적 의지와 열정을 가진 핵심요원들과 조직의 비전을 함께 설정하고, 또 설정된 비전을 다른 조직구성원들과 공유하고, 그 비전을 달성하기 위해 소프트 · 시스템형 전략 수립 방법을 먼저 선택하여 미래의 핵심역량을 체계적으로 파악한다. 그리고 난 후, 그들은 환경 · 자원적합형 전략 수립 방법을 선택하여 조직 내부의 강점과 약점, 경쟁우위 요소 등의 기존 핵심역량들을 분석하고, 비전 달성을 위해 요구되는 미래의 핵심역량들과의 차이를 분석한다. 마지막으로 그들은 핵심역량 구축 방향 설정을 위한 도표를 작성하고 핵심역량 구축 체계를 전략으로 수립한다.

6) 전략 수립 팀과 팀장으로서의 리더[5]

조직의 리더는 혼자 일하지 않는다. 그들은 조직 내부와 외부의 핵심 전문가(실무자)들을 선발하여 팀을 편성한다. 그들은 전략을 수립할 때도 팀으로 일한다. 그들은 팀에게 조직의 사명과 핵심가치를 준수하고, 팀워크를 이루어 비전을 달성할 수 있는 혁신적인 전략을 수립하여 제안하도록 유도한다. 물론 그들은 팀이 제안한 각종 전략들에 대해 최종적인 의사결정을 하고, 그 의사결정에 대한 책임도 반드시 자신이 진다.

여기서 이런 리더와 팀원들의 업무가치(work value)는 다르게 마련이다. 팀원들의 업무가치는 조직의 가치관을 수용하고, 자신만의 고도의 업무능력과 기술을 가지고 업무성과를 창출하는 것이다. 반면에 리더는 자신만 생각하지 않는다. 그들은 다른 사람들도 생각하는 것이다. 그들은 조직의 성공을 자신의 성공으로 생각하기 때문에 다른 사람들의 업무를 통해서도 성과를 얻는다. 그러므로 자신의 역량을 증진시키기 위해 팀원들을 격려하고, 그들의 성공을 독려하며, 그들에게 모범이 되는 자세를 견지한다.

리더는 시간관리 능력에 있어서도 팀원들과는 다르다. 팀원들은 자신의 시간을 개인적으로 관리한다. 반면, 리더는 자신만을 위해 시간을 관리하지 않는다. 부하, 타 부서, 고객, 납품업자 등, 자신을 둘러싼 이해관계자들을 위해서도 자신의 시간을 관리할 줄 안다. 때문에 그들은 언제나 업무의 우선순위를 정하고 시간계획도 반드시 세운다.

업무기술면에 있어서도 리더는 팀원들과 다른 모습을 보인다. 팀원들

---

5) 램 차란, 스테픈 드로터, 제임스 노엘 공저, 한근태 옮김, *리더십 파이프라인*, 서울 : 미래의 창(2001), pp.72-80

팀원		팀 리더
· 기술적 또는 직무적인 능력 · 팀 플레이 · 개인적인 이익이나 업무성과를 위한 인간관계 쌓기* · 회사 용구 이용 및 업무과정 터득	업무기술 (Skills)	· 프로젝트, 예산 및 인력배치 계획능력 · 업무 기획 · 직원 선별 · 회사를 대표하기 · 업무 모니터링 · 지도와 조언 및 피드백 · 업무성과 측정 및 평가 · 상벌 및 동기부여 · 의사소통 및 분위기 조성하기 · 부서를 위해 상하좌우 인간관계 쌓기 · 자원의 구매
· 일일 관리—출퇴근 · 프로젝트별 개인적인 시간 맞추기 　(자신만 관리하는 단기별 시간관리)	시간관리 능력 (Time Application)	· 1년 계획 세우기—예산 및 프로젝트 · 부하직원을 위한 시간 만들기 　(자청하거나 부하직원의 청에 의해서) · 부서의 업무순서 정하기 · 다른 부서, 고객, 납품업자와 만남의 　시간 갖기
· 개인의 능력에 따른 업무성과 · 고도의 기술 및 직무능력 · 회사의 가치관 받아들이기	업무가치 (Work Values)	· 다른 사람의 업무를 통한 성과 얻기 · 직계 부하들의 성공 독려하기 · 관리업무와 훈련 · 부서의 성공이 자신의 성공 · 관리자로서의 자세확립 · 타의 모범을 보임.

자료 : 드러터 인력관리회사, * 관리자로 승진하면서 현격하게 줄어들거나 없어져야 할 요소

은 기술적인 직무능력, 팀플레이, 개인적 이익이나 업무성과 향상을 위한 인간관계 구축, 업무처리 과정 습득 등의 업무기술만을 축적한다. 이에 반해 리더는 조직을 대표하고, 자신의 상급자, 조직구성원 등 자신을 둘러싼 이해관계자들과의 의사소통을 통해 그들의 욕구와 기대치, 계획

등을 파악하고 참고한다. 그리고 이를 통해 자신의 업무를 조직화하고, 기획하며, 예산과 인력 및 자원계획을 수립하고, 인원을 선발한다. 또, 그렇게 선발된 부하들에게 업무의 성격과 범위 등을 확실하게 규정해 주면서 위임을 하고, 부하들의 업무를 관찰, 점검하고, 업무의 성과를 측정하고 평가하며, 상벌 등을 통해 동기를 부여한다. 부하들이 업무를 추진할 때 발생되는 문제들을 해결해 주며, 부하들에게 조언과 피드백을 제공하고, 의사소통을 할 수 있는 분위기를 조성하고, 자원을 구매하며, 여러 이해관계자들과 신뢰관계를 구축하는 등의 다양한 업무기술을 축적해 간다.

꿈을 이루기 위해 준비하는 리더, 거스 히딩크

1) 세계 축구의 흐름 : Global Standard 파악[6)]

격투기 수준의 '공놀이' 가 처음으로 몇 가지 규칙을 갖게 된 1848년을 축구가 처음 시작된 시점이라고 말한다. 그 이전까지는 경기 규칙(rule)이란 게 없었다. 이때 만들어진 규칙은 케임브리지에서 만들어졌다고 하여 '케임브리지 규칙' 이라고 한다. 이듬해인 1849년에는 축구의 가장 중요한 규칙인 핸들링 금지조항이 제정된다. 축구가 명실 공히 '발을 이용한 경기' 로 탄생한 것이다. 그리고 1871년에는 골키퍼가 손을 쓸 수 있도록 함으로써 어느 정도 오늘날의 축구와 같은 모양새가 갖추어졌다.

그때의 선수들은 공을 뺏기거나 골을 넣기 전까지 최대한 오래 공을 가지고 드리블을 하며 전진했다. 관중들 역시 선수들의 공 다루는 솜씨

---

6) www.hoochoo.com, '후추 축구칼럼' 에서 인용

<표 2-6> 시대별 축구 핵심역량의 변화

1848년 · 1871년	1925년	1954년	1960년	1970년	1998년
· 격투기　· 케임브리지 규칙　· 골키퍼 · 핸들링(1849년)　손 활용	· 오프사이드 　규칙 개정	· 포메이션 · 시스템 · 팀 전술	· 미드필더(헝가리) · 지역방어	· 개인기(브라질) : 남미 · 리베로(유럽) · 토털사커(요한 크루이프) · 압박축구	· 예술축구 (창의적인 축구)
· 상류층 게임 · 드리블링(dribbling) : 승패에 　의미를 두지 않는 즐기는 게임	· 노동자들의 참여 : 　축구 전문선수 등장 · 팀 승리를 위한 패스 　(pass)(1876년)	· 공수 간에 　철저한 분업에 　의한 경기운영 · 수비의 중요성 　강화	· 수비 위주의 전략 · 1:1 대인방어 한계를 　벗어난 지역방어 등장	· 힘, 스피드, 　수비력 : 유럽 · 개인기 : 남미	· 공격과 수비보다는 　미드필드에 선수들 　을 밀집시키는 대형 · 창의력 : 실전경험을 　통해 얻어진 감각과 　경기진행 중의 순간 　적인 판단과 센스

와 재주를 즐겼다. 따라서 드리블링(dribbling)에 능한 선수가 우수한 선수였다. 그때 축구를 하던 주된 선수들은 케임브리지나 이튼 같은 영국 전통의 명문 사립학교 학생, 또는 그 출신들이었다. 부르주아들이 그저 공을 신나게 몰고 다니며 즐기는 게임으로 승패에는 큰 의미를 두지 않았던 것이다. 사실상 드리블링이 게임의 전부였으니 수비에 크게 신경을 쓸 필요도 없었다. 그러나 경기 형태는 다분히 공격적이었다.

그리고 나서 얼마 후, 선수들의 포지션이라는 것이 생겨났다. 초기에는 11명의 선수 중에서 8명이 공격을 담당하고 3명이 수비를 보다가, 나중에 골키퍼라는 특수 포지션이 생기면서 공격수가 7명으로 줄게 되었다. 조금 더 지난 후에는 공격수가 5명, 수비수가 5명, 골키퍼 1명을 사용하는 전술 형태가 등장하기도 했다. 그 당시에도 각광을 받는 쪽은 역시 공격수들이었다. 반면 수비수들은 거칠고 용맹스럽고 투지가 넘치는 선수들이 맡았다.

그러던 축구가 지역적으로 계속 확대되고, 경기의 빈도도 많아지면서 경기규칙도 점차 정비되어 갔다. 상류층의 게임이었던 축구가 서서히 노동자 계층에까지도 파급되었다. 노동자들의 참여가 증대되면서 관중들도 증가하게 되었다. 그리고 축구를 전문으로 하는 선수가 등장하면서 관중들은 자기가 응원하는 선수와 팀이 이기기를 바라기 시작했다.

선수들은 이제 공을 오랫동안 몰고 다니는 드리블링보다는 팀의 승리를 위해 패스(pass)를 하기 시작했다. 선수들이 한꺼번에 우르르 몰려다니기보다는 선수들 간에 역할을 구분하고 공간 활용을 더욱 다양하게 전개하는 전술이 등장하게 되었다. 원시적이긴 했지만, 그런대로 본격적인 축구의 모습이 형성된 것이다. 이때가 1876년경이었으며, 1920년대까지 이와 같은 모습의 축구가 전 세계로 파급되어 갔다. 물론 세계 축구의 최강은 언제나 종주국인 영국의 차지였다.

1925년에는 오프사이드(off-side) 규칙이 개정되었다. 그 때의 오프사이드 규칙은 세 번째 최종수비수를 기준으로 적용되었다. 지금 우리가 알고 있는 오프사이드 규칙은 골키퍼를 제외했을 때 최종수비수와 공격수 간의 위치를 기준으로 한다. 그렇지만 당시에는 마지막 두 명의 수비수가 기준이었다. 공격보다는 수비에 유리한 규칙이었던 것이다. 지금은 최종수비수만 뚫으면 되지만, 당시에는 골키퍼를 제외하고도 최소한 두 명의 수비수를 항상 앞에 놓은 상태에서 공격이 이루어져야 했기 때문이다. 이 같은 오프사이드 규칙의 변화로 수비의 중요성이 강화되었고, '어떻게 하면 골을 넣을까' 에서 '어떻게 하면 골을 먹지 않을까' 로 경기의 목표가 바뀌었다.

프로축구가 성행하게 되고 경기 결과에 따른 보상이 점차 커지면서 이기는 축구를 하기 위해 축구는 좀더 조직화되고 과학화되었다. 여러 차례의 시행착오와 연구를 거치면서 경기장에서의 선수 위치와 경기운영, 스타일 등이 점차 특정화되었고, 소위 '포메이션(formation)' 이니 '시스템(system)' 이니 하는 팀 전술(tactics)이 본격적으로 생겨났다. 그때의 경기운영 시스템을 흔히 'W.M' 이라고 한다(지금과 같은 4-4-2나 3-5-2 형태가 아니다).

그 당시에는 공격수 5명, 수비수 5명을 두었는데, 공격수의 경우 3명이 포워드(forward)를 이루고 나머지 2명은 센터 포워드(center forward)와 윙(wing) 사이에서 약간 뒤로 쳐진 위치에 자리 잡는 'M' 자 형태로 배치하고, 수비수도 최종 라인이 3명이고 나머지 2명은 약간 앞으로 자리 잡는 'W' 자 형태로 배치했다. 수비수들은 공을 잡으면 앞에 있는 공격수들에게 차주고, 공격수들은 그 공을 넘겨받아 공격하는 방식이었다. 일명 '뻥 축구' 방식이다. 수비수들의 공격 가담은 없었으며, 미드필드 플레이도 없었다. 오프사이드 규칙은 그저 공격에 약간의 제한을 두는 정도였을 뿐이었으며, 지금처럼 오프사이드 함정을 파면서 수비 전술로 사용하지는 않았다. 수비수가 하프 라인을 넘는 일도 볼 수 없었다. 물론 공격수가 하프라인 아래로 내려오는 일도 없었다. 그러한 공수 간의 철저한 분업의 원리에 의한 경기운영 방식은 1950년대까지 이어졌다. 그 당시의 세계 축구는 영국과 영국을 제외한 나머지로 구분할 수 있었고, 최강은 여전히 영국이었다.

축구는 계속하여 확산되어 갔다. 축구는 이제 더 이상 영국인들만의 전유물이 아니었다. '영국이 최강' 이라며 영국 축구를 신성시하던 조류도 서서히 무너지기 시작했다. 실력은 여전히 영국이 최강이었지만, 그 격차가 점차 줄어들기 시작한 것이다. 영국은 급기야 1954년 스위스 월드컵에서 푸스카스가 이끄는 헝가리 팀(월드컵에 최초로 출전한 한국을 9 : 0으로 대파했던 팀)에게 무너지고 만다. 헝가리 팀 전력은 영국보다 한 수 아래로 평가되었지만, 그들에게는 영국이 사용하지 않는 두 가지 무기가 있었다. 그 중 하나는 푸스카스라는 당대 최고의 선수가 팀을 이끌었다는 것이고, 다른 하나는 4-2-4 포메이션의 활용이었다.

당시의 헝가리 팀은 공격과 수비를 조율하는 두 명의 '미드필더(midfielder)' 를 활용하면서 축구 역사에 일대 변화를 몰고 왔다. 그들을 통해 축구 경기운영 방식이 마침내 '뻥 축구' 의 한계를 벗어나게 된 것이다. 그리고 수비라인을 예전보다 좀더 위로 끌어올리면서 더욱 강화된 수비로 상대팀의 공격을 사전에 차단하는 전술도 등장하게 되었다.

축구는 더욱 수비 위주로 바뀌게 되었다. 수비력으로 인해 간혹 약한 팀도 강한 팀을 이길 수 있었기 때문에 수비 위주의 전략은 더욱 확산되었다. 특히 영국 팀과 같이 강력한 팀을 상대할 때에는 어김없이 그러한 전략을 구사하게 되었다. 포워드를 한 명 줄여서 포메이션을 4-2-4 또는 4-3-3, 심지어 4-4-2로 구성하는 경우도 있었다.

수비는 전술 면에 있어서도 발전을 거듭하였다. 1대1 대인방어의 한계를 벗어나 지역방어 개념이 등장하게 되었다. 오프사이드 규칙도 수비를 유리하게 이끄는 데 보다 자주 사용되었다. 물론 이때에도 오프사이드 함정을 만드는 수준까지 발전한 것은 아니었으며, 다만 이 규칙을 이용해 수비 라인이 좀더 위로 올라가는 수준이었다.

축구는 전 유럽과 남미, 아시아, 아프리카에까지 확산되었으며, 국가대표팀 간의 경기는 더욱 치열해졌다. 그들이 이기기 위해 택한 전술이 바로 '수비'였던 것이다.

축구에서 수비가 전부는 아니라는 사실을 증명한 것은 1960~1970년대의 브라질이었다. 세계 축구 역사에 길이 남을 그 이름 가린샤와 펠레! 그들은 생전 처음 보는 화려한 기술로 유럽 팀들의 수비진을 농락했다. 브라질의 돌풍으로 그때까지 '수비'를 최고의 미덕으로 여기며 세계축구를 주름잡던 유럽은 강력한 적을 만나게 되었다. 그때부터 세계축구는 힘과 스피드, 수비력을 앞세운 유럽축구와, 개인기를 앞세운 남미축구로 구분되기 시작했다. 두 진영 간의 우열을 가리기는 힘들었으며, 양쪽 모두 자기들만의 고유한 스타일을 고수하고자 했다.

그즈음 유럽에서 주목할 만한 변화가 있었는데, 그것은 바로 리베로의 출현이었다. 원래 리베로가 출현한 목적은 3명의 수비라인에 덤으로 1명을 더하는 식이었다. 지극히 안전한 수비 위주의 배치이다. 그러나 수비수의 역할에 대한 인식이 초창기의 강하고 용맹스러운 것에서 경기의 흐름을 읽고 탁월한 위치 감각을 지닌 것으로 변하기 시작하면서, 리베로의 역할도 변화되기 시작했다. 처음에는 단순히 수비라인 뒤의 보강 멤버에 불과하던 것이, 점차 공격에 가담하기도 하면서 경기장 곳곳에서 '플러스 1'의 효과를 발휘하게 된 것이다. 그 중에서도 가장 빛나는 주인공은 역시 세계의 명장으로 우뚝 선 독일의 베켄바우어였다.

그 즈음 축구의 변화는 포메이션을 표현하는 숫자에도 나타났다. 기존에는 세 개의 숫자로 표현했지만, 그 당시에는 1-4-4-1, 1-3-5-1 같은 형태의 포메이션이 등장했다. 여기서 맨 처음에 나오는 숫자 '1'이 바로 리베로를 가리킨다. 숫자 표현에서 알 수 있듯이 수비에 중심을 둔 리베로의 활용으로 최전방에 단 한 명의 스트라이커만을 두는 지극히 수비지향적인 공격 대형까지 생겨나게 되었다.

당대 최고의 선수였음에도 불구하고 월드컵 왕좌에 오르지 못한 선수는 요한 크루이프였다. 그가 축구사에 남긴 업적은 펠레나 마라도나를 능가한다. 요한 크루이프가 이끌던 아약스 암스테르담은 4-3-3 포메이션을 기본으로 했지만, 4-3-3이라는 숫자는 표면상의 작은 차이에 불과했다. 아약스 팀에서는 수비수가 공격에 가담하기도 했으며, 전방 공력라인에서부터 수비가 이루어졌다. 아약스가 상대진영에서부터 수비를 펼치자 상대팀은 당황할 수밖에 없었다. 아약스의 역습은 빠르고 정확했다. 소위 말하는 전원수비 전원공격 형태의 '토털사커(total soccer)'가 탄생한 것이다. 경기의 템포는 빨라졌고, 강력한 수비에 강력한 공격이 동시에 이뤄졌다. 수비 위주의 축구에 식상해 있던 관중들은 축구 본연의 야성적이고 공격적이며 스피디한 경기를 보며 훨씬 강한 쾌감과 승리의 기쁨을 맛볼 수 있게 되었다.

이를 계기로 잠시 주춤하던 축구의 기운이 완연히 되살아났다. 지구상의 모든 스포츠를 능가하는 기회를 맞게 된 것이다. 하지만 애석하게도 요한 크루이프가 이끌었던 네덜란드 팀은 1974년, 1978년 월드컵에서 모두 준우승에 머물고 말았다.

하지만 빠른 템포를 중시하는 축구의 조류는 여기서 멈추지 않았다. 미드필드의 중요성은 더욱 확대되었으며, 나아가 공격과 수비보다는 미드필드에 선수들을 밀집시키는 3-5-2 형태의 포메이션이 등장하기에 이르렀다. 이제 공격과 수비의 간격은 극도로 좁혀졌다. 그리고 경기의 스피드는 더욱 빨라졌다. 갈수록 포메이션의 의미가 많이 퇴색되고, 대신 시시각각 변하는 상황에 따라 전술 응용의 폭이 훨씬 넓어졌고 정형화된 틀에 의존하는 조직력보다는 순간적인 창의력과 경기 경험, 골 결정력 등이 승부를 좌우하는 가장 중요한 요소가 되었다. 아울러 전 선수가 쉬지 않고 포지션을 넘나들어야 하기 때문에 고도의 조직력과 체력이 필요하게 되었으며, 좁은 공간에서도 자기의 공간을 확보할 수 있는 강한 몸싸움 능력까지 요구되어졌다. 한마디로, 전천후 만능선수를 필요로 하게 되었던 것이다. 이제 토털사커의 시대는 '압박축구' 시대로 진일보하였다.

현대축구의 특징은 기존 틀의 파괴라고 할 수 있다. 이제 더 이상 일정한 틀에 얽매이는 축구로는 전후반 90분을 버틸 수가 없게 되었다. 경기 중에도 끊임없이 창의력을 발휘하면서 어떻게든지 상대방의 예측을 빗나가게 해야 하기 때문이다. 따라서 기술뿐만 아니라 경험과 판단력, 그리고 센스가 복합적으로 경기에 작용하게 되었다.

한국축구를 말할 때, 흔히들 선진국에 비해 기술과 기본기가 부족하다는 지적을 한다. 그것을 두고 한국축구가 넘지 못하는 '세계의 벽' 이라고 말하기도 한다. 그러나 사실 가장 중요한 문제는 경기 경험과 교육이다. 선수가 성장한 토대도 문제이다. 밤을 새워 개인기와 전술훈련을 반복한다고 해서 선진국 수준의 경기력을 가질 수 있다고 생각하면 곤란하다. 지난 1998년 월드컵에서 개최국 프랑스가 우승한 이면에는 그들의 오랜 세월에 걸친 창의적인 축구(art soccer)가 한몫을 했다는 사실을 곰곰이 되짚어 볼 필요가 있다. 수많은 실전 경험을 통해 얻어진 감각과 경기 진행 중의 순간적인 판단과 창의력, 그것이 한국축구가 세계의 벽을 넘기 위해서 앞으로 갖추어야 할 부분, 즉 '핵심역량' 이 될 것이다.

그동안 우리 한국축구는 드리블링 게임을 펼쳐왔다. 선수들이 떼거지로 공을 향해 앞으로 돌진하고, 우르르 몰려다니면서 어찌어찌 하다가 골을 넣는 식이었다.

"솔직히 말해 나는 아직까지도 대표팀의 시스템을 모른다. 그러니까 아무 것도 모르는 상황에서 경기에 나가는 것이다. 부끄럽지만 대표팀엔 전술이란 게 없었다. 대표팀이 소집되면 경기를 하고 체력훈련을 하고 그런 위주였으니까(2001. 2. 11, KBS 일요스페셜 '월드컵 1년, 히딩크의 한국 축구 무엇을 할 것인가', 박성배 선수 인터뷰)."

과거의 한국 팀에는 전술 같은 것이 존재하지 않았다. '경기' 라기보다는 일종의 '공 몰기 게임' 으로서의 축구를 했던 것이다.

'많이 뛰기보다 잘 생각하라'

2002년 월드컵 조 추첨 행사를 위해 네덜란드 축구 영웅 요한 크루이프가 내한했었다. '토털축구' 가 트레이드마크인 그는 우리 축구 대표팀에게 다음과 같이 조언했다.

"한국 선수들은 기술적인 측면에서는 충분한 실력이 있다고 본다. 그러나 이제부터는 기술을 이용한 두뇌 플레이를 펼칠 수 있어야 한다. 무조건 빨리 많이 뛰는 게 능사는 아니다. 생각하는 축구를 하라.

토털축구는 기술보다는 두뇌를 쓰는 축구다. 그러려면 공수전환이 자유자재이어야 한다. 특히 선수와 선수 간 공간이 생기지 않도록 전원이 유기적으로 뛰어야 하고, 한 선수의 단점을 옆에 있는 선수가 보완해 줄 수 있어야 한다. 언뜻 보면 선수들이 우왕좌왕하는 것 같지만, 톱니바퀴처럼 조직적으로 움직이기 때문에 훨씬 더 막강한 공격력을 발휘할 수 있다.

토털축구를 구사하기 위해 꼭 체력이 뒷받침되어야만 하는 것은 아니다. 체력도 중요하지만 역시 두뇌플레이가 중요하다. 핵심은 선수들 사이의 공간을 촘촘히 유지하는 것이다. 이 공간이 촘촘하면 우리 선수는 공을 잡기 위해 불과 10m만 뛰면 되지만, 상대 선수는 30m를 뛰어야 한다. 우리 선수의 체력을 유지하면서 상대 체력을 소진시키는 전략이다. 따라서 선수 전원이 경기의 흐름을 정확히 파악하는 것이 중요하다.

히딩크 감독과 팀은 달랐지만, 나는 그를 잘 안다. 그는 주어진 상황을 적절히 활용하여 자기 몫을 충분히 해내리라고 믿는다. 그는 자기과시형 감독이 아니라 지능형 감독이다. 그는 평소에도 차분하게 상황을 파악하여 최선의 결과를 이끌어 낸다.

요즘의 축구를 보면 선수들이 과거보다 더 많이 뛰는데도, 평균 기량은 떨어진다. 특히 기본이 안 되어 있는 경우가 허다하다. 아주 쉬운 패스를 놓치는 등의 실수를 하는 경우가 많다. 과거에는 모든 선수들이 양발을 자유자재로 사용했는데, 요즘 어떤 선수들은 한쪽 발만 쓴다. 평균 기량이 떨어지기 때문이다. 또 우리가 선수일 때는 최소한 일주일에 세 번 정도는 함께 연습을 했는데, 요즈음은 모두가 스타들로 구성되어 있어 연습하는 시간이 턱없이 부족하다. 그러나 분명한 것은 연습을 하지 않고는 기량을 향상시킬 수 없다는 것이다. 가장 중요한 것은 보기에 쉬운 것들을 완벽하게 해내는 것이다.

좋은 축구장에서 연습한다고 기량이 향상되는 것은 아니다. 잔디구장에서 축구를 배우는 게 오히려 문제다. 차라리 길거리 축구에서 시작하는 게 훨씬 낮다. 상대방과 축구를 하다가 넘어지면 다치기 쉬운 것이 길거리 축구다. 길거리 축구를 하는 아이들은 한번 다치고 나면, 다음에는 다치지 않으려고 공을 차면서 생각을 하게 된다. 공을 다루면서 몸싸움을 하더라도 넘어지지 않는 방법을 연구하게 되는 것이다. 나도 열 서너 살까지 길거리에서 축구를 배웠다.

벽에 공을 차는 것은 아주 훌륭한 연습 방법이다. 벽은 거짓말을 하지 않는다. 잘못 차면 잘못 찬대로, 잘 차면 잘 찬대로 되돌아온다. 벽에 공을 차며 노는 아이들의 모습을 보기 힘들어졌다는 것은 안타까운 현실이 아닐 수 없다.

월드컵은 자국민에게는 일생에 한번 치를까 말까 하는 역사적인 일이다. 따라서 무조건 2회전에 진출해야 한다는 식의 강박관념에서 벗어나야 한다. 그래야 선수들도 긴장을 풀고 제대로 실력발휘를 할 수 있다.”

〈2001. 12. 3, 조선일보〉

2) 한국축구의 비전을 실현시키기 위한 전략 수립

• *리더 히딩크의 한국 축구 국가대표팀에 대한 분석*

월드컵 유치국 감독이라는 점과 대한축구협회 관계자의 진지하고 프로다운 태도에 이끌렸다. 한국인들은 축구에 대한 열정이 있고 축구협회가 능력이 있다고 판단했다. 특히 주변의 아는 분들이 큰 도전이니 한번 해보라고 권했는데, 물론 최종 결정은 내가 내렸다.

– 2000. 12. 18, 한국 축구팀을 맡은 동기에 대해

한국축구를 모르면 감독을 할 수 없다. 한국 선수들에 관한 것과 한국축구에 대한 자료를 가능한 한 많이 보내 달라고 요청했다. 그리고 나는 한국에 입국

하기 전 2000년 아시안 게임을 비롯한 30개 정도의 한국 국가대표팀 경기 테이프를 보았다. … 그동안 월드컵 본선에 올라 1승도, 어떠한 인상도 남기지 못했다면, 근본적으로 무엇을 잘못하고 있는지에 대해 생각해 볼 필요가 있다고 이야기했다. 축구협회에 '나와 함께 할 것이라면 내 방법대로 해야 한다'고 이야기했다.

지금에야 하는 말이지만 한국 팀의 첫 인상은 가히 충격적이었다. 전력의 높고 낮음이 아니라, 한국 선수들의 열정을 말하는 것이다. 그들은 내가 지시하는 점을 충실히 이행하고자 노력했으며, 한결같이 착하고 순수했다. 유럽의 톱클래스 선수들은 자기 생각이 강하고 개성이 탁월했다. 하지만 그들 사이에는 프로라는 의식이 있을 뿐, 하나의 팀으로서 아니 한 국가를 대표하는 스포츠 선수로서의 사명감은 많이 떨어지는 것이 사실이다. 월드컵이라는 무대를 자신들의 몸값을 높이기 위한 수단으로만 생각하는 선수들도 많이 봐 왔다. 하지만 한국 선수들은 월드컵 그 자체를 영광으로 생각하고 있었으며, 그 무대에서 뛰기 위해선 무엇이라도 할 수 있다는 자세를 보여 왔다. 이러한 한국 선수들의 마음가짐에 적잖은 충격을 받았다. … 그런 점에서 한국 선수들은 세계 어느 나라의 선수들보다 우월하다. 그러한 한국축구의 기본 잠재력은 일찍이 내가 경험해 보지 못한 것이었으며, 내 스스로를 더 채찍질하는 계기가 되었다. 나는 한국 선수들을 대단히 사랑한다. 그들의 순수함은 나를 들뜨게 한다.

• 리더 히딩크가 생각한 선진축구의 핵심역량

히딩크 감독은 이미 유럽의 선진축구 현장에서 자신의 진가를 보여 준 리더였다. 1986년부터 1990년까지 PSV 아인트호벤 감독을 역임하면서 1986년에서 1988년까지 3년 연속 정규리그 우승을 이끌었으며, 1988년에는 UEFA컵, FA컵에서도 우승을 했다. 1995년부터 1998년까지는 네덜란드 국가대표팀 감독을 역임하면서 1996년 유럽선수권 8강, 1998년 프랑스 월드컵 4위라는 성적도 거두었다. 또한, 그는 1998년부터 1999년까지 스페인의 레알 마드리드 감독을 역임하면서 1998년 도요타컵 우승을 차지했고, 1998~1999년 스페인 리그 2위라는 성적을 거두었다.

유럽에서 펼쳐지는 현대축구에 오랫동안 몸담았던 그는 이미 2002년 월드컵에서 한국의 16강 진출과 한국축구의 체질 개선이라는 한국축구의 비전 달성에 필요한 핵심역량(core competence)들이 무엇인지를 알고 있었다. 그는 핵심역량들뿐만 아니라 핵심역량들 간의 우선순위도 이미 파악하고 있었다.

"실력이 떨어지면 남보다 더한 노력으로 이를 보충하면 된다. 가장 중요한 것은 스스로 하고자 하는 의지이다. … 나는 선수들에게 개인기술, 팀전술, 정신력을 강조했다. 그 중에서도 가장 중요한 것은 정신력이다. 기술이 아무리 뛰어나도 우쭐한 나머지 팀플레이를 망치면 대표선수로서의 자격이 없다."[7] 이러한 인터뷰에서도 알 수 있듯이 그가 비전을 실현시키기 위해 가장 중요한 핵심역량으로 꼽은 것은 바로 의지와 정신력이었다.

"12월 20일 한일 정기전이 끝난 후에는 한국 대표팀 선수 개개인의 장단점을 보내 달라고 요청했다. 경기 테이프를 보니 기술적으로는 문제가 없었다. 대부분 양발을 자유자재로 사용하고 있어 나는 무척 놀랐다. 나는 한국 팀의 문제는 체력이라는 결론을 내렸다." 정신력 다음으로 그가 중요하게 생각한 핵심역량은 바로 '체력'이었다.

"나는 처음 감독직 제의를 받았을 때 축구협회 관계자에게 '내가 선수들에게 나무에 올라가라고 하면 그대로 하겠느냐' 고 물었다. 나는 영웅보다는 독재자가 되기를 원했다. 스타에 의존하기보다는 팀 전체가 기계

---

7) 2002. 7. 3, 히딩크 수기(3) 컨페더컵 - 골드컵 시련 딛고, 동아일보

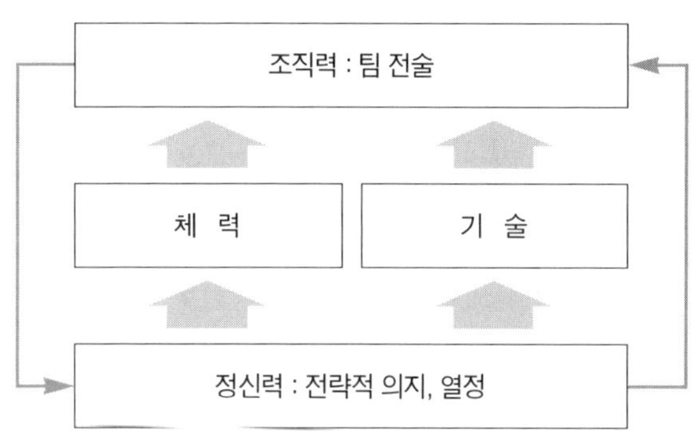

처럼 맞물려 돌아가는 조직력을 구축하고 싶었다. 그러기 위해서는 선수들의 헌신이 필요했다. 규율도 필요했다."[8] 그는 정신력, 체력, 그리고 조직력 순으로 비전을 실현시키기 위한 핵심역량들을 파악했다.

"나와 함께 올 일행이 한국축구를 발전시킬 수 있다고 믿고 있다. 하지만, 성급하게 말할 단계는 아니다. 왜냐하면, 앞으로 한국축구의 실력이 어느 정도인지 분석해야 하기 때문이다. 그러나 유럽에서의 경험으로, 한국에 와서 축구발전에 일조할 수 있게 된 것을 자랑스럽게 생각한다. 1998년 프랑스 월드컵 경험도 도움이 될 것이다."

이 같은 말에서 알 수 있듯이, 그는 강인한 정신력과 체력의 소유자로서 기술적으로 문제가 없는 선수들을 선발하여 스타에 의존하기보다는 팀 전체가 맞물려 돌아가는 탄탄한 조직력으로 무장한 축구 대표팀을 만들기 위한 구상을 하고서 2000년 12월에 입국을 한 것이다.

---

8) 2002. 7. 2, 히딩크 수기(2) 한국축구와의 인연, 동아일보

• *리더 히딩크의 전략 수립 팀 구성*

히딩크 감독은 자신에게 주어진 1년 6개월(550일) 동안에 자신이 공유한 비전을 실현시킬 핵심역량들 간의 우선순위를 부여했다. 그리고, 자신이 공유한 비전을 실현시킬 수 있도록, 일찍이 대한축구협회에 자신을 보좌할 팀(staff)과 국가대표팀 선수 선발권 등에 대한 전반적인 권한과 비전이 달성될 월드컵까지의 임기 보장 등을 감독 계약조건으로 미리 제시했다. 막다른 위기에 처해 있던 대한축구협회는 그의 계약조건을 순순히 받아들였고, 그를 전폭적으로 지원하게 되었다. 리더로서의 히딩크는 자신의 경험에 비추어 향후에 발생될지도 모를 문제들을 미리 예견하고 그에 대한 대비를 철저히 한 것이다.

이처럼 리더는 문제가 발생되고 난 후에 허둥대지 않는다. 향후에 발생될 문제나 위험들을 사전에 예견하고 그에 대한 대비책을 강구한다.

2000년 12월 입국 당시 그는 이미 자신이 공유한 비전을 이루기 위해 준비했던 리더였다. 그는 자신이 공유한 비전을 실현시키기 위해 핵심역량 구축을 담당할 각 분야의 전문가들을 영입했다. 물론 그는 오랫동안의 감독 생활을 통해 많은 분야의 핵심역량 전문가들과 네트워크를 형성하고 있었다. 그러한 네트워크를 활용하여 자신이 공유한 비전을 그들에게 전달하고, 그들과 함께 그 비전을 공유하고, 그 비전을 실현시킬 핵심역량 전문가들을 자신의 팀에 합류시킨 것이다.

그는 자신이 영입한 핵심역량 전문가 2명을 자신의 팀원으로 대동하고 입국했다.[9] 그 중 한 명은 핌 베어벡 수석코치이다. 그는 네덜란드 페예노르트 로테르담 감독과 일본 J리그 NTT 오미야 감독, 중국 상하이의

---

9) 거스 히딩크 지음, *마이 웨이*, 서울 : 조선일보사(2002), pp.107-108

선화 FC와 홍콩 축구협회 기술고문, 그리고 네덜란드 대표팀의 선수선발 위원장을 역임한 바 있다. 선진축구이론에 해박하고, 아시아 축구에 정통한 그를 영입했다는 것은 히딩크 감독이 자신에게 부족한 부분을 깨닫고 자신을 보좌할 전문가를 심사숙고하여 영입했음을 보여 준다.

1999년 가을, 히딩크 자신이 일본 팀으로 간다는 소문이 돌자 핌 베어벡은 히딩크와 일해 보고 싶다는 의사를 표명했었다. 히딩크는 사실 핌 베어벡과 호흡을 맞추어 본 적은 없었지만, 그의 일본 경험이 큰 도움이 될 것으로 판단하여, 핌 베어벡에게 한국 대표팀 감독으로 가는 데 합류하겠느냐고 물었다. 그러자 핌 베어벡은 자신도 월드컵 팀 코치를 하고 싶었던 꿈이 있었기에 흔쾌히 히딩크의 제의를 수락했다. 그리고 히딩크와 함께 팀을 이루어 입국한 것이다.

그는 전문가로서 히딩크 팀에 합류한 뒤, 우리나라의 고질적인 문제점인 수비진의 조직력(팀 전술)을 높이는 일을 담당했다. 그는 선수 개개인의 수비능력에 의존하기보다는 협력수비와 유기적인 압박능력을 배가함으로써 수비의 안정화를 도모하는 전략을 채택했다. 그리고 낙후한 기존의 스위퍼 시스템을 과감히 버리고, 일자 스리 백(three back)으로 수비라인을 정비하는 전략을 채택했다. 또한, 양쪽 윙 백이 수시로 측면수비에 가담해 순간적으로 파이브 백(five back)까지 변신할 수 있도록 유기적인 관계를 맺게 했으며, 김남일 선수를 발탁하여 수비형 미드필더로 키워냈다. 그리고 11명의 대표팀 선수들이 기계의 톱니바퀴처럼 돌아가 대표팀의 팀 전술(조직력)의 완성도를 높일 수 있도록 했으며, 이를 위해 치밀하고 과학적인 훈련 프로그램을 작성하여 실행했다.

그는 조직력에 대한 핵심역량을 구축하는 역할을 확실하게 부여 받았고, 자신의 임무를 성실하게 완수한 전문가였다.

히딩크 감독이 입국 때 대동한 또 한 사람은 바로 스포츠 기자 출신인 얀 룰프스이다. 그는 네덜란드 프리 유니버시티 정치학 박사이다. 1993년부터 네덜란드 RTL TV방송에서 축구해설가를 역임한 이론가이다. 히딩크가 스페인 발렌시아 감독으로 있을 때 그가 TV 축구해설가로서 히딩크와 인터뷰를 한 것이 인연이 되어 서로 관계를 맺게 되었고, 스페인 카날플러스(CANAL +) TV에서 히딩크와 함께 해설자로서도 활동했다. 함께 축구 프로그램을 진행하면서 서로 터놓고 이야기하는 사이가 된 그는 히딩크에게 지나가는 말로 혹시 프로팀 감독으로 가게 되면 자기를 데려가 달라고 한 적이 있었다. 물론 한국 대표팀의 감독을 맡기 훨씬 전의 일이었지만, 히딩크는 자신이 한국 대표팀 감독으로 가게 되자 그에게 합류할 의사가 있느냐고 물었다. 그는 한동안 고민하다가 "당신과 함께 하겠다."고 말했다.

"지금 내가 하고 있는 일은 한국축구를 이해하기 위한 한 부분이다. 그리고 히딩크 감독이 좋은 성적을 내도록 돕는 일이다. 우리는 최선을 다해 전문적으로 일하고자 한다."[10]

자신의 역할을 잘 이해하고 있었던 얀 룰프스는 혼자서 여러 가지 역할을 담당했다. 그는 대표팀의 핵심역량 구축을 위한 기술분석관(technical coordinator)으로서 대표팀의 전술과 선수 개개인의 기술을 분석하여 자료로 만든 후 히딩크에게 제공했으며, 히딩크의 이해관계자들 중 하나였던 해외 언론들에 대한 홍보담당관이었고, 대표팀 매니저로서 히딩크의 인터뷰를 주선하고 행사참가일정 등을 조정하기도 했다.

"한국축구를 잘 모르는 상태에서 선뜻 맡을 수는 없다. 나에게 생각할

---

10) 2001. 2. 11, KBS 일요스페셜 '월드컵 1년, 히딩크의 한국축구 무엇을 할 것인가'

시간을 달라."고 말한 히딩크는 감독직을 수락한 후에는 "한국축구를 모르면 감독을 할 수 없다. 한국 선수들에 관한 것과 한국축구에 대한 자료를 가능한 한 많이 보내 달라."고 축구협회에 요청했다. 그리고 "무엇보다도 바로 직전까지 대표팀 감독을 맡았던 허정무 감독의 도움이 필요하다."며 허정무 감독과 함께 일했던 코치진(박항서, 정해성, 김현태, 최진한)을 자신도 코치로 활용하겠다고 말했다. 그는 전임 감독과 코치진을 자신의 적이 아니라, 자신의 일을 수행하는 데 도움을 줄 수 있는 긍정적인 이해관계자로 파악한 것이다.

그는 한국 코치진을 통해 한국 선수들의 특성을 빨리 파악하고 한국 선수들과의 커뮤니케이션에 문제가 있을 때 한국 코치진들이 징검다리 역할을 해주기를 원했던 것이다. 그는 또한 자신이 공유한 비전 중의 하나인 '한국축구의 체질개선과 경쟁력 향상' 은 단기간에 이루어지는 것이 아님을 알고 있었다. 따라서 자신의 계약기간이 종료한 후에도 자신의 축구 철학과 경쟁력 향상을 위한 노하우를 한국의 코치진들이 공유하여 한국축구의 체질을 지속적으로 혁신해 가기를 원했다. 그는 거기까지 내다보고 치밀하게 전략을 수립한 것이다.

한편, 압신 고트비는 2001년 1월 홍콩 칼스버그컵 때 경기(비디오)분석관으로 임시 고용되었다가, 히딩크 감독의 강력한 요청으로 월드컵 때까지 장기 계약되어 대표팀과 히딩크가 전략을 수립하는 데 많은 도움을 주었다. 이란계 미국인 고트비는 UCLA 졸업 후 2년여 동안 여자 축구팀 코치를 하다가 전략분석관으로 전직하여 10여 년 동안 네덜란드 암스테르담 아약스 등의 명문클럽과 자메이카 대표팀 분석관 등으로 활동해 왔었다.

사실 히딩크 감독은 한국 대표팀 감독에 부임하기 전에는 압신 고트비를 전혀 알지 못했다. 히딩크 감독은 핌 베어벡을 비롯한 지인들에게 비디오분석관을 추천해 달라고 했고, 한국과 홍콩에서 몇 명을 면접한 후 가장 깔끔하게 경기 비디오를 편집해 온 압신 고트비를 고용했던 것이다.

그는 홍콩 칼스버그컵 이후 한국과 관련된 모든 경기장면들을 일반 TV 중계기법과는 달리 운동장 전체가 나오도록 찍어 22명 양 팀 선수들의 움직임을 한눈에 볼 수 있도록 캠코더로 촬영하고, 밤새 편집·분석하여 상대팀의 장단점과 공격루트, 수비형태, 한국 선수 개개인의 문제점과 개선방향 등을 제시했다. 그는 각종 경기분석을 통해 대표팀의 중앙 미드필더 1명이 뒤로 처지면서 긴 패스가 한 번에 뚫리던 고질적인 약점을 해소하는 방안을 내놓기도 했다. 그것은 그간 미드필더 4명을 일자로 세웠던 방식을 버리고, 중앙 미드필더 2명을 앞뒤로 배치해 마름모꼴이 되도록 하자는 것이었다. 그 결과 고질적인 약점이 해소되었다.

그는 모든 자료들을 자신의 노트북 컴퓨터에 저장해 놓고 히딩크가 원하는 자료는 어떤 것이든 10초 이내에 제공했다. 예를 들면, 한국 대 폴란드 전에서 실점 위기를 맞이한 순간에 홍명보의 움직임이 어떠했느냐고 히딩크 감독이 물으면 곧바로 설명해 주는 식이었다. 전반전이 끝나고 선수들이 라커룸에서 10분간 휴식을 취할 때 전반전 경기의 전체적인 내용을 설명해 주는 것도 경기분석관의 역할이었다. 히딩크 감독은 선수들에게 경기분석관이 편집하고 분석한 경기내용 가운데 잘한 부분과 개선해야 할 부분들을 보여줌으로써 선수들이 화면을 보고 더 쉽게 배우고, 스스로가 문제점을 발견하도록 유도했다.

월드컵 16강 진출을 위한 포르투갈 전에서 박지성 선수의 결승골도 그의 포르투갈 경기분석을 통해 얻어진 결과였다. 그는 포르투갈의 수비선수들이 서로 위치이동을 하는 중에 생기는 빈 공간을 비디오분석을 통해 미리 파악하고, 박지성 선수로 하여금 그 빈 공간으로 파고들도록 미리 지시했다. 그의 지시대로 빈 공간으로 파고든 것을 본 이영표 선수가 박지성 선수에게 볼을 차 주었고, 박지성 선수는 그 볼을 받아 멋진 골을 성공시켰다. 그리곤 그동안 자신을 믿어 준 히딩크 감독의 품에 안기는 감동적인 장면을 보여 주었다. 그러한 장면의 숨은 연출자는 경기분석관이었다. 또, 터키와의 3,4위전에서도 이을용 선수는 경기분석관의 컴퓨터 시뮬레이션의 결과에 따라 킥을 함으로써 프리킥을 성공시켰다. 그러한 골 장면 뒤에도 경기분석관이 있었던 것이다. 그는 경기 때마다 경쟁 전략을 수립하여 대표팀이 승리하는 데 많은 역할을 담당했다.

레이몬드 베르하이엔 체력담당관은 2002년 3월 스페인 전지훈련 때부터 대표팀에 합류했다. 네덜란드 축구협회 소속인 그는, 히딩크 감독의 크리스마스 휴가가 지연되는 바람에 PSV 아인트호벤 팀의 루크 반 아흐트 체력담당 트레이너를 데려올 수 없게 되자 루크의 대타로 대표팀에 합류하게 되었다. 그는 네덜란드 대표팀 소속이었지만, 네덜란드 대표팀이 월드컵에서 탈락하는 바람에 별로 할 일이 없었다. 그래서 히딩크 감독은 그에게 한국 대표팀에 합류해 달라고 부탁했고, 그는 그렇게 하겠다고 말했다. 이렇게 해서 그는 선수들 체력을 월드컵에 맞춰 끌어올리는 책임을 맡았다.

그는 선수들에게는 자신들을 단시간에 '철의 전사'로 탈바꿈시킨 '저승사자'로 통한다. 네덜란드 왕립축구아카데미에서 운동생리학을 전공한 후, 1998년 프랑스 월드컵 때 네덜란드 대표팀 체력담당 트레이너를 맡아 히딩크 감독과 인연을 맺었다. 그가 한국축구에 심어 준 것은 단순한 체력이나 지구력의 중요성만이 아니었다. 그는 최초로 '회복시간 단축'이라는 개념을 한국축구에 도입했다.

총 9단계의 체력훈련을 실시하여 순발력과 활동시간을 늘렸으며, 동시에 회복시간은 단축시킴으로써 한꺼번에 세 마리의 토끼를 잡은 것이다. 또한, 그는 다양한 메뉴의 체력강화 프로그램을 선수들이 즐겁게 받을 수 있도록 하여 효율성을 높였다.

히딩크 감독은 월드컵이 얼마 남지 않은 시점에서 체력훈련을 시작한 것에 대해 "그 전에는 선수들이 각자 소속팀에서 뛰고 있어 체력훈련이 아무런 소용이 없었다."고 말했다. 체력이라는 핵심역량에 대해 그는 체력담당관의 노하우를 확고하게 믿었기 때문에, 짧은 시간이지만 그가 원하는 성과를 얻을 수 있으리라는 확신을 가졌던 것이다.

필립 아노 재활전문 트레이너는 2001년 8월 체코 전지훈련 때부터 팀에 합류했고, 바로 이어 월코도 합류했다. 그들은 모두 네덜란드에서 물리치료를 전공한 전문가들이었다. 그들은 국내 축구에 '프릭선 마사지'라는 새로운 방법을 도입했다. 프릭선 마사지는 국내의 일반 재활에는 활용되고 있었지만, 여태껏 스포츠 재활에는 도입되지 않았었다. 프릭선 마사지는 부상 부위를 직접 마사지하는 방법으로, 처방을 받은 선수들은 무척 많은 고통을 호소했지만, 재활기간이 단축되는 효과를 볼 수 있었다. 월드컵 시작 전후 부상을 당했던 황선홍, 홍명보, 이영표, 박지성 등이 예상과 달리 단기간에 정상체력을 회복한 것도 일정 부분은 그 마사지 효과 덕분이었다. 특히 종아리 근육파열로 월드컵 출전이 사실상 불가능해 보였던 이영표 선수가 그라운드를 누비게 되었던 것도 필립 아노 덕분이었다.

이런 에피소드도 있었다. 히딩크 감독은 부임 초기 부천 SK 이을용 선수를 괜찮은 미드필더로 지목했었다. 그런데 이을용 선수는 2001년 1월 15일 울산에서 열린 울산대와의 연습 경기에서 무릎 연골이 부분 파열되는 부상을 당해 6개월 가까이 프로경기에도 출전하지 못했다. 히딩크 감독은 선수단을 소집할 때마다 이을용 선수의 상태를 체크했지만, 매번

스태프들 간의 역할 분담

사실 박항서 코치와 나는 처음 감독이 부임했을 당시 뚜렷한 구분이 없었다. 주위에서 공격코치, 수비코치로 불렀을 뿐이었다. 그런데 2001년 2월 두바이 4개국 대회에 참가하는 길에 오만에 들렀을 때 히딩크 감독은 자체 미니게임을 앞두고 박 코치와 나를 불렀다. 그리고 둘이 각각 팀을 나눠 맡아 처음부터 끝까지 책임지고 지도하게 했다. 이 때가 둘의 임무를 나누기 위한 테스트가 아니었나 생각한다. 그 이후 박코치에게는 감독 자신의 의사를 선수들에게 전달하게 하고 선수단이 해산해 있을 때도 각종 연락을 전담시켰다. 나는 주로 선수들의 워밍업과 회복훈련을 책임졌다. 예전에 비해 해야 할 일이 많이 줄어들었지만, 이 같은 전문화가 코치진 간의 불화 없이 함께 끝까지 갈 수 있었던 요인이었던 것 같다.

〈2002. 7. 2, 정해성이 쓰는 히딩크 일기(3), 일간스포츠〉

아노 필립이 8월 체코 전지훈련부터 합류하기 시작했고, 그 뒤 윌코도 입국했다. 이들은 네덜란드 현지에서 모두 물리치료를 전공한 전문가들이다. 우리 팀에는 이미 김현철 주치의를 비롯해 최주영, 강훈, 차창일 씨가 의료진으로 가동되고 있었고, 이들까지 합류하면서 좀 걱정이 되기는 했다. 임무 분담을 두고 서로 갈등의 소지가 있었기 때문이다. 그러나 히딩크 감독은 필립과 윌코를 데려오기 전 물리치료사 중 최고 연장자인 최주영 씨를 따로 불러 "당신이 보스다." 며 물리치료사들을 총괄하도록 했다. 그리고 이들에게 문제가 있다면 주저하지 말고 자신에게 직접 말하라고 주문했다. 이로써 최주영 씨는 전체를 총괄하며 부상 발생시 응급처치와 재활을 책임졌고, 윌코와 필립은 부상 선수의 근육마사지와 재활프로그램을 운용했다. 강훈, 차창일 씨는 일반 선수들에 대한 마사지를 주로 했다.

〈2002. 7. 4, 정해성이 쓰는 히딩크 일기(5), 일간스포츠〉

부상으로 인해 선수단 소집에 참가할 수 없다는 보고를 받곤 했다. 그는 이해할 수 없다며 고개를 흔들었다. 그리고 그 사건을 계기로 한국 스포츠 재활이나 의료 수준을 불신하여, 네덜란드 출신 물리치료사들을 합류시켰던 것이다. 히딩크 감독으로 인해 국내 스포츠 재활의학에도 변화의 바람이 불게 되었다.

대표팀의 주치의 김현철 박사는 족부정형외과 전문의로, 이전에 광주 조선대학에서 조교수로 근무한 바 있다. 그는 2001년 말 서귀포 전지훈련 때 대표팀과 인연을 맺어, 샌디에이고 전지훈련(2002년 1월)부터 그동안 협회 의무분과위원회 위원들을 중심으로 선수들의 몸 상태를 점검했고, 선수들의 컨디션을 보다 정밀하게 관리하기 위해 대표팀의 모든 일정에 동행하는 상근 주치의로 대표팀에 합류했다.

"이제껏 월드컵에 출전했던 한국 선수들에 대한 의료기록이 없다는데 놀랐다."는 그는 그라운드에서 선수가 쓰러지면 뛰쳐나가 일차적으로 상태를 살피는 일에서부터 부상선수의 치료, 도핑관리, 심지어 경기를 전후로 한 식이요법 강의까지 선수들의 몸에 관련한 모든 것을 책임졌고, 선수들의 몸 상태를 점검한 뒤 일주일에 두세 번씩 코칭스태프와 대표팀 의료진들이 참석한 가운데 메디컬 미팅을 열고, 이를 히딩크 감독에게 보고하는 일을 맡았다. 스스로 축구매니아라고 밝힌 그는 이전 근무처였던 조선대에서 일하는 동안 프로축구 부천 SK와 전남 드래곤즈 선수들을 검진했던 경험이 있으며, 지난 1999년 말레이시아에서 열린 아시아축구연맹(AFC) 총회 때 논문을 발표하기도 해 일찌감치 축구와 인연을 맺은 바 있다. 그는 대표팀과의 이번 인연을 계기로 월드컵 이후에는 국내에서 미개척지나 다름없는 축구의학에 본격적으로 투신할 것도 고려하고 있다고 말했다.

<그림 2-11> 히딩크 사단의 핵심역량별 · 담당 업무별 분류 및 합류시기

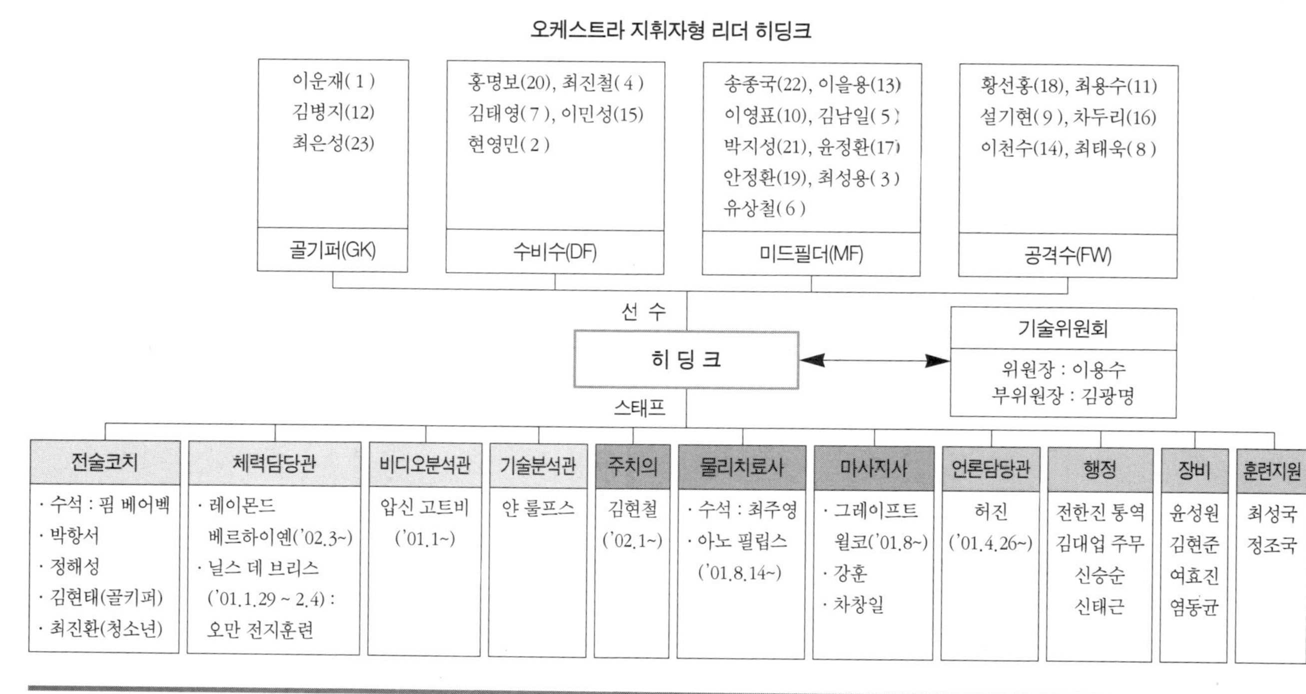

꿈을 이루어 가는 리더
: 전략 실행

3

전략 수립과 전략 실행

몸이 아픈 사람은 병을 치료하기 위해 병원에 간다. 병원에 간 그 사람은 의사에게 자신의 상태를 자세히 설명한다. 환자의 이야기를 들은 의사는 정확한 진단을 내리기 위해 필요한 각종 검사를 실시한다. 그리고 검사 결과를 토대로 자신의 지식과 경험에 비추어 정확한 진단을 내리고, 진단에 따라 환자의 병을 치료할 수 있는 처방을 내린다. 환자는 의사가 내려 준 처방에 따라 약국에서 약을 조제하고, 다시 처방에 따라 약을 복용한다. 결국 환자는 약의 효과에 힘입어 병을 낫게 된다. 그러나 만약 처방대로 약을 복용했음에도 불구하고 병이 나아지지 않을 경우에는 다시 의사를 찾는다. 그때 의사는 자신이 처방한 약효가 나오지 않은 원인을 규명하기 위해 다시 환자의 상태를 보다 면밀히 진단한다. 그리고 다시금 새로운 처방을 내린다.

이러한 일련의 연속된 치료 과정을 통해 환자는 치료가 되고, 의사는 새로운 지식과 경험을 습득해 간다. 특별히 환자들의 각종 질병에 대한 습득된 지식이나 치료 경험이 많지 않은 의사들은 환자들을 대상으로 여러 가지 처방을 시험해 볼 수밖에 없다.

조직의 전략 수립과 전략 실행 과정도 환자의 치료 과정과 유사하다. 요즘 사람들은 꼭 아파야만 병원에 가는 것은 아니다. 더 나은 삶의 질을 영위하기 위해 정기적으로 건강진단을 받고, 각종 질병에 대한 예방조치를 취하기도 한다. 병에 걸린 조직을 치료하기 위해 자신을 진단하고 처방을 내리는 것을 '전략 수립'이라고 할 수 있다. 이때 조직 내부에 지식이나 경험이 축적되어 있지 않을 경우에는 외부 전문가들의 도움을 받기도 한다. 물론, 외부의 도움을 받는다고 해서 내부에서 아무것도 하지 않는 것은 아니다. 외부 전문가들이 정확하게 진단하여 처방을 내릴 수 있도록 충분한 지원을 해야만 한다.

사람이 그렇듯이, 조직 역시 병에 걸리고 나서만 전략을 수립하는 것은 결코 아니다. 더 나은 삶을 추구하기 위해 아픈 곳이 없는데도 불구하고 병원을 찾는 사람들처럼, 조직도 더 나은 미래를 위해 전략을 수립하는 경우가 오히려 더 많다. 특별히 리더들이 조직을 이끌어 갈 경우에는 조직이 병들지 않도록 하는 것뿐만 아니라, 조직을 병에 걸리지 않는 튼튼한 체질로 만들고 조직의 더 나은 미래를 만들기 위해 헌신한다.

이처럼 조직의 생존을 위해 전략을 수립하거나, 또는 조직의 더 나은 미래, 즉 꿈을 이루기 위해 전략을 수립할 때, 그것이 올바른 전략이 되기 위해서는 먼저 자기 자신에 대한 진단을 정확히 내려야 한다. 그런 다음 올바른 처방이 내려져야만 한다. 그것을 우리는 앞에서 전략 수립이라고 말했다. 리더는 조직의 생존보다는 더 나은 미래를 꿈꾸고, 그 꿈을 이루기 위해 조직을 철저히 객관적으로 진단하여, 그 결과에 따라 전략을 수립하는 사람들이다.

그렇지만 리더는 거기에서만 그치지 않는다. 우리가 유명한 의사로부터 진단을 받고, 그로부터 처방을 받았다고 해서 곧바로 병이 낫지는 않는 것처럼, 조직도 내외부의 전문가들의 도움을 받아 전략을 수립했다고 해서 무조건 조직의 병이 낫거나 미래의 꿈이 실현되지는 않는다. 환자가 의사의 처방대로 약을 실제 복용해야만 약효를 볼 수 있는 것처럼, 조직도 반드시 자신이 수립한 전략을 실행해야만 조직의 성과를 달성할 수 있다. 물론 단 한 번의 진단과 처방만으로 치료가 되는 환자들도 있지만, 일반적으로는 몇 차례의 진단과 처방을 받아야만 병이 완치되는 것처럼, 조직도 자신이 수립한 전략을 실행하면서 지속적으로 그 전략이 소기의 성과를 나타내고 있는가를 점검해야만 한다. 만약 실행된 전략이 소기의 성과를 나타내지 못할 경우에는 이미 수립된 전략을 과감하게 수정하고,

수정된 전략을 다시 실행할 필요가 있다.

이처럼 전략의 수립과 전략의 실행 간에는 불가분의 관계가 형성되어 있다. 하지만 현실적으로는 그렇지 못한 것이 사실이다.

1998년 미국의 한 경영 컨설팅 회사인 언스트 앤 영(Ernst & Young)이 275명의 투자전문가들을 대상으로 조사한 결과에 따르면, 그들은 조직이 수립한 전략 내용의 질 자체보다는 오히려 이미 수립한 전략을 실행하는 능력을 더 중요하게 생각하고 있었다. 그들은 경영진이나 기업가치에 대한 평가를 결정하는 가장 중요한 요인을 전략의 실행으로 꼽았던 것이다(그렇다고 전략의 수립이 중요하지 않다는 것은 결코 아니다. 지난 20년간 경영이론가, 컨설턴트, 그리고 각종 경영관련 출판물들이 집중하고 있었던 것은, 불확실한 미래 상황에서도 조직의 성과를 탁월하게 창출할 만한 전략을 고안하는 일이었다).

1982년 미국의 〈포춘 *Fortune*〉 지가 경영 컨설턴트들을 대상으로 조사한 설문조사 결과에 따르면, 효과적으로 수립된 전략 중에서 성공적으로 실행된 전략은 10%가 채 되지 않는 것으로 나타났다. 그리고 1999년에 최고경영진의 실패 사례를 다룬 특집기사에서도 경영자들이 전략과 비전만을 지나치게 강조한 나머지, 성공을 위해 필요한 것은 오로지 올바른 전략의 수립뿐이라는 그릇된 신념에 빠져 자신이 이끄는 조직을 비참한 실패의 나락으로 떨어뜨렸다고 기록하고 있다.

"실패한 경우의 약 70% 정도는 잘못된 전략 때문이 아니라, 잘못된 전략의 실행 때문에 발생한 것이었다."라고 논자들은 주장했다. 그처럼 전략이 실패할 확률이 70~90% 정도의 범위에 이른다는 각종 보고를 감안해 볼 때, 투자전문가들이 왜 훌륭한 비전이나 전략보다는 전략의 실행을 중요시하는지를 이해할 수 있다.[1]

그렇다면 조직이 잘 설정한 비전이나 전략을 실행하는 데 특별한 어려움을 겪는 이유는 무엇일까?

그 중 하나는, 조직의 성과와 가치를 창출하는 방식인 전략은 지속적으로 변화하는데, 그 전략의 실행 여부를 측정하고 점검하는 도구는 그에 발맞춰 변화하지 못했다는 것을 들 수 있다. 눈에 보이는 자산, 즉 유형자산이 지배적이었던 산업사회에서는 재무적 측정지표만으로도 기업의 대차대조표 상의 재고자산(원부자재, 재공품, 완제품), 부동산(토지, 건물), 설비 장치(기계, 생산 설비, 컴퓨터(H/W)) 등에 대한 투자를 기록하기에 충분했다. 손익계산서를 통해서는 매출과 이익을 내기 위해 사용된 유형자산과 관련된 비용을 파악할 수 있었다.

하지만 무형자산이 경쟁우위의 주요 원천이 된 오늘날의 정보·지식 사회에서는 지식 기반의 자산과 이들 자산을 활용하여 고객들이 요구하는 가치를 창출하는 전략을 기술할 수 있는 새로운 도구가 필요해졌다. 그런데, 그러한 새로운 도구가 마땅히 존재하지 않았기 때문에, 조직은 전략을 기술하거나 측정할 수 없는 관리상의 어려움을 겪어 온 것이다.

오늘날 대부분의 조직은 고객과 보다 밀접하게 관계를 맺을 수 있도록 각종 권한을 조직의 하부로 이양하여, 분권화된 사업 단위나 하위 조직들이 자율적으로 운영되도록 하고 있다. 그러한 조직의 하위 조직들은 유형의 물리적 자산에 대한 투자와 자본 조달보다는 오히려 조직 내부에 형성된 무형의 지식, 역량, 고객관계로부터 경쟁우위가 창출된다는 사실을 너무나 잘 알고 있다. 그러므로 전략의 효과적인 실행을 위해서는 모든 사업 단위와 지원부문, 하위 보직, 조직구성원들이 고객을 위한 전략

---

1) 로버트 S. 캐플런, 데이비드, P. 노튼 지음, 프라이스워터하우스 컨설팅코리아 EMS그룹 이재욱, 정대형 외 옮김, *전사적 전략경영(SEM)을 위한 SFO(Strategy Focused Organization)*, 서울 : 한언(2001), pp.21-22

에 맞추어 일관되게 정렬(align)되어야만 한다. 그리고 전략 수립과 실행은 조직구성원들이 지속적으로 참여할 수 있는 프로세스로 구성되어 있어야만 한다. 바로 그들이 고객을 위한 전략을 실행하고, 필요할 경우에 수정하고, 다시금 실행하는 주체들이기 때문이다. 또한 조직의 외부환경, 즉 기술, 경쟁, 규제가 급격하게 변화하고 있기 때문이다.

오늘날 모든 조직은 수립된 전략을 실행하고, 실행 단계에서 수립된 전략에 대한 각종 피드백을 확보하도록 도와주는 프로세스와 시스템을 필요로 한다. 그리고 조직구성원 모두에게 전략을 알릴(communication) 수 있는 언어를 필요로 한다. 그러한 언어를 통해 조직구성원 모두가 조직의 전략을 이해하게 되고, 조직의 전략이 자연스럽게 그들의 일상 업무가 되었을 때 비로소 효과적인 전략의 실행이 가능하기 때문이다.[2]

효과적인 전략 실행의 원칙

수천 와트의 백열등과 형광등으로 불이 밝혀진 강의실, 그 곳에서 퍼져 나오는 불빛을 떠올려 보자. 그리고 반대로, 작은 배터리로 작동되는 휴대용 레이저 포인터에서 나오는 눈부신 광선을 떠올려 보자. 휴대용 레이저 포인터는 1.5볼트짜리 두 개로 자원은 제한되어 있지만, 모든 레이저의 광자와 광파를 긴밀하게 밀착시켜 발산시킴으로써 눈부신 광선을 만들어 낸다. 제한된 광원을 배가시킴으로써 믿기 어려울 만큼 밝고 집중된 광선을 만들어 내는 것이다.

---

2) 로버트 S. 캐플런, 데이비드, P. 노튼 지음, 프라이스워터하우스 컨설팅코리아 EMS그룹 이재욱, 정대형 외 옮김, *전사적 전략경영(SEM)을 위한 SFO(Strategy Focused Organization)*, 서울 : 한언(2001), pp.22-23

그와 마찬가지로 잘 수립되고 공유된 전략은 조직의 한정된 자원을 전략에 집중시키고 일관성 있게 정렬시킴으로써, 조직의 성과를 비약적으로 창출해 낼 수 있다. 또한 조직은 경영진, 사업단위, 인적자원, 정보기술, 그리고 각종 유형의 재무적 자원 등을 이미 수립된 전략에 집중시키고 정렬시킴으로써 자신이 수립한 전략을 달성할 수 있다.

그렇게 전략의 실행 단계에서 조직의 모든 자원들을 수립된 전략에 집중시키고 정렬시킴으로써 전략과 비전을 달성하는 조직을 흔히 '전략집중형 조직(strategy-focused organization)' 이라고 한다. 전략집중형 조직에는 효과적인 전략 실행을 위해 준수하는 5가지 원칙이 있다.[3]

〈그림 2-12〉 핵심역량 구축 체계

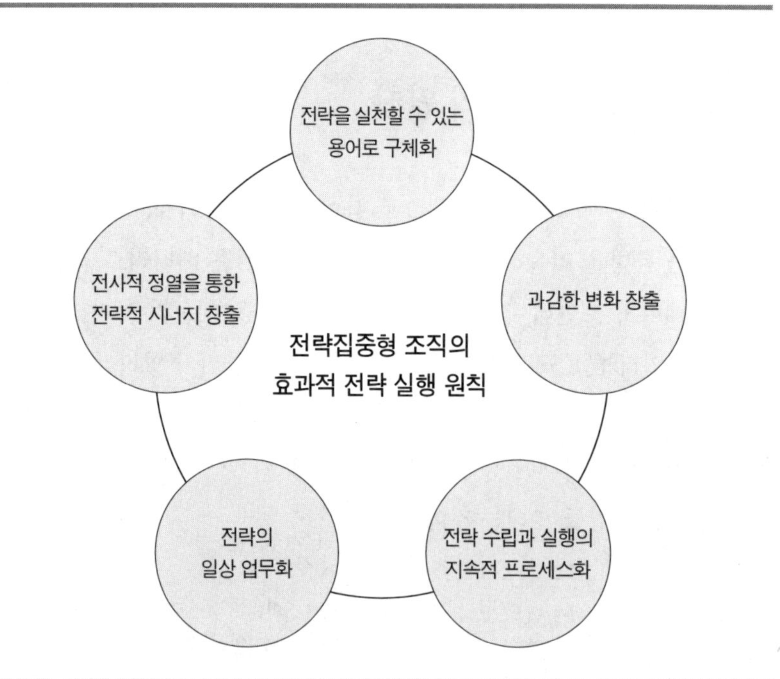

원칙 1 전략을 조직원들이 실천할 수 있는 용어들로 구체화시킨다.

근사하게 잘 차려진 식탁을 생각해 보라. 그리고 근사한 식탁에 올려지는 훌륭한 음식들을 생각해 보라. 식사 준비에 소요되는 음식 재료(원자재), 요리기구·오븐과 전자렌지·가스렌지(유형자산), 요리사의 요리 솜씨(무형 및 유형 자본)가 어떻게 결합되어야 훌륭한 음식이 만들어질까? 훌륭한 식사를 준비하려면, 그 모든 유형자산과 무형자산을 혼합할 '조리법' 이 필요하다. 그 조리법이 바로 가장 핵심적인 무형자산이다.

조리법은 각각 별개로 있으면 그다지 가치가 없을 수도 있는 원자재나 유형자산, 무형자산을 더 많은 가치를 가진 근사한 식사로 바꾸어 준다. 그러한 조리법은 조직의 성과인 가치창출, 즉 타깃 고객과 세분화된 시장에 소구할 수 있는 독특한 가치를 창출하기 위해 내부 자원과 역량을 총동원하는 기업의 전략과도 일맥상통한다. 성공한 조직의 리더는 그 조리법을 최고요리사(경영진)만이 아니라 모든 요리사(조직구성원)들이 공유하고 실행에 옮길 수 있도록 한다. 또한 모든 요리사(조직구성원)들이 그 조리법을 지속적으로 향상시킬 수 있도록 지원한다. 그러기 위해서 모든 요리사들이 그 조리법을 쉽게 이해하고 실행에 옮길 수 있는 용어들로 구체화시켜 줄 필요가 있는 것이다.

전략집중형 조직은 수립된 전략을 쉬운 용어들로 기술하여 조직구성원들에게 일관되게 전달할 수 있는 전략 실행 도구와 방법론을 가지고 있다. '가치실현을 위한 통합경영지표 BSC(Balanced Score Card)' 가 바로 그것이다.

효과적인 전략 실행 도구와 방법론으로 '가치실현을 위한 통합경영지

---

3) 로버트 S. 캐플런, 데이비드, P. 노튼 지음, 프라이스워터하우스 컨설팅코리아 EMS그룹 이재욱, 정대형 외 옮김, *전사적 전략경영(SEM)을 위한 SFO(Strategy Focused Organization)*, 서울 : 한언(2001), pp.30-42

표 BSC(Balanced Score Card)’ 를 활용하는 조직은 전략을 실천 가능한 용어들로 기술하기 위한 논리적이고 포괄적인 구조인 ‘전략체계도 (strategy map)’ 를 사용한다. 조직의 모든 하위 구성단위와 조직구성원들에게 공통적으로 이해 가능한 전략 실행 지침이 제공되어야 하는 시점은, 조직이 수립된 전략을 효과적인 전략 실행 도구와 그 방법론인 ‘가치실현을 위한 통합경영지표 BSC(Balanced Score Card)’ 및 전략체계도를 활용하여 조직구성원들이 실천 가능한 용어들을 이용해 논리적인 구조로 전환시켰을 때이다.

원칙 2 전사적 정렬을 통해 전략적 시너지를 창출시킨다.

조직 설계의 가장 중요한 목표는 조직 전체의 시너지 효과이다. 조직의 하위조직인 사업단위, 그리고 전문화된 부서들(재무, 제조, 마케팅, 판매, 서비스, 엔지니어링, 연구와 개발, 일반관리 등)은 제각각 자기 나름대로의 전략을 가지고 있다. 그러나, 각 부문이나 부서들의 성과를 합해 놓은 것 이상이 되어야만 하는 조직 전체의 성과는 사업단위나 전문화된 부서들의 전략 실행만으로는 창출되지 않는다. 어떤 조직에나 부문 이기주의와 부서 이기주의가 있기 때문이다. 그러므로 조직 전체의 성과를 창출하기 위해서는, 전문화된 부문이나 부서들 간의 커뮤니케이션을 통하여 부분최적화(sub-optimization)를 추구하는 부문이나 부서들의 개별적인 전략들이 서로 연결되고 통합되어야만 한다.

‘부분최적화’ 가 무엇인지 예를 들어 살펴보자. 어떤 조직이 제조, 마케팅과 판매, 연구와 개발 등의 하위조직들로 구성되어 있다고 생각해 보자. 그들 하위조직들은 프로세스 관점에서 보면 서로가 긴밀하게 연결되어 있다. 마케팅과 영업 부서는 항상 변화하는 시장 상황과 고객 욕구를 지속적인 관찰을 통해 피드백해야만 한다. 그리고, 연구와 개발 부

서는 그 피드백 결과를 토대로 고객과 시장이 요구하는 새로운 서비스
와 제품을 고안하여 시장 상황에 맞추어 적기에 제조 부서로 넘겨 주어
야만 한다. 또, 제조 부서는 연구와 개발 부서로부터 넘겨 받은 새로운
서비스와 제품을 적절한 품질과 원가에 맞춰 적기에 마케팅과 영업 부
서가 제품을 판매할 수 있도록 넘겨 주어야만 한다. 그러면, 마케팅과
영업 부서는 새로운 서비스와 제품을 시장과 고객들에게 출시하고 판매
하면서, 시장에서의 경쟁상황과 고객의 욕구 변화를 지속적으로 모니터
링해야만 한다. 그리고 그 모니터링 결과를 다시금 연구와 개발 부서로
피드백한다.

이처럼 하위조직들은 조직 전체의 큰 프로세스의 한 부분을 담당하고
있고, 서로가 긴밀하게 연결되어 있다. 그런데 그러한 사실을 망각하거
나 모르고서 하위조직별로만 전략을 수립한다면 어떻게 될까? 그 때 나
타날 수 있는 크나큰 문제점을 살펴보자.

전략을 수립할 당시 그 조직의 하위조직별 프로세스 역량은, 제조가
200, 마케팅과 판매는 100, 연구와 개발은 300이라고 객관적으로 분석되
었다. 그렇다면 그 당시 조직의 성과는 얼마이겠는가? 그렇다. 100이다.

100이라고 대답한 사람들은, '조직 전체의 성과를 창출하기 위해 하위
조직의 리더들은 어떠한 전략을 수립할 것인가?' 에 대한 답을 금방 알
수 있을 것이다. 하지만 만약 그러한 인식이 없는 사람들이 하위조직을
이끌어 간다면, 그들은 각각 자신들이 맡고 있는 하위 프로세스의 역량
만을 높이는 전략을 수립하게 될 것이다. 가령, 제조는 자신의 역량을
300으로, 마케팅과 판매는 150으로, 연구와 개발은 400으로 높이는 전략
을 수립하고 실행할 것이다. 그 결과는 어떨까?

마케팅과 판매의 경우 전략을 수립할 당시에는 100이었다. 하지만 전

략을 실행하고 난 뒤 150이 되었다. 이때 제조, 연구와 개발을 이끌어 가는 사람들은 굉장히 당혹해 한다. 자신들이 노력한 만큼 전체의 성과가 나오지 않기 때문이다. 그들은 자신들이 맡고 있는 하위조직만의 프로세스가 아닌 전체의 프로세스를 보고서 자신들의 전략을 수립했어야만 했던 것이다.

조직의 프로세스는 정유나 수도관의 파이프라인과도 같다. 수도관의 경우 집으로 오는 수돗물의 양은 수원지로부터 집까지의 수도관 중 가장 직경이 작은 파이프라인에 의해 결정된다. 가장 직경이 작은 파이프라인을 교체하지 않는 한은 더 많은 양의 물을 공급받을 수 없다.

조직의 프로세스도 이와 마찬가지다. 그렇기 때문에 먼저 가장 역량이 작은 프로세스에 자원이 집중적으로 투자될 필요가 있다. 위에서 예를 든 조직의 경우에는 우선적으로 마케팅과 판매의 역량을 제조, 연구와 개발 역량 수준으로 높일 필요가 있다는 것이다. 그러한 선택과 집중 방식으로 자원을 투입해야만 전체 조직의 성과를 기대할 수 있다. 부분 최적화 이전에 조직 전체의 최적화를 도모하는 시각이 조직 전체를 이끌어 가는 리더들이나 하위조직의 리더들에게도 필요한 것이다.

그러므로 리더는 항상 조직 전체의 시너지 효과를 창출할 수 있도록 하위조직들 간의 상호 연관관계(cause-effect relationship)를 확인하고, 그러한 연관관계를 통해 조직 전체의 시너지 효과가 실제로 창출되도록 해야만 한다. 그러나 그것은 말이 쉽지, 실행하기는 참으로 어려운 과제이다.

효과적으로 전략을 실행해 나가는 전략집중형 조직의 경우, 조직의 리더는 형식적인 보고 체계를 비전을 실현시킬 수 있는 핵심역량들의 구축에 근거한 전략적 테마와 우선순위로 대체시킴으로써, 부문 이기주의나 부서 이기주의와 같은 실행상의 어려움과 장애물들을 과감하게 돌파해 나간다. 어떠한 경우이든 성공적인 조직의 리더는 전체가 부분의 합을 초과할 수 있도록 전략 실행의 도구와 방법론을 조직 전체에 걸쳐 조화롭게 활용한다.

원칙 3 전략을 모든 조직원들의 일상 업무로 만든다.

조직의 전략은 최고경영진들의 힘만으로는 실행될 수 없다. 조직구성원 모두가 참여해야만 한다. 전략을 효과적으로 실행하는 전략집중형 조직에서는 조직구성원 모두가 자신이 소속된 조직의 전략을 이해하고, 전략의 성공에 기여할 수 있는 일상적인 업무를 수행할 것이 요구된다. 하지만 그것이 상의하달식의 지시로 이루어져서는 안 된다. 그것보다는 상의하달식의 '의사소통(communication)'을 통하여 이루어져야만 한다.

전략집중형 조직의 경영진은 새롭게 수립된 전략을 조직구성원들에게 전달하고 교육시킨다. 혹자는 귀중한 정보가 경쟁업체에게 누출될 것이 두려워 조직구성원 모두에게 전략이 전달되는 것에 대해 회의적인 반응을 보이기도 한다. 그러한 우려에 대해 한 전략집중형 조직의 리더는 이렇게 말한다. "경쟁자들이 우리의 전략을 안다고 하더라도 그들이 실행할 수 없다면 무슨 소용이 있겠는가? 반면에 우리 조직구성원들이 우리 조직의 전략을 모른다면, 우리들은 결코 전략을 실행할 수 없다. 우리에게는 선택의 여지가 없다."

전략집중형 조직은 조직 전체의 전략을 하위조직까지 확산시키고 구체화시켜서 조직구성원들이 조직 전체의 전략에 정렬된 목표설정을 하도록 한다. 그렇게 하려면 하위조직들과 조직구성원들은 항상 자신보다 상위에 있는 조직 관점의 우선순위에 비춰 스스로의 목표를 설정해야만 한다.

전략집중형 조직들은 언제나 개인보다는 조직력과 팀워크를 중시한다. 그렇기 때문에 그들은 개인보다는 팀과 조직을 기준으로 보상시스템을 설계하고 운용한다. 그리고 이 보상시스템을 활용하여 조직구성원들이 전략의 세부내용에 대해 높은 관심을 갖도록 한다. 또한 전략이 성공적으로 실행되었는지의 여부를 판단할 수 있는 각종 측정지표들에 대한 지식과 정보에 대해서도 높은 관심을 갖도록 한다.

조직구성원 누구나가 자신들이 실천할 수 있는 용어들로 조직의 전략의 세부내용을 이해하고, 개인보다는 조직력과 팀워크를 중시하는 보상시스템을 통하여 조직의 전략을 실행하도록 조직구성원들에게 동기가 부여되면, 조직의 전략은 조직구성원 모두의 일상 업무가 된다.

원칙 4 전략 수립과 실행을 일회성이 아닌 지속적인 프로세스로 만든다.

대부분의 조직들은 단기적(1년 단위)인 예산과 운영계획 중심의 계획 대비 실적, 실적 차이 분석, 실적 차이를 극복하기 위한 실행계획 수립 등의 전술적인 관리 프로세스를 가지고 있다. 하지만 중장기적(3~5년 단위)인 전략적 관리 프로세스를 가지고 있는 조직들은 그리 많지 않다. 설혹 있다 하더라도 전략적인 관리 프로세스에는 많은 시간을 할애하지 않는다.

전략집중형 조직들은 전략적인 관리 프로세스와 전술적인 예산관리 프로세스를 연계시킨다. 그들은 또한 두 가지 예산, 즉 전략예산(strategy budget)과 운영예산(operational budget)을 구분하여 가지고 있다. 중장기적인 전략적 활동을 위한 전략예산을 단기적인 재무성과 달성을 추구하는 예산 프로세스의 운영예산으로부터 보호할 필요가 있기 때문이다.

전략집중형 조직들은 또한 전략을 검토하기 위해 전략 경영회의를 한다. 거기서 광범위한 분야의 관리자들이 조직 전체의 전략에 대해 의견을 개진한다. 그리고 '전략은 조직구성원 모두의 일상 업무' 라는 원칙에 입각하여 조직의 성과에 대한 정보를 모든 조직구성원들이 공유할 수 있도록 개방형 보고 체계(open reporting system)를 운용한다.

전략집중형 조직들은 '전략의 제1목적은 조직이 알고 있는 이론을 성과 창출로 전환시키는 것이고, 제2목적은 조직의 이론이 성과를 창출하고 있는가를 주기적으로 검증해 보는 것'이라는 점을 잘 알고 있다. 그들은 긴 여정을 인도하는 항해사들이 풍향과 해류의 변화를 감지하고 수시로 항로를 조정하는 것과 같이, 자신들의 전략을 하나의 가설로 간주하고 환경변화에 맞추어 수시로 전략을 검증하고 조율한다. 그들은 그러한 전략 조율을 연례행사로 하는 것이 아니라, 자신들의 조직 내에 지속적인 프로세스로 정착시킨다.

원칙 5 리더의 리더십을 통해 과감한 변화를 이끌어낸다.

경쟁 환경은 지속적으로 변화한다. 따라서 전략집중형 조직들은 그러한 변화가 창출하는 기회와 위협을 적극적으로 전략에 반영시켜, 전략이 끊임없이 발전하도록 한다. 그들은 전략 수립과 실행을 일회적인 행사가 아닌 지속적인 프로세스로 이해한다. 전략집중형 조직의 리더는 주인의식(ownership)을 가지고, 조직의 비전과 전략을 달성하기 위한 과감한 변화의 필요성을 모든 조직구성원들에게 환기시킨다. 전략 실행은 조직의 모든 부분에서 과감한 변화를 요구하기 때문이다. 전략 실행에서는 그러한 변화를 이끌고 조정할 수 있도록 모든 하위조직과 팀, 그리고 조직구성원들의 지속적인 참여가 요구된다.

전략집중형 조직은 이와 같은 조직구성원 모두의 참여를 통하여 새로운 문화적 가치를 정의하고 강화시켜 나간다. 만약 조직의 리더가 소극적으로 전략의 프로세스를 이끌어 간다면 혁신적인 전략은 결코 실행되지 않는다. 조직 내에서의 변화도 일어나지 않는다. 그렇게 되면 결국 조직은 꿈을 실현시킬 수 있는 혁신적 성과를 달성할 수 있는 기회를 놓치게 되고 만다.

효과적인 전략 실행 도구와 방법론 1 : BSC

1) 가치실현을 위한 통합경영지표 BSC(Balanced Score Card)[4]

조직의 올바른 리더는 조직을 진화하는 생명체로, 경영을 과학으로 생각한다. 그들이 조직을 진화하는 생명체로 생각하는 이유는, 조직이 자신을 둘러싼 모든 환경변화 가운데서도 지속적으로 성장하고 발전해야 함을 알기 때문이다. 진화하는 생명체로서의 조직이 불확실한 미래의 환경의 파고를 헤쳐 나가는 모습은 마치 미지의 세계를 향해 비행하는 것과 같다. 미지의 세계를 비행해 나가는 조직의 리더는 자신의 직관만으로 조직을 이끌어 갈 수 있다. 이와 같이 비행사가 계기반도 없이 오로지 자신의 눈으로만 주변 환경을 확인하면서 비행하는 방식, 즉 리더가 자신의 직관에만 의존하여 경영하는 방식을 '유시계비행(有視界飛行)'의 경영이라고 할 수 있다.

반면, 비행사들이 육안에만 의지하지 않고 비행기에 설치된 각종 계기반을 토대로 비행하는 방식, 즉 경영자가 철저한 경영분석을 토대로 경영하는 방식을 '계기비행(計器飛行)'이라고 할 수 있다. 그리고 비행사가 첨단의 하이테크 기기를 갖춘 점보기를 타고 비행하는 방식, 즉 경영자가 첨단 하이테크 정보기기를 가지고 경영하는 방식을 '초계기비행(超計器飛行)'이라고 할 수 있다. 그리고 우주선을 타고 우주를 날아가는 경영 방식은 셔틀경영에 비교할 수 있다.

어떤 비행이든, 비행사들에게는 가야 할 목적지와 목적지를 가기 위해

---

4) 로버트 S. 캐플런, 데이비드, P. 노튼 지음, 송경근, 성시중 옮김, *가치실현을 위한 통합경영지표 BSC(Balanced ScoreCard)*, 서울 : 한언(1998), pp.52-269

택하는 항로가 있다. 그와 마찬가지로 미지의 세계를 항해하는 조직의
리더들도 조직이 도달해야 할 목적지로 비전을 설정하고, 그 목적지에
가기 위한 항로로서 전략을 가지고 있다. 조직의 리더들은 조직의 비행
사로서 조직이 항로에서 이탈하지는 않았는지, 혹시 항로를 잘못 택하지
는 않았는지, 그동안의 비행거리는 얼마나 되는지, 연료가 부족하지는
않는지, 그리고 얼마나 더 비행해 나가야 하는지, 내부 비행요원들의 사
기와 역량은 어떠한지, 각종 기기들은 문제가 없는지 등에 대해 시시각
각으로 파악하고, 만약 문제가 발생했을 경우에는 필요한 각종 조치들을
취해야만 한다. 비행에서 그러한 모든 사항들을 파악하기 위해 고안한
것이 바로 측정지표를 토대로 만들어진 계기반(instrument)이다.[5]

  '측정 없이는 관리할 수 없다' 라는 말은 전략 수립과 실행에 매우 의
미가 있는 말이다. 병원에서 환자를 진단하고 검사할 때도 그 말은 큰 의
미를 지닌다. 병원에서 환자들을 진단하고 검진하기 위해 사용하는 혈
압, 맥박, 호흡, 심전도, 뇌파 등의 모든 검사에는 각각의 측정지표들과
측정방법들이 있다. 그리고 그러한 측정지표와 방법에 따라 측정도구,
즉 의료기기들을 고안해 활용하고 있다.

  조직의 전략이 제대로 실행되고 있는지를 파악하기 위해서는, 비행사
들이 목적지에 도달하기 위해 지나온 항로를 점검하고 필요시 향후의 항
로를 재설정하는 것처럼, 병원의 의사들이 환자를 진단하고 검진하기 위
해 각종 의료기기를 활용하는 것처럼, 조직의 리더들도 전략이 올바로
실행되고 있는지를 끊임없이 점검해 보기 위해 측정도구를 활용할 필요
가 있다. 조직의 리더들에게도 측정지표를 토대로 고안된 측정도구로서

---

5) 이시카와 요시미 지음, 이정환 옮김, 손정의 *21세기 경영전략*, 서울 : 소담출판사(1999),
   pp.163-178

의 계기반이 필요한 것이다. 효과적으로 전략을 실행하는 전략집중형 조직들은 대부분 그러한 계기반을 활용하고 있다.

　그렇다면 효과적으로 전략을 실행하는 전략집중형 조직들은 어떠한 계기반을 활용하고 있을까? 전략집중형 조직의 리더들이 조직의 비전을 수립할 때나, 비전을 달성하기 위한 전략을 수립할 때나, 수립된 전략을 실행할 때나, 항상 염두에 두는 것은 조직과 직간접적으로 관계를 맺고 있는 이해관계자(stakeholder)들이다. 리더들을 평가하는 사람들은 바로 그들이기 때문이다. 그러므로 조직의 리더들은 언제나 자신의 이해관계자들이 누구인지를 인식하고, 그들의 욕구를 파악하여 충족시켜야만 한다. 조직의 이해관계자들은 항상 리더로서의 조직의 경영자들이 자신들의 욕구를 충족시키고 있는지를 점검한다. 우리는 그것을 '경영품질(經營品質)'이라고 말한다.

　〈포춘 Fortune〉 지는 매년 세계에서 가장 존경받는 기업(the most global admired companies)들을 선정하여 발표한다. 〈포춘〉 지가 기업들을 선정할 때 활용하는 평가항목으로는 경영품질, 혁신성, 종업원 재능, 제품과 서비스의 품질, 장기적 투자가치, 재무적 건전성, 사회적 책임, 회사자산의 활용, 세계화 정도이다. 이 평가항목에 포함된 것 중 경영품질은 조직의 리더로서의 경영자의 역량을 평가하는 항목이다.

　조직이 시장과 고객의 욕구를 올바로 파악하기 위해서는 시장과 고객들을 일정한 기준(인구통계, 지역, 연령, 스타일, 기호 등)에 따라 분류하고 세분화(segmentation)시키는 것처럼, 조직의 리더들도 자신들의 이해관계자들을 분류하고 세분화시킬 필요가 있다. 그리고 세분화시킨 이해관계자들의 욕구를 파악하고 만족시켜야 한다. 이때 전략을 실행하는 리더로서 언제나 전략적 사고(strategic thinking)를 하는 것은 당연하다. 전략

〈표 2-7〉 세계에서 가장 존경 받는 기업들

'01 / '00 (순위. 회사명)	'00 / '99 (순위. 회사명)	평가항목
1/1. General Electric	1/1. General Electric	· 경영품질(經營品質)
2/5. Wal-Mart Stores	2/8. Cisco Systems	· 혁신성
3/3. Microsoft	3/2. Microsoft	· 종업원 재능
4/14. Berkshire Hathaway	4/4. Intel	· 제품 · 서비스 품질
5/9. Home Depot	5/7. Wal-Mart Stores	· 장기적 투자가치
6/17. Johnson & Johnson	6/14. Sony	· 재무적 건전성
7/74. FedEx	7/9. Dell Computer	· 사회적 책임
8/18. Citigroup	8/NR. Nokia	· 회사자산의 활용
9/4. Intel	9/20. Home Depot	· 세계화 정도
10/2. Cisco Systems	10/16. Toyota	

NR : Not Ranked

적 사고의 3원칙은 전략적 사고를 설명하면서 이미 언급한 바 있다. 이를 다시 간략하게 설명하자면 다음과 같다.

① 리더는 어떤 상황에 처할 때, 눈앞(단기적 시각)에 얽매이지 않고, 긴 안목(중장기적 시각)으로도 본다.

② 리더는 어떤 상황에 처할 때, 그 상황의 한 면(부분)만을 보지 않고, 다면적이고 종합적이고 입체적(전체)으로도 본다.

③ 리더는 어떤 상황에 처해 의사결정을 내릴 때, 지엽적인 것에 구애받지 않고, 본질과 핵심을 본다.

조직의 리더들에 대한 이해관계자들의 평가항목인 경영품질에서 '품질(品質)' 이라는 단어에 주목할 필요가 있다. 제품이나 서비스의 품질이 아닌 '경영의 품질' 이다. 모름지기 경영자로서의 조직의 리더는 전략적 사고의 3원칙 중 세 번째에 해당하는 '리더는 어떤 상황에 처해 의사결정을 내릴 때, 지엽적인 것에 구애받지 않고, 본질과 핵심을 본다'에 입각하여 각종 의사결정을 해야 한다. 경영품질은 경영자들의 연속되는 의사결정의 산물이기 때문이다. 그러므로 경영의 핵심인 의사결정은 언제나 그 상황과 사안의 본질과 핵심을 파악하고 그것에 의거해서 이루어져야만 한다. 그런 의미에서 경영자로서의 리더의 상황과 사안의 본질과 핵심역량 파악은 대단히 중요하다.

〈포춘〉 지가 선정한 평가항목 중 경영품질(經營品質)에서의 '질(質)'은 바로 본질(本質)의 '질(質)'이라고 말할 수 있다. 경영자로서의 조직의 리더는 항상 이해관계자들을 일정한 기준에 따라 분류하여 세분화하고, 세분화된 이해관계자들의 욕구를 만족·감동시킬 수 있도록 중장기적이며 종합적인 시각으로 각종 사안들의 본질과 핵심을 파악하여 의사결정을 해야 한다. 그래야만 경영품질의 수준을 높일 수 있다.

다음으로, '경영자로서의 조직의 리더는 자신들의 이해관계자들을 만족·감동시키기 위해 어떠한 방법으로 이해관계자들을 분류하고 세분화시키며, 그들의 욕구를 파악할 것인가? 에 입각하여 의사결정을 해야 한다. 이에 대한 답은 '경영품질(經營品質)'에서 '품(品)'에 있다. '품(品)'이라는 한자(漢字)는 입을 의미하는 '구(口)' 3개로 이루어져 있다. 조직의 이해관계자를 세 부류로 구분해 볼 수 있다는 것이다. 경영자로서의 조직의 리더는 세 부류로 구성되어 있는 조직의 이해관계자들의 입에서 만족스럽고 감동적인 소리가 나올 수 있도록, 모든 조직구성원들을 오케스트라의 지휘자처럼 지휘할 필요가 있다는 말이기도 하다. 오케스트라의 단원들이 지휘에 따라 아름다운 화음을 내기 위해서는 먼저 연주할 악보를 모든 단원들이 공유해야만 한다. 이때에는 당연히 모든 단원들이 악보를 해독할 수 있어야 할 것이다. 그것이 앞에서 설명한 '조리법'으로서의 전략 실행 도구와 방법론이라고 말할 수 있다.

2) 첫 번째 부류의 이해관계자인 주주 시각의 계기반

우리 인간은 스스로의 의사결정에 의해 태어나지 않는다. 국가, 인종, 성별(性別), 성(姓), 이름 등은 강제적으로 주어진다. 다시 말해, 이것들은 선택되지 않는다는 것이다. 하지만 인간들이 만든 조직은 다르다. 일반적으로 조직은 거의 대부분이 법(法)에 의하여 '법인(法人)'으로 탄생되고, 법에 의해서 법인격(法人格)이 부여된다. 법인으로서의 조직들이 탄생되는 것이다. 그 법인이 공익을 목적으로 탄생되면 공익법인 또는 비영리법인(사단법인, 재단법인)이 되고, 영리를 목적으로 탄생되면 영리법인, 즉 기업이 된다.

사람이 태어나서 가장 먼저 알게 되는 것 중 하나는 바로 자신을 낳아준 부모이다. 마찬가지로 경영자로서의 조직의 리더는 조직을 탄생시킨 사람(부모)들이 누구인지 알아야 한다. 그리고 그들이 원하는 것이 무엇인지도 알아야 한다. 공익법인이나 비영리법인인 경우에는 설립자가 되겠고, 영리법인인 경우에는 조직에 투자한 주주(shareholder)들이 될 것이다.

기업이라는 조직에 투자를 하는 주주들도 조직의 리더들처럼 일반적으로 전략적인 사고를 한다. 그들은 아무 조직에나 투자하지 않는다. 그들은 자신들이 투자하려는 조직의 단기적인 성과에 집착하지 않는다. 오히려 그 조직의 중장기적인 성과에 더 큰 비중을 두고 따져본다. 물론 그들이 따져보는 것은 조직 전체가 창출할 수 있는 미래의 가치창출(성과)이지, 하위 조직별 가치창출(성과)은 아니다.

투자자로서의 주주들도 시간적으로는 단기적인 가치창출보다는 중장기적인 미래의 가치창출을 생각한다. 공간적으로는 하위조직(부분)이 창출하는 가치보다는 조직 전체가 창출하는 가치를 염두에 두고 투자를 하는 것이다. 전략집중형 조직의 리더들은 주주들의 투자 자산에 대한 대리인 혹은 청지기로서, 전략실행 단계에서 주주들이 요구하는 사항을 달성할 수 있는지의 여부를 모니터링할 수 있는 계기반을 만들어야 한다. 그리고 나서 현재와 미래의 주주, 그리고 모든 조직구성원들과 그 정보를 항상 공유해야 한다. 조직의 리더들이 모든 조직구성원들과 정보를 공유하는 목적은 조직의 성과를 창출하는 주체로서 그들 역시 리더들과 동일한 사고를 해야 하기 때문이다.

재무제표를 토대로 작성되는 주주들을 위한 계기반은 '주주들의 만족과 감동을 기하기 위해 우리 조직은 재무적으로 어떠한 성공을 거두어야 하는가? 라는 슬로건하에 고안되어야만 하고, 계기반에는 재무 시각에서의 전략적인 목표(strategic financial objectives : 핵심성공요인(KSF : Key Success factor)), 전략적인 재무 목표의 달성 여부를 측정할 수 있는 측정지표(strategic measure : KPI(Key Performance Indicator)), 측정지표를 활용한 세부목표(target), 세부목표를 달성하기 위한 방안으로서의 전략적인 실행계획(strategic initiative)이 포함되어야 한다.

조직의 재무적인 계기반을 통하여 조직의 모든 이해관계자들은 그 조직의 성장과 발전 여부를 살펴볼 수 있다. 이때 조직의 성장은 매출액을 통해, 조직의 발전은 이익이라는 측정지표를 통해 알 수 있다.

재무적인 계기반은 물론 조직의 성장과 발전의 가능성, 즉 조직의 미래를 보여 주는 것이 목적은 아니다. 재무적인 계기반의 목적은 지나온 과거의 실적을 보여 주는 것이다. 재무적 계기반의 그러한 한계 때문에, 조직에 이미 투자한 주주들이나, 투자하려는 주주들은 조직의 성장과 발

<표 2-8> 주주 시각에서의 재무 계기반

― 주주들의 만족과 감동을 기하기 위해 우리 조직은 재무적으로 어떠한 성공을 거두어야 하는가?

전략적 목표 (핵심성공요인)	전략적 측정지표 (핵심성과지표)	세부목표	평가수준	전략적 실행계획

전의 가능성을 알아 볼 수 있는 또 다른 계기반의 필요성을 강력하게 주장하고 있다.

3) 두 번째 부류의 이해관계자인 외부고객 시각의 계기반

조직의 성장과 발전의 가능성을 점검할 수 있는 또 다른 계기반은 매출액과 이익의 원천이 어디에 있는가를 아는 데서 출발한다. 이는 다시 말해 조직의 성과는 조직 내부가 아니라 조직 외부에서 만들어진다는 것을 아는 데서부터 출발해야 한다는 것이다. 기업 조직이 아무리 저렴하고 질 좋은 제품과 서비스를 시장과 고객들에게 제공했다 하더라도, 만약 시장이나 고객들이 그것을 외면하고 구매하지 않는다면 매출액과 이익은 결코 발생하지 않는다. 조직의 리더를 포함한 조직구성원 모두가 이를 아는 것은 매우 중요하다. 제품이나 서비스의 가치를 구매하는 고객이나 시장이 없다면 기업 조직의 존재 의의가 없기 때문이다.

또한 현재 자신의 제품이나 서비스를 구매하는 고객들이 미래에도 계속하여 구매자로 남을지는 아무도 보장해 주지 않는다. 다만 현재 기업 조직이 제공하는 제품이나 서비스의 가치에 만족하거나 감동한 고객들이 재구매를 하거나, 그 고객들로부터 소개받은 고객들이 구매할 가능성이 높아질 수는 있다. 마치 농부들이 겨울에는 각종 비료와 퇴비를 뿌려 땅을 비옥하게 만들고, 봄과 여름에는 농작물을 파종하고, 비료를 주고, 김을 매는 노력을 기울여서 가을에 풍성한 수확을 거두는 이치와 같다. 조직의 모든 구성원들도 지금 현재 관계를 맺는 고객들의 마음 밭을 비옥하게 만들어야만 미래의 풍성한 수확을 기대할 수 있다는 사고를 해야 한다.

조직들은 미래의 생존을 위해 언제나 고객이나 시장의 욕구 변화에 민감해야 하고, 고객들이 요구하는 사항을 달성했는지를 모니터링할 수 있는 고객과 관련된 계기반도 만들어야 한다. 또한 경영자로서의 조직의 리더들은 자신을 포함한 모든 조직원들이 고객 관점에서 전략적 사고를 하도록 만들어야 한다.

고객 관점에서의 첫 번째 전략적 사고는, '고객들은 지금 현재(단기적)의 시각에서 조직의 제품이나 서비스의 가치를 평가하고 있느냐, 아니면 미래(중장기적)의 시각에서 평가하느냐'는 것이다. 고객들은 주로 과거나 미래보다는 현재의 가치만을 따진다.

고객 관점에서의 두 번째 전략적 사고는, '그들은 조직 전체가 가치를 창출한다고 생각하고 평가하느냐, 아니면 하위조직들 별로 가치를 창출한다고 생각하고 평가하느냐'는 것이다. 조직들이 흔히 범하는 어리석음은 자신들이 창출한 제품이나 서비스의 가치에 불만을 가진 고객들이 있을 경우, 그 조직의 특정 하위조직만이 책임을 진다는 전제하에 대응

한다는 것이다. 그러나 외부고객들은 그렇게 생각하지 않는다. 그들은 항상 조직 자체에게 책임을 묻는다. 외부고객의 시각에는 조직은 하나로밖에 보이지 않기 때문이다. 그렇기 때문에 조직은 고객들에게 시너지 효과를 창출할 수 있도록 하위단위들을 설계할 필요가 있다. 그리고 고객을 위해 시너지 효과가 창출되지 않는 경우에는 언제라도 조직설계를 바꾸어 시너지 효과가 창출되도록 해야 한다.

고객 관련 계기반은 '조직의 비전 달성에 필수불가결한 요소인 외부고객 만족과 감동이 우리 조직에서 성공적으로 이루어지고 있는가?' 라는 슬로건하에 고안되어야만 하고, 그 계기반에는 고객 시각에서의 전략적 목표(strategic customer objectives), 전략적인 목표의 달성 여부를 측정할 수 있는 측정지표, 측정지표를 활용한 세부목표, 세부목표를 달성하기 위한 방안으로서의 전략적인 실행계획이 포함되어야 한다.

〈표 2-9〉 고객 시각에서의 계기반

− 조직의 비전 달성에 필수 불가결한 요소인 외부고객 만족과 감동이 우리 조직에서
　성공적으로 이루어지고 있는가?

전략적 목표 (핵심성공요인)	전략적 측정지표 (핵심성과지표)	세부목표	평가수준	전략적 실행계획

4) 세 번째 부류의 이해관계자인 조직구성원(내부고객) 시각의 계기반

조직의 중요한 이해관계자인 주주와 외부고객의 만족과 감동을 자아내는 주체는 모든 조직구성원이라는 사실을 전략집중형 조직의 리더들은 확실하게 알고 있다. 그리고 그들은 '집 안에서 새는 바가지는 집 밖에서도 샌다' 는 속담의 의미도 파악하고 있다. 이 속담을 조직에 응용하면, '조직 내부에서 만족과 감동을 받지 못하는 조직구성원들은 조직 외부에 있는 고객이나 주주들도 만족·감동시킬 수 없다' 는 것이다.

어릴 때 부모나 주위 사람들로부터 존중이나 사랑을 받지 못하고 자란 사람들은, 성장한 후에도 남을 존중하거나 사랑하지 못한다고 정신분석학자들은 말한다. 그들은 어릴 적에 남을 존중하고 사랑하는 법을 학습하지 못했을 뿐만 아니라, 비록 몸은 성장했지만, 정신, 감성, 영성은 성장하지 못한 채 어린 상태로 정체되어 있다.

조직구성원들도 마찬가지다. 조직구성원들이 조직 내부에 있는 리더나 상사들로부터 존중을 받지 못하거나 존중하는 법을 학습하지 못한다면, 그들 역시 조직 외부의 고객이나 주주들을 존중하지 못하게 된다. 존중받지 못한 외부고객이나 주주들은 그 조직과의 관계를 더 이상 맺지 않으려 할 것이다. 조직의 미래를 책임지고 있는 조직구성원들에게 이와 같은 일이 실제로 벌어진다면 조직의 미래는 심각한 위협을 받게 될 것이다. 심할 경우 조직이 죽을 수도 있다.

따라서 전략집중형 조직의 리더들은 조직의 성장과 발전이 궁극적으로는 모든 조직구성원들의 학습과 성장(혁신) 역량에 달려 있다는 것을 알고, 조직구성원들의 시각에서 전략적 사고를 하고 계기반을 만든다.

조직구성원들의 시각을 전략적 사고에 비추어 보면, 조직에 오래 몸담은 조직구성원일수록 조직의 미래를 더 생각하고 조직 전체를 염두에 둔 의사결정을 해야 함에도 불구하고, 일반적으로 미래지향적인 사고보다는 과거지향적인 사고를 하는 경향이 높다. 그리고 조직 전체를 생각하기보다는 자신이 소속된 하위조직이나 부문만을 생각하는 경향이 높다. 이러한 이유 때문에 부문 이기주의나 부서 이기주의가 생겨나고 환경변화에 적극적으로 대응하기보다는 강력하게 저항하는 것이다.

과거지향적이고 하위조직이나 부문만을 생각하는 조직 내부의 구성원들이, 현재지향적이고 조직을 하나(전체)로 보는 외부고객들을 만난다면 어떤 일이 벌어지겠는가? 더구나 과거지향적이고 자기 부문만을 생각하는 사람들은 일반적으로 남의 견해를 존중하지 않는 경향이 있다. 그들은 상대방의 견해가 '다르다' 또는 '틀리다'고 생각하여 상대방의 견해를 존중하기보다는, 무시하거나 화를 낸다. 결과적으로 외부고객들과의 관계는 지속되기가 힘들어진다.

〈표 2-10〉 조직구성원 시각에서의 계기반

― 조직의 비전 달성을 위해 모든 조직구성원들이 어떤 방법으로 자신들을 혁신적으로 변화시키고 성장해 나가는 역량을 길러야 하는가?

전략적 목표 (핵심성공요인)	전략적 측정 지표 (핵심성과지표)	세부목표	평가수준	전략적 실행계획

그러므로 전략집중형 조직의 리더들에게는 조직구성원들이 환경변화에 적극적이고 능동적으로 대처하도록, 그리고 내부 조직구성원들만이 아니라 외부고객들과 주주들을 존중할 수 있도록 모든 조직구성원들을 지속적으로 학습시키고 성장시킬 책임과 의무가 있다.

조직구성원 시각에서의 계기반은 '조직의 비전 달성을 위해 모든 조직구성원들이 자신들을 혁신적으로 변화시키고 성장해 나가는 역량을 어떤 방법으로 길러야 하는가?' 라는 슬로건하에 고안되어야만 한다. 뿐만 아니라, 그 계기반에는 모든 조직구성원 시각에서의 전략적 목표(strategic employee objectives), 그 전략적인 목표의 달성 여부를 측정할 수 있는 측정지표, 측정지표를 활용한 세부목표, 세부목표를 달성하기 위한 방안으로서의 전략적인 실행계획이 포함되어야 한다.

5) 내부 비즈니스 프로세스 시각에서의 계기반

'구슬이 서 말이라도 꿰어야 보배다' 라는 속담이 있다. 효과적으로 전략을 실행하는 전략집중형 조직의 리더들은 주주와 외부고객, 그리고 내부고객으로서의 조직구성원들을 조직의 이해관계자로서, 그리고 만족·감동시켜야 할 대상 고객으로서 인식한다.

그들은 단순히 외부고객만을 고객으로 생각하지 않는다. 이해관계자 모두를 고객으로 생각하고 모든 조직원들이 이해관계자들을 만족·감동시킬 수 있도록 노력한다. 즉, 조직의 리더들에게는 오케스트라의 지휘자와 같은 역할이 주어지는 것이다. 지휘자와 오케스트라의 단원(팀)들이 하나의 팀을 이뤄 관중들에게 감동적인 화음을 선사하면, 연주가 끝난 뒤 관중들은 모두 일어나 박수를 치면서 앙코르를 외친다. 뿐만 아니라, 관중들은 그 오케스트라가 다시 공연을 할 경우에는 가까운 친지들을 동행하기도 한다.

같은 맥락에서 생각해 보자. 모든 하위조직(팀, 부문)의 구성원들이 리더의 지휘에 따라 훌륭한 제품과 서비스의 가치를 만들어내고, 이를 외부고객들에게 제공하여 그들을 만족·감동시키고, 동시에 높은 생산성을 토대로 원가를 절감하여 주주들도 만족시키고 감동시킨다면? 그러면 얼마 후에는 만족과 감동을 받은 외부고객과 주주들은 훌륭한 가치를 제공해준 조직구성원들에게 찬사를 보내고, 외부고객들의 경우 그 제품이나 서비스를 재구매하거나, 가까운 친지들까지도 구매할 수 있도록 소개하게 될 것이다.

오케스트라도 하나의 조직이기 때문에 그 이치는 다르지 않다. 모든 조직구성원들은 오케스트라의 단원들처럼 지휘자인 리더와 함께 악보인 전략 실행 도구와 방법론을 동시에 공유하고, 연주할 악보를 함께 보며 부단한 학습과 연습을 한다. 그리고 모든 단원들이 갈고 닦은 역량을 연주를 통해 하나의 아름다운 화음으로 엮어내도록 모으는 사람이 바로 지휘자이다.

그처럼 조직의 리더들도 모든 조직구성원들이 조직의 전략을 효과적으로 실행할 수 있도록, 자신들의 역량을 부단히 갈고 닦을 수 있도록 학습과 훈련을 제공한다. 그리고 조직구성원들의 모든 역량들이 외부고객과 주주들에게 만족과 감동을 주는 방향으로 집중되고 정렬되도록 조직 전체의 프로세스를 혁신시킨다. 또한 조직의 리더들은 오케스트라의 지휘자처럼 모든 조직구성원들의 역량이 외부고객과 주주를 만족시키는 데 집중되고 정렬되는 비즈니스 프로세스인지를 측정하고 점검할 수 있도록 계기반을 만들어야 한다.

전략집중형 조직의 리더들은 '주주와 외부고객의 만족과 감동을 연출

<표 2-11> 내부 비즈니스 프로세스 시각에서의 계기반

— 주주와 외부고객의 만족과 감동을 연출하기 위해 우리는 어떠한 비즈니스 프로세스에서 경쟁자들보다 탁월해야만 하는가?

전략적 목표 (핵심성공요인)	전략적 측정지표 (핵심성과지표)	세부목표	평가수준	전략적 실행계획

하기 위해 우리는 어떠한 비즈니스 프로세스에서 경쟁자들보다 탁월해야만 하는가? 라는 슬로건하에 계기반을 고안한다. 그 계기반에는 모든 내부 비즈니스 프로세스 시각에서의 전략적 목표(strategic process objectives), 내부 비즈니스 프로세스 시각에서의 전략적인 목표 달성 여부를 측정할 수 있는 측정지표, 측정지표를 활용한 세부목표, 세부목표를 달성하기 위한 방안으로서의 전략적인 실행계획이 포함되어야 한다.

6) 가치실현을 위한 통합경영지표 BSC

조직의 비전과 전략을 달성하기 위한 효과적인 전략 실행의 도구인 가치실현을 위한 통합경영지표인 BSC(Balanced Score Card)는 '주주 시각에서의 재무 계기반', '고객 시각에서의 계기반', '조직구성원 시각에서의 계기반', '내부 비즈니스 프로세스 시각에서의 계기반' 들로 구성된다.

〈그림 2-13〉 전략집중형 조직 : 가치실현을 위한 통합경영지표 BSC

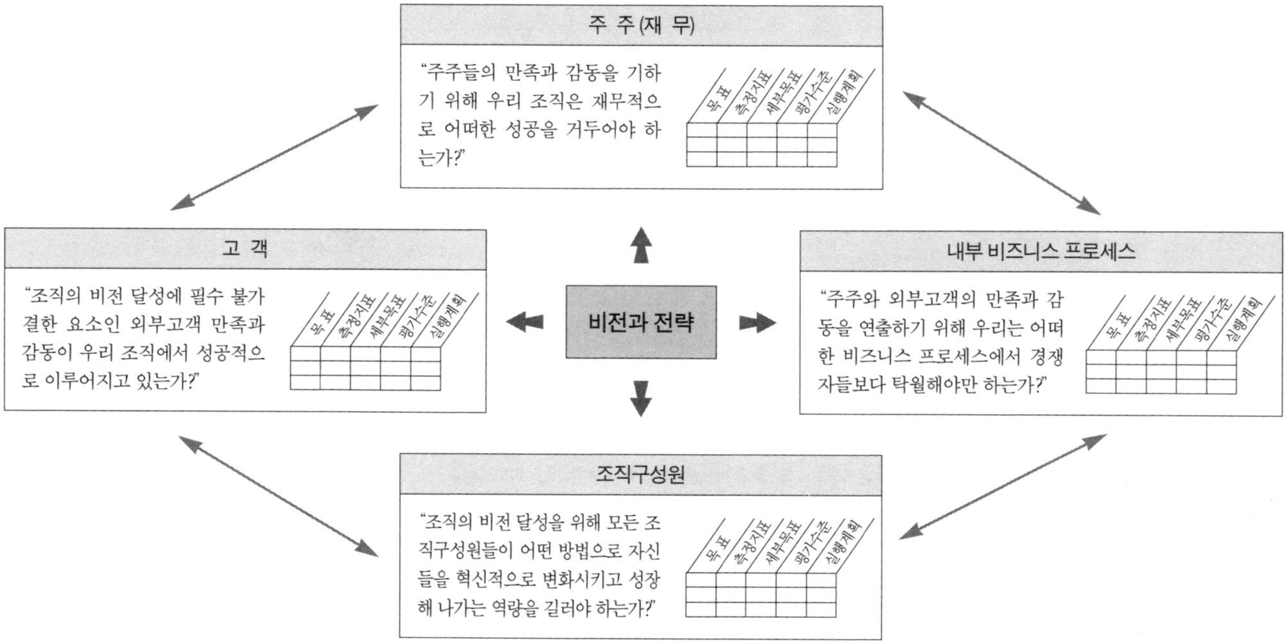

〈그림 2-14〉 비전과 사명을 바람직한 산출물로 전환

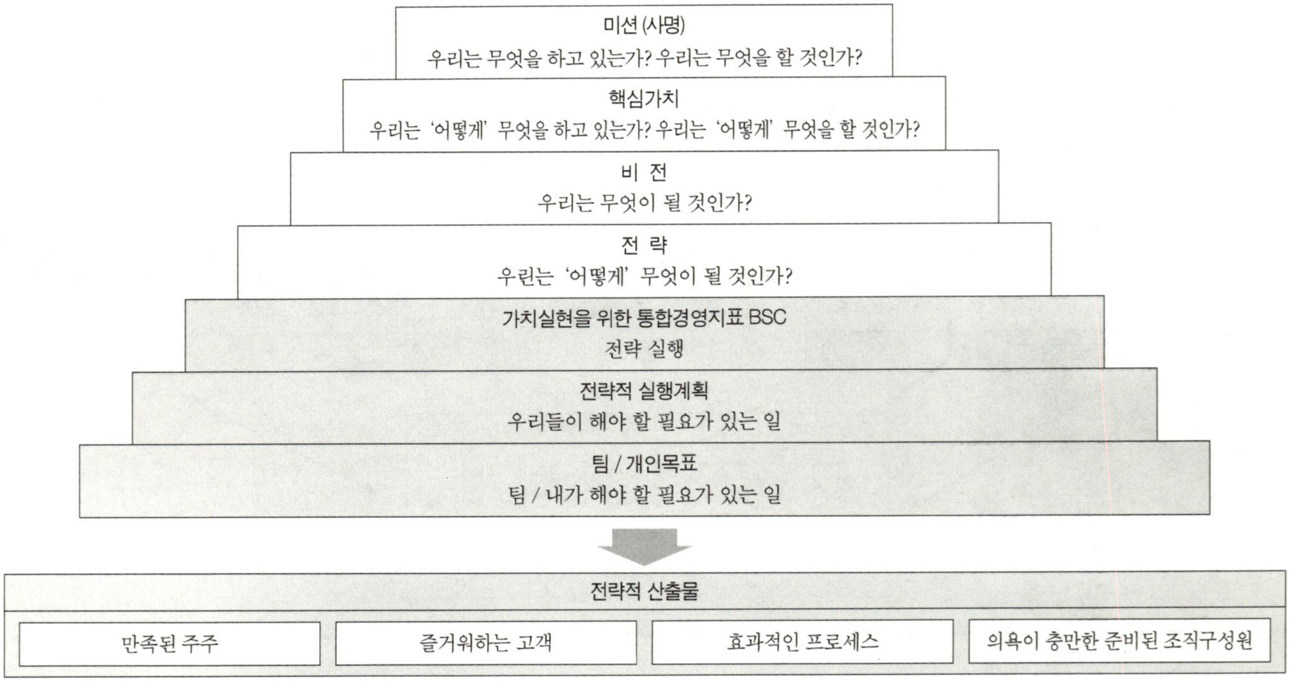

4가지 계기반으로 구성된 BSC는 조직의 내부(조직구성원, 비즈니스 프로세스) 시각과 외부(주주, 고객) 시각, 조직의 과거(주주 : 재무), 현재(외부고객, 비즈니스 프로세스), 그리고 미래(조직구성원)에 대한 시각, 재무(유형자산) 시각과 비재무(무형자산 : 고객, 비즈니스 프로세스, 조직구성원) 시각, 객관적(주주 : 재무, 비즈니스 프로세스) 시각과 주관적(고객, 조직구성원) 시각을 포괄하고 있는 측정지표들의 집합이다. BSC는 전략 실행 단계에서 비전을 달성하기 위해 수립된 전략과 전략 실행의 효과성을 측정하고 관리하는 하나의 방법론이자 도구이다.

효과적인 전략 실행 도구와 방법론 2 : 전략체계도[6]

전략의 본질은 '관계를 맺고자 하는 대상고객(target customer)들에게 독특한 가치명제(unique value proposition)를 제공하기 위하여 어떻게 경쟁자들과는 다른 방식으로 활동할 것이냐' 이다. 궁극적으로 원가나 가격이 기업에 따라 다르게 나타나는 이유는 제품과 서비스를 창조하고 생산하고 판매하여 배달하는 데 필요한 활동 등 수백 가지 이상의 요소들 때문이다. 그 중 어떤 활동을 할 것인가와 어떻게 할 것인가를 선택하는 것에서부터 기업 간의 차별화가 발생한다.

또한 전략은 불확실한 현재의 위치에서 바람직한 미래의 위치(비전)로 조직이 이동해 가는 의미를 내포하고 있다. 조직은 그러한 미래의 위치를 경험해 본 적이 없기 때문에 조직이 의도하는 경로에는 일련의 연

---

6) 로버트 S. 캐플런, 데이비드, P. 노튼 지음, 프라이스워터하우스 컨설팅코리아 EMS그룹 이재욱, 정대형 외 옮김, *전사적 전략경영(SEM)을 위한 SFO(Strategy Focused Organization)*, 서울 : 한언(2001), pp.105-149

결된 가설이 포함될 수밖에 없다. '가치실현을 위한 통합경영지표 BSC' 는 분명하고 검증 가능한 인과관계를 통해서 전략적 가설을 설명할 수 있어야 한다. 그리고 전략적 가설에서는 목표로 하는 성과인 후행지표(lagging indicator)를 이끌어내는 동인(driver)인 선행지표(leading indicator) 활동들을 명확히 해야 할 필요가 있다. 효과적인 전략 실행의 핵심은 모든 조직구성원들에게 그러한 전략적 가설을 이해시키고, 자원을 그러한 가설에 따라 정렬시키고, 그러한 가설들을 지속적으로 검증하여 현실의 요구사항에 맞게 변화시키는 것이다.

머지않은 장래의 목표와 활동, 그리고 한 기업조직을 다른 경쟁자들로부터 차별화시켜 주고 미래의 성과와 고객과 주주의 가치를 창출할 동인을 설명해 주는 것이 바로 '가치실현을 위한 통합경영지표 BSC' 이다. 그것을 만들어가는 프로세스는 상의하달식의 커뮤니케이션(top-down communication) 방식을 활용하여 주주의 관점에서부터 시작한다.

'주주들의 만족과 감동을 기하기 위해 우리 조직은 재무적으로 어떠한 성공을 거두어야 하는가? 를 통해서 재무목표가 구체화되면, '매출을 증대시키고 높은 수익성을 올려 줄 수 있는 제품과 서비스 믹스를 가능케 하는 대상고객은 누구인가? 라는 질문으로 넘어간다. 그리고 '그 고객들의 목표는 무엇이고, 그들을 만족시켜 우리가 원하는 성과를 달성했는지의 여부를 어떻게 측정할 것인가? 라는 다음 질문으로 넘어간다. 또한 고객 시각에서는 '조직의 비전 달성에 필수불가결한 요소인 외부고객 만족과 감동이 우리 조직에서 성공적으로 이루어지고 있는가? 라는 질문과 함께 '목표로 하는 고객과 관계를 맺고, 그 관계를 계속 유지·강화하기 위해 스스로를 경쟁자들과 차별화하는 방법을 설명하는 가치명제는 무엇인가? 라는 질문도 제기해야 한다.

그런데 이때 주주 시각과 외부고객 시각에서의 목표들은 바람직한 성

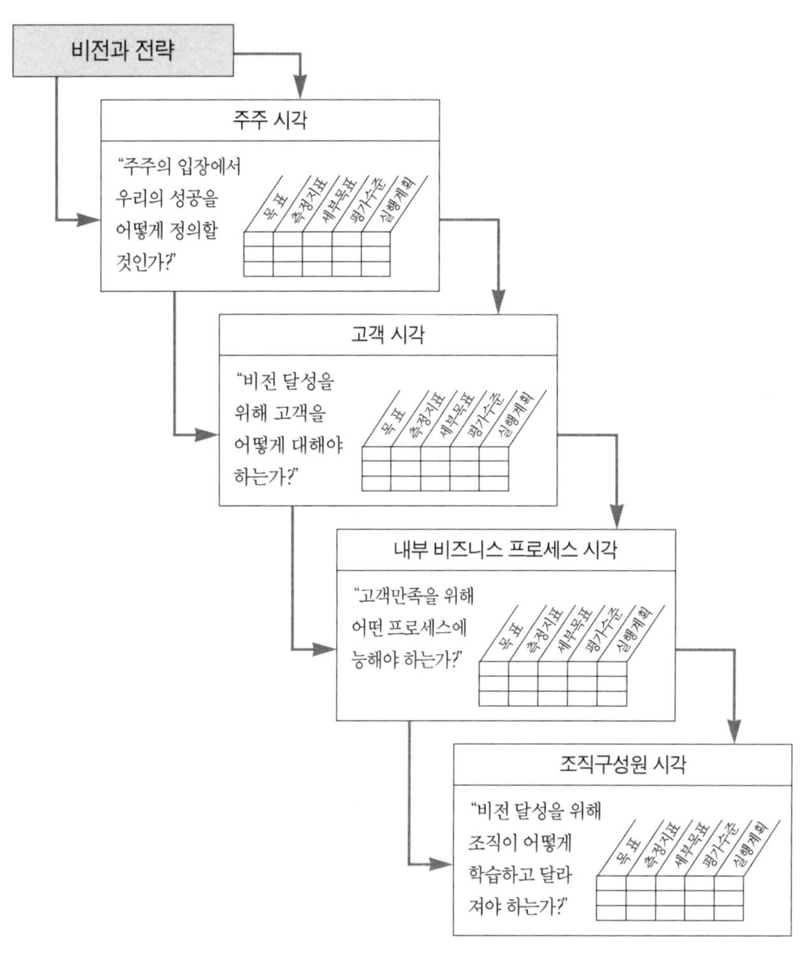

과를 의미하고는 있을지언정, 그것을 성취하는 실제적인 방법을 제시하지는 않는다. 따라서 '주주와 외부고객의 만족과 감동을 연출하기 위해 우리는 어떠한 비즈니스 프로세스에서 경쟁자들보다 탁월해야만 하는

가? 라는 다음 질문을 제기해야 한다. 제품과 서비스의 디자인, 브랜드와 시장의 개발, 마케팅, 영업과 판매, 서비스, 운영과 각종 물류활동 등의 가치사슬(value-chain)로 표현되는 내부 비즈니스 프로세스를 통하여 바람직한 가치명제와 차별화, 그리고 재무 목표를 달성하는 데 필요한 활동들을 설명할 수 있기 때문이다.

그리고, 그러한 활동들의 주체는 모든 조직구성원들이기 때문에 다음의 질문도 제기해 보아야 한다. '조직의 비전 달성을 위해 모든 조직구성원들이 어떠한 방법으로 자신들을 혁신적으로 변화시키고 성장해 나가는 역량을 길러야 하는가? 내부 비즈니스 프로세스를 새롭게 차별화시키는 원동력은 조직구성원들의 기량, 능력, 지식, 근무분위기 등의 학습과 혁신, 그리고 성장 요인에 그 기초를 두고 있기 때문이다.

주주 시각에서의 전략적 재무목표인 매출액 성장은 근본적으로 새로운 판매원(시장) 발굴과 기존 고객들과의 관계 확장을 통해 실현된다. 그리고 이익 증대를 위한 생산성 향상은 원가(비용)관리와 자산관리를 통하여 달성된다.

전략의 핵심인 고객 시각의 전략적 목표는 재무목표의 달성 방법을 보여 준다. 모든 비즈니스 전략의 핵심은 고객에게 전달되는 가치명제라고 할 수 있다. 그것은 곧 기업조직 내부 비즈니스 프로세스의 성과향상을 고객과 어떻게 연결시킬 것인가에 대한 과제이다. 가치명제는 공급자가 자기의 고객에게 전달하는 제품, 가격, 서비스, 관계, 이미지를 독특하게 혼합해 놓은 것을 의미한다. 그 가치명제를 통해 기업조직은 전략에서 대상으로 삼은 세분화된 시장(segmented market)을 결정할 뿐만 아니라, 경쟁에 대응하여 자신을 차별화하는 방법도 결정한다. 따라서 가치명제가 구체화될 때에 핵심적인 내부 비즈니스 프로세스와 사업기반에 관한 전략적 주제가 초점을 가지게 되고 실질적인 목표를 수립할 수 있다. 하지만 의외로 많은 조직의 경영진들이 고객 가치명제에 대한 분명한 합의를 이루지 못하는 것이 현실이다.

넓리 알려진 시장에서 차별화전략은 다음과 같은 3가지이다.[7]

- 제품 리더십(product leadership) : 소니(Sony)와 인텔(Intel)처럼 제품 주도권이 있는 기업조직들은 미지의 영역, 시도해 보지 않은 영역, 혹은 대단히 바람직한 영역으로 자신의 제품을 가지고 들어간다.

- 고객과의 친밀성(customer intimacy) : 홈테포(Home Depot)나 모빌(Mobil)과 같은 기업조직들은 자신의 제품을 구입하는 사람들과 그들이 필요로 하는 제품과 서비스를 알고 있다. 따라서 고객과 긴밀한 유대관계를 구축한다.

- 운영상의 탁월성(operational excellence) : 맥도날드(McDonald)나 델컴퓨터(Dell Computer)와 같은 기업조직들은 그 어떤 기업과도 견줄 수 없는 질 좋은 제품을 싼 가격에 용이하게 구입할 수 있도록 해준다. 그들은 운영의 효율성이 탁월하다.

내부 비즈니스 프로세스 시각은 조직이 선택한 고객 가치명제를 뒷받침하기 위해 중점을 두어야 하는 비즈니스 프로세스와 특수한 활동을 보여 준다. 조직구성원 시각에서의 학습과 성장 관점은 그처럼 우선순위가 높은 프로세스와 활동을 뒷받침하는 데 필요한 능력, 전문지식, 기술과 조직문화를 분명하게 제시한다. 전략체계도(strategy map)를 체계적으로 잘 구성만 하면 어떻게 전략을 실행하여 달성할 수 있는지에 관한 방법을 모든 조직구성원들에게 종합적이고 논리적으로 보여 줄 수 있다.

---

7) 마이클 트레이시, 프레드 위어시마 지음, 이순철 옮김, 초일류기업의 시장지배전략 (*Discipline of Market Leaders*), 서울 : 세종서적(1995), pp.53-77

〈그림 2-16〉 전략체계도

주주 시각
주주 가치 향상
매출액 성장 전략
생산성 향상 전략
새로운 판매원천 발굴
고객가치의 향상
원가구조 개선
자산 활용률 향상
새로운 매출액 원천
고객 수익성
단위 당 원가
자산 활용도
고객 확보
고객 유지
제품리더십
고객과의 친밀성
고객 시각
고객가치제안
운영상의 탁월성
제품/서비스 속성
관계성
이미지
가 격
품 질
가 격
품 질
서비스
관계성
브랜드
고객 만족
내부 비즈니스
프로세스 시각
'판매권 구축'
(혁신 프로세스)
'고객가치 증진'
(고객관리 프로세스)
'운영상의 탁월성 달성'
(운영 프로세스)
'훌륭한 법인으로서의 시민'
(규제와 환경 프로세스)
조직구성원
시각
의욕이 충만한 준비된 인력
전략적 역량
전략적 기술
행동지향적 분위기

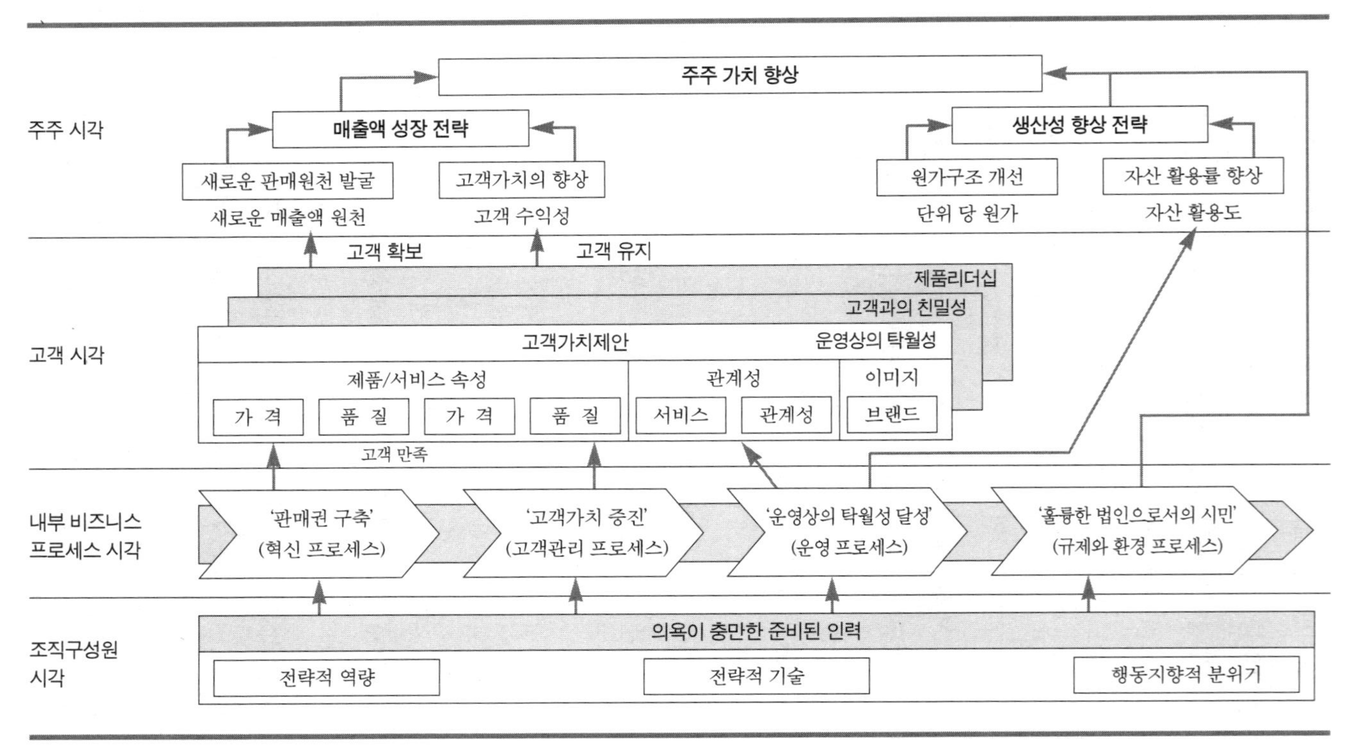

한국축구의 비전 달성을 위한 전략 실행

1) 리더 히딩크의 효과적인 전략 실행

히딩크 감독은 2001년 12월 4일 파주 트레이닝센터의 강연에서 내년 월드컵에서 최상의 성적을 내기 위해 필요한 능력을 기술, 팀 전술(조직력), 체력, 정신적 측면 등 크게 4가지 범주로 나누고, 각각 최고치를 100%라고 가정하면서 현재 대표팀이 지닌 수치를 부여하는 한편 앞으로의 훈련계획에 대해서도 짤막하게 설명했다.

그는 "현재 한국 대표팀은 기술적 측면에서 80% 정도는 달성했을 정도로 선수 개개인이 훌륭한 테크닉을 가지고 있으며, 앞으로는 완벽에 가까울 정도로 만들기 위해 노력할 것"이라고 말했다. 하지만 "전술적으로는 30%밖에 미치지 못하고 있다."고 말하며, "게다가 선수들 가운데 두세 명은 열의가 너무 지나쳐 경기 중 전술을 흐트러뜨리는 부작용이 발생하기도 한다."고 지적했다. 그는 또 "체력적으로 한국 대표팀의 스피드는 80%에 이르지만 힘이나 지구력은 50%에 불과하다."면서 "단기간에 배가되지는 않지만, 최근 전문가에 의해 짜여진 프로그램에 따라 파워를 높이는 훈련을 실시하고 있다."고 밝혔다. 그리고 "한국 사회구조가 연장자를 존중하는 풍습을 가지고 있기 때문에 대표팀에서 나이 어린 선수들이 주눅이 들어 있거나 선배들의 잘못에 대해 지적하기를 꺼리는 등 유럽에 비해 의사소통이 잘 되지 않는 단점을 가지고 있다."고 설명했다.

그 밖에 "계약은 내년 6월까지이지만, 월드컵에서 좋은 성적을 올리는 것 뿐 아니라 한국축구의 발전을 위해서도 애쓰고 있다."면서 "지난 몇몇 친선경기에서의 완패는 월드컵에서 최선의 성적을 올리기 위한 과정이었다는 것을 이해해 달라."고 주문했다.

히딩크 감독의 이러한 인터뷰는, 그가 2002년 6월 월드컵에서 비전을 실현시키기 위해 전략집중형 조직의 리더들처럼 전략 실행 도구와 방법론을 가지고 효과적으로 전략을 실행하고 있었음을 보여 준다. 그는 부임 이후 줄곧 가치실현을 위한 통합경영지표 BSC(Balanced Score Card)와 전략체계도(Strategy Map)를 효과적인 전략 실행 도구와 방법론으로 활용하고 있었던 것이다.

2) 리더 히딩크의 전략 실행 도구와 방법론 1 : Sociogram

히딩크 감독은 아시아 지역을 벗어난 강팀들과 많은 경기를 치러가면서 우리 대표팀의 장단점을 파악했다. 그리고 그것을 토대로 2001년 말이나 2002년 초까지 대표팀을 안정된 수준에 올려놓기 위해, 즉 우리 대표팀이 비전을 실현시키기 위해 필요하다고 파악되었던 네 가지 핵심역량(정신력, 체력, 기술, 조직력(팀 전술)) 별로 계기반인 Sociogram을 만들어서 활용했었다. 지금부터 네 가지 계기반 별로 히딩크 감독이 어떻게 전략을 실행해 갔는지를 살펴보자.

〈그림 2-17〉 전략 실행을 위한 계기반 : Sociogram

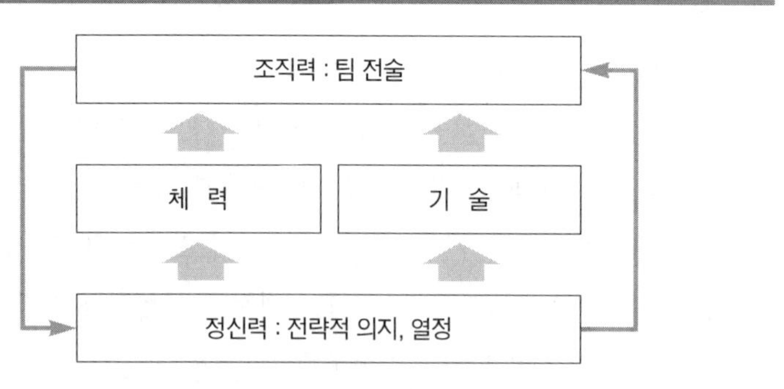

● 정신력 관점에서의 계기반

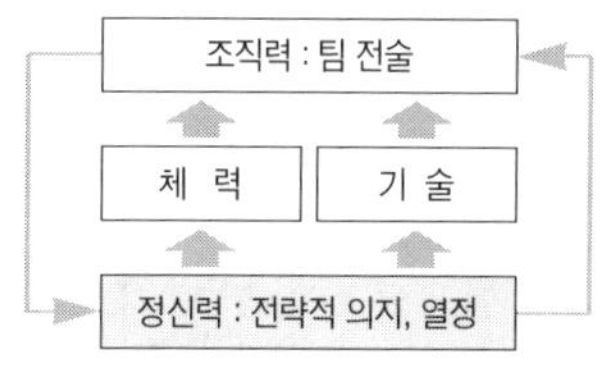

① 전략적 목표(핵심성공요인)와 전략적 측정지표(핵심성과지표)

우리는 그동안 근성, 투지, 국가와 국민에 대한 헌신 등만을 정신력의 전략적 목표들로 생각해 왔다. 그러나 히딩크 감독은 그것만을 정신력의 전략적 목표들로 생각하지 않았다. 그는 리더답게 '이것 그리고(and) 저것'의 사고로 우리들이 놓치고 있었던 전략적 목표들을 추가시켰는데, 그것은 바로 창의력이 가미된 압박축구를 구사하는 데 필요한 정신력이었다.

우리가 기존에 정신력의 전략적 목표들로 갖고 있었던 것들, 다시 말해 대표팀 선수로서의 국가와 국민에 대한 강한 헌신도(투지), 월드컵에서 국가대표의 영광을 얻게 되었다는 데서 나오는 강한 내적 동기부여 등에 다음과 같은 항목을 추가했다. 선수들이 맡은 자신의 임무와 역할, 그리고 볼에 대한 책임감, 실패에 대한 불안이 아닌 도전을 통한 성취감(도전의식), 경기에 대한 자신감, 경기에 대한 감각과 통찰력, 전술 변화에 따른 자신의 새로운 역할과 임무 숙지도 등을 높이기 위한 강팀들과의 실전 경험, 경기에 대한 통찰력과 팀플레이, 생각하는 축구를 위한 코칭스태프와 선수들 간, 선수와 선수들 간의 커뮤니케이션….

그리고 2002년 6월의 월드컵에서 꿈을 이루기 위해 각각의 전략적 목표들에 대한 세부목표를 2002년 5월 말까지 100의 수준으로 달성하는 것을 원칙으로 했다. 전략적 측정지표의 단위는 '%' 였다. 그와 코칭스태프들은 팀과 선수 개개인들의 훈련 모습과 실제 경기 모습들을 일일이 비디오로 녹화하여 반복 시청하면서 팀별, 선수별로 정신력에 대한 전략적 목표들의 달성 여부를 '%' 로 평가했다(〈표 2-11〉 참고).

〈표 2-12〉 정신력 계기반 : Sociogram

전략적 목표	전략적 측정지표	세부목표	평가수준
			2001년 12월 초
헌신도(투지)	%	100%	99%
내적 동기부여	%	100%	100%
실전경험	%	100%	30%
커뮤니케이션	%	100%	20%
책임감	%	100%	30%
성취감(도전의식)	%	100%	30%
자신감	%	100%	60%

한국 선수들은 기술적인 면은 큰 문제가 없다. 다만 체력과 전술 면에서 보강할 필요가 있다. 특히 선수들이 도전적이고 필요 이상으로 적극적이다. 현재 스타일이라면 유럽, 남미팀과 맞붙으면 역효과가 날 위험이 높다. 선수들의 사고 전환과 체력 및 전술 보강이 필요하다. 각자 주어진 포지션에 맞춰 제 역할만 하면 되는데, 불필요한 오버플레이로 효율을 떨어뜨려 경기를 스스로 어렵게 끌고 간다.

– 2001. 1. 18, 감독 취임 후 울산에서 실시한 첫 훈련을 결산하는 자리에서

(선수 선발 기준은?) 가장 중요한 조건은 강한 정신력을 갖춰야 한다는 것이다.

– 2001. 2. 15, 두바이 4개국 대회를 마치고 기자회견에서

실수는 기술적인 것, 전술적인 것, 정신적인 것 등으로 나눌 수 있는데, 그 중 정신적인 실수는 절대 해서는 안 된다. 팀을 생각하지 않는 플레이나 무책임한 플레이를 하는 선수는 나와 싸워야 할 것이다.

– 2001. 10. 29, 연합인터뷰에서

선수선발과 관련해서도 비난이 많았다. 김병지에게 힘든 시간(hard time)을 주었는데, 거기엔 이유가 있었다. 나는 선수들에게 개인 기술, 팀 전술, 정신력을 강조했다. 그 중에서도 가장 중요한 것은 정신력이다. 기술이 아무리 뛰어나도 우쭐해 팀플레이를 망치면 대표선수로서의 자격이 없다.

– 2002. 7. 3, 히딩크 수기(3) 컨페더컵-골드컵 시련 딛고, 동아일보

내가 원하는 것은 낮은 전력의 팀들을 격파하면서 얻는 값싼 승리가 아니다. 만약 그러한 길을 택했다면 그 과정에서 나오는 승리로 인해 한국 국민들은 열광하겠지만, 그것은 결국 스스로를 기만하는 것이다. 세계 일류 팀이 되길 원한다면 더욱 강력한 팀과 싸워 나가야 한다. 질 때 지더라도 두려움을 떨쳐내고 배우고자 하는 자세로 그들과 일대일로 부딪쳐야 한다. 한국 국민들은 그러한 준비에서 나오는 패배로 인해 실망할지 모르겠지만, 결국 중요한 것은 그러한 패배 뒤에 오는 값진 월드컵의 영광이다.

– 2002. 5, 네덜란드 일간지 드 텔레그라프와의 인터뷰에서

이제 한국 선수들은 아무리 강한 상대를 만나도 움츠러들지 않는다. 주눅 들지 않는다. 평소 하던 대로 개인의 역량을 모두 펼쳐 보이며 멋진 경기를 이끌어 낼 수 있게 됐다. 상대를 존경하되 두려워하지 않는 정신이 바로 한국축구의 미래다.

– 2002. 7. 1, 히딩크 수기(1) 제2의 조국 대한민국, 동아일보

(당신이 한국 팀에서 가장 중점적으로 개선시킨 부분은 어떤 것인가?) 선수들 개개인이 창조적인 플레이를 할 것을 강조했다. 무턱대고 뛰어다니는 모습이 아니라 공이 있을 때와 없을 때의 상황에 맞춰 자신이 스스로 생각하고 행동하도록 요구했다.

– 2001. 12. 24, 타임 지 스텔라 김과의 인터뷰에서

보상과 질책은 필요하다. 그러나 무턱대고 아이들을 때리면 지나치게 위축되거나 한 가지에 집착하게 되어 균형감을 상실하게 된다. 균형감을 잃게 되면 성장해서도 다양한 전술을 받아들이지 못하게 되고 새로운 환경에 적응력이 떨어지게 된다.

아이들은 공차는 것을 좋아한다. 승부에 집착하지 말고 즐겁게 많은 경기에 참여시키는 것이 장기적으로 도움이 된다. 훈련 내용도 기술, 전술, 신체, 정신적인 것을 종합적으로 생각해 시켜야 하며, 무엇보다 즐거운 마음으로 공을 차도록 하는 게 가장 중요하다. 15살 아래의 학생들한테는 생리적으로 근력 강화가 아무 도움이 되지 않는다. 알통을 키우기보다는 전술훈련을 통해 머리를 쓰도록 만드는 게 중요하다. '창의성'은 지도자가 갖춰야 할 덕목이다. '하루에 몇 시간', '하루에 몇 번' 등 틀에 박힌 시간표를 버리고, 다양하면서 신선한 시도들을 해야 한다. 가령 축구만 하는 게 아니라, 때로는 시청각 교육을 하거나 강연회를 준비할 수도 있다. '축구와 영양'에 관한 강연이 필요하다면 어떤 수를 써서라도 축구협회 영양사를 강사로 파견하도록 노력하겠다.

– *2001. 11. 26, '중고교 코치들을 위한 2001 나이키 코칭 클리닉'에서*

모든 시설이 갖추어진 완벽한 환경에서 생활하기를 원하는 것은 인지상정이지만, 축구에서는 근성이 더욱 중요하다. 훌륭한 선수가 완벽한 조건을 갖추면 최상의 결과가 나올 것 같지만, 아쉬운 게 없기 때문에 게을러질 수도 있다. 이것이 완벽한 환경이 내포하고 있는 이중성이다.

– *2002. 1. 14, 아브라함 브람 한국 유소년대표팀 감독 칼럼,*
  대한축구협회 인터넷 게시판

② 세부목표 달성을 위한 전략적 실행계획 수립과 실행

히딩크 감독은 대표팀 선수들을 선발할 때마다 언제나 정신력의 전략적 목표들을 염두에 두었다. 그러한 선수들을 선발하지 않고서는 팀의 정신력을 결코 높일 수가 없었기 때문이다. 특별히 그가 선수들을 선발할 때 강조한 것은, 헌신(투지)과 내적 동기부여(열정)였다. 헌신과 내적 동기부여는 외부에서 주어지는 것이 아니고, 선수 자신들의 내면에서 우러나오는 것이기 때문이다. 또한 헌신과 내적 동기부여는 정신력의 다른 전략적 목표들뿐만 아니라 체력, 기술, 그리고 조직력(팀 전술)의 초석임도 알았기 때문이다.

그는 헌신과 내적 동기부여가 이미 되어 있는 선수들을 선발하여 실전을 방불케 하는 각종 훈련, 강한 팀들과의 실제 경기, 그리고 그 모든 과정에서 효과적인 커뮤니케이션을 통하여, 책임감, 성취감, 자신감을 고취하는 실행계획을 주도면밀하게 수립하고 효과적으로 실행하였다. 특히 그는 전략적 목표들 중 그 수준이 가장 낮은 것으로 측정된 커뮤니케이션과 실전 경험에 대한 실행계획의 수립과 실행에 역점을 두었다.

〈그림 2-18〉 정신력의 전략적 목표들 간의 인과관계

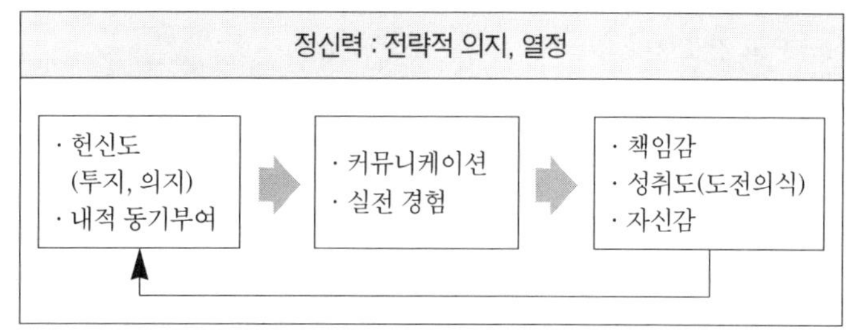

③ 헌신도(투지, 의지)와 내적 동기부여

사실 나는 지난 해(2001년 1월) 한국 선수들을 처음 만나는 순간부터 희망을 보았다. 한국 선수들은 월드컵 자체를 영광으로 생각했고 이 무대의 주인공이 되기 위해서는 어떤 것도 할 수 있다는 의지를 불태웠다. 이런 마음가짐은 나에게 큰 충격이었다.

나는 선수들을 강하게 조련했다. 싸움닭을 만들고 싶었다. '나이스 가이(nice guy)'는 책임을 회피하는 겁쟁이에 불과하다. 우리 선수들이 실전에서나 연

습 경기 때 어지간히 다쳐 쓰러져 있어도 팀 닥터를 내보내지 않았다. 선수들이 강한 정신력을 갖추고 있어야 기술이든 전술이든 제대로 이용할 수 있기 때문이다. 내가 훈련 때 욕을 많이 하는 것도 늘 긴장감을 유지하기 위해서다. 대표팀 선발을 할 때도 이 점을 가장 먼저 봤다. 체격이 절대적인 것은 아니다. 과거 한국 대표팀은 유럽에 이기기 위해 키가 큰 선수들을 좋아했던 모양인데, 그럴 필요가 없다. 과거의 명성도 고려 대상이 아니다. 나는 무명 선수들이 대선수가 되는 경우를 숱하게 봐왔다. 내가 데려다 키운 호마리우나 코코도 그 중 하나이다. 선수들이 이기고자 하는 의지만 있으면 된다. 이후에 어떤 종류의 플레이를 할 수 있는지 본 후에 감독이 가장 적합한 전술을 찾아내면 된다.

한국 선수들은 훌륭했다. 투지가 넘칠뿐더러 자신감에 차 있었다. 내가 지난해 프랑스, 체코에 대패를 당하고도 계속 유럽 강팀들과 경기를 갖길 원했던 것은 선수들의 정신력을 믿었기 때문이다. 나는 선수들에게 '물러서지 마라. 유럽에 이기기 위해서는 유럽과 싸워 실수를 하고 그 실수에서 배움을 찾아야 한다' 고 강조했다.

— 2002. 7. 4, 히딩크 수기(4) 평가전 잇단 선전 희망을 봤다, 동아일보

(대표팀을 맡은 15개월여 동안 한국축구의 어떤 장점을 발견했나?) 내가 생각하는 축구를 무조건 주입하려고 하지는 않았다. 나는 한국이 가진 장점을 살리면서 세계수준과의 격차를 줄이기 위해 노력해 왔다. 무엇보다 패배를 빨리 극복하는 한국 선수들의 정신력을 높이 평가한다. 경기에서 진 다음날 실시하는 훈련에서 선수들은 약한 모습을 보이지 않았고 항상 상대를 이기겠다는 의욕으로 충만했다.

— 2002. 4. 9, 기자회견에서

리더인 히딩크 감독이 월드컵 대표팀 선수 선발의 명확한 기준을 가지고 있었음을 보여 주는 말이다. 그는 월드컵 자체를 영광으로 생각하는 내적 동기부여가 되어 있고, 그 영광을 위해 자신이 어떤 것도 할 수 있는

의지를 불태우는 그러한 선수들만을 선발했던 것이다. 중요한 것은 외적 동기부여가 아닌 선수 자신들의 내적 동기부여였다. 그는 그렇게 내적 동기부여가 되어 있고 이기고자 하는 강한 의지를 불태우는 우리 대표팀 선수들이 자신들의 장점을 살려서 어떤 종류의 플레이를 할 수 있는지를 본 후에, 세계 수준과의 격차를 줄일 수 있는 가장 적합한 전술을 찾는 전략적 사고를 했다. 그는 리더로서 자신의 일(work)이 무엇인지 확실하게 알고 있었다. 무엇이 핵심적으로 중요한가를 확인하고 난 다음, 무엇을 먼저 할 것인가에 대한 우선순위를 결정하고 행동한 것이다.

④ 커뮤니케이션(의사소통)

히딩크 감독이 추구하는 축구스타일은 '창의력을 가미한 압박축구(조밀한 축구 : Compact Soccer)' 이다. 선수 개개인의 기량을 바탕으로 팀워크를 최대한 발휘할 수 있는 전술 형태인 창의력을 가미한 압박축구는 공격, 미드필드, 수비의 관계설정과 선수들 간의 관계수립을 도출하여 팀의 역량을 최고조로 올려야만 가능하다. 때문에 경기 중 공격수, 미드필더, 수비수 간의 역동적인 관계설정, 그리고 공격수들 간, 미드필더들 간, 수비수들 간의 역동적인 관계수립을 위한 커뮤니케이션은 팀워크 형성(team-building)과 팀 전술 습득을 위한 핵심이다.

히딩크 감독이 추구하는 그러한 축구 스타일의 관점에서 볼 때, 우리 대표팀 선수들이 훈련이나 실제 경기 도중, 그리고 평상시 생활에서 거의 커뮤니케이션하지 않는다는 것은 그에게 상당한 놀라움이었다. 그러나 그는 우리 대표팀의 커뮤니케이션 문제를 지적하는 데서 그치지 않았다. 네덜란드 국가대표팀을 맡았을 때의 자신의 경험까지 되살렸다.

"유로 96 때 (그가 감독으로 있었던) 네덜란드 국가대표팀이 분열 조짐을 보인 것은 인종 문제였다. 다비즈와 세도르프는 탁월한 재능을 지닌 선수였으나, 흑인이었다. 클루이베르트는 신세대 새별이었지만, 승용차를 함부로 몰다가 사망사고를 낸 후 또다시 살인사건에 연루된 철부지였다.

유로 96에서 네덜란드 국가대표팀의 문제는 피부색만큼 나이에도 있었다. 대표팀 안에 파벌이 있었고, 그것은 브린드와 그의 동료들이 세도르프가 주축을 이룬 떠오르는 새별들보다 훨씬 나이가 많았기 때문이었다. 그것은 마치 시한폭탄처럼 째깍거리다가 결국 세도르프가 히딩크와 선배 선수에게 폭언을 퍼붓고 대표팀에서 쫓겨나면서 터지고 말았다.

놀라운 사실은 그런 문제가 발생하고도 히딩크가 감독에서 물러나지 않은 것이다. 그는 오히려 적극적으로 네덜란드인들을 하나로 묶기로 결심했다. 그의 힘은 모든 사람들을 직접 만나는 것에서 나왔다. 선수와 비평가들, 그리고 축구협회 관계자들을 만나 그들에게 '같이 일을 하든지, 아니면 가든지'라고 설득했다. 결국 다비즈는 다시 대표팀에 복귀했고, 1998년 프랑스 월드컵 4강전에 오르기까지 네덜란드 대표팀의 주축 미드필더로서 활약했다."

– 2000. 11. 30, 랍 휴스 칼럼 '히딩크에게 배워라', 동아닷컴

히딩크 감독은 리더답게, 우리 대표팀의 커뮤니케이션 문제를 선수들과 코칭 스태프들 스스로 해결하라고만 지시하지 않았다. 그는 먼저 그라운드에서는 왜 선수들 간의 수직적인 의사전달(one-way communication)이 아니라, 자유롭고 수평적인 의사소통(two-way communication)이 중요한지를 자신이 구사하고자 하는 전술(3-4-3 포메이션)을 가지고 소상하게 설명해 주었다. 그리고 이전과는 달리 원탁에서 선후배가 골고루 섞여 앉아 1시간 동안 식사를 하도록 했다.

숙소 문제에 있어서도 그랬다. 그는 이미 대표팀 구성이 거의 끝난 후인 2002년 1월 북중미 골드컵 대회에서 같은 포지션의 고참 선수와 젊은 선수가 한 방을 쓰도록 배정했다. 그리고 2002년 3월 스페인 라망가 전지훈련에서는, 포지션, 선후배, 소속팀 등을 고려해 룸메이트를 선정했던 관행을 깨고, 마음 맞는 사람끼리 짝을 맞추라고 자율권을 주었다. 어차피 장기합숙인 데다 선수들끼리 굳이 불편함을 참아가며 한방을 쓰는 것은 효율적이지 못하다는 판단에서였다.

그리고 경기장에서 선수들 간에 '형'이란 호칭을 생략하고 자유롭고 수평적인 의사소통(커뮤니케이션)을 하도록 유도했다. 그는 리더로서 먼저 선수들에게 경기장에서의 선수들 간의 원활한 커뮤니케이션(의사소통)의 필요성을 확실하게 인식시키고 나서 의사소통을 저해하는 기존의 관행과 습관을 변화시키는 조치들을 취했다. 그렇게 함으로써 경기장에서 실제적인 커뮤니케이션이 자연스럽게 이루어지도록 만들었던 것이다.

그는 또한 2001년 1월 초 울산 전지훈련에서부터는 선수들에게, "큰 소리로 말하라. 고함쳐라. 왜 이런 훈련을 하는지 끊임없이 의심하고 물어보라. 왜 한국 선수들은 이렇게 숫기가 없느냐. 왜 감독의 말에 무조건 따르기만 하는가. 실전에서는 감독과 선수 간에 이야기를 나눌 수 없는 게 축구다. 따라서 훈련할 때 느낀 점을 바로 토론하는 것이 가장 효과적이다."라고 말했다. 선수 자신의 임무와 역할에 대한 책임감과 진정한 동기부여, 그리고 자신이 추구하는 '생각하는 축구'는 자기 자신과 동료, 코칭 스태프들과의 자유로운 의사소통과 '왜'라는 끊임없는 질문으로부터 나올 수 있다는 것을 그는 확실하게 알고 있었던 것이다.

(한국의 유소년 지도자들에게 요구되는 점이 있다면?) 각종 세미나나 강습회 등에 많이 참가해야 한다. 특히 아시아축구연맹(AFC)이나 국제축구연맹(FIFA)이 주관해서 하는 교육기회를 잘 활용해야 한다. 여기에서 새로운 축구의 흐름이나 신기술을 배우고 선수들에게 접목시켜야 한다. 일선 지도자들이 마음을 열어야 한다. 자기가 최고의 지도력을 가지고 있다고 자만해서는 안 된다.

– 2001. 9. 27, 연합인터뷰에서

캐나다 수비수들이 많은 대화를 통해 서로를 북돋우는 장면이 인상적이었다.
한국 팀은 그런 소통이 되지 않는다는 것이 아쉽다.
– *2002. 2. 3, 북중미 골드컵 대회 캐나다 전에서 1 : 2로 패한 후 인터뷰에서*

하루는 훈련이 끝나고 점심을 먹는데 나이 순서대로 세 테이블로 나뉘는 것
을 보았다. 그리고는 어린 선수와 나이 많은 선수들이 아무런 대화를 하지 않
았다. 음식을 가져갈 때도 나이가 많은 순서대로 가져다 먹었는데, 식사가 끝
날 때까지 한 마디 말도 오고가지 않았다. 이렇게 의사소통을 할 수 없다면 한
팀에서 경기할 수 없다.
– *2002. 4. 11, MBC D-50 월드컵 특집 다큐멘터리 '히딩크와 한국축구'*

나는 돌려서 말하는 것을 좋아하지 않는다. 항상 솔직하고 직접적으로 말한
다. 나는 선수 개개인에게 내가 원하는 것이 무엇인지 솔직하고 직접적인 화
법으로 이야기한다. 그것이 선수 개개인의 재능을 극대화시키는 가장 좋은
방법이라고 믿는다. 그래야 선수들의 '화학적 결합'을 이끌어내어 팀의 역량
을 최대로 끌어올릴 수 있다. 그것이 내가 한 일이다.
– *2002. 7. 1, 히딩크 수기(1) 제2의 조국 대한민국, 동아일보*

한국식의 엄격한 선후배 위계질서는 그라운드 안에서는 해악이다. 선배가 일
방적으로 후배에게 지시를 내리고, 후배는 이를 고스란히 따르는 것은 말이
안 된다. 그라운드 안에서는 누구나 동등하다. 상황에 따라 변화가 있을 뿐,
일방적인 지시란 있을 수 없다. 팀 내에 커뮤니케이션이 원활하게 이뤄져야
갈등의 소지를 없애고 팀워크를 높일 수 있다. 인간관계에 따른 선수들 간의
보이지 않는 권위의식이 문제다. 이는 경기 도중 선수 간에 쌍방향 의사소통
이 이뤄지지 않고, 선배가 후배에게 일방적으로 지시하는 식의 커뮤니케이션
만을 낳게 함으로써 결국 전력 극대화에 많은 지장을 초래한다.
– *2002. 4. 11, MBC D-50 월드컵 특집 다큐멘터리 '히딩크와 한국축구'*

의사소통은 간단히 '보기(Looking)-이야기하기(Talking)-움직이기
(Moving)'이다. 한국 유소년들은 자기 앞에 있는 공을 쳐다보기에 바쁘다. 발
앞의 공보다는 주위를 살펴야 하는 것을 모른다. 눈을 들어 동료들의 위치를
파악하고 서로 얘기하면서 의사를 전달해야 한다. 그래야만 다음 위치로 이
동할 수 있다. 이 점이 축구에서 의사소통이 중요한 이유다. 나의 지도 방침은
최대한 쉽고 간단하게 여러 번 설명을 하는 식이다. 선수들이 나의 의도를 분
명히 이해할 때까지 기다린다. 그리고 각자의 역할을 숙지시킨다. 서로의 임
무에 대해 알고 난 후에 팀 조직력이 생겨난다. 마치 잘 맞물려 돌아가는 톱니
바퀴처럼 말이다.

— 2001. 8. 17, 아브라함 브람 한국 유소년대표팀 감독,
'의사소통과 지도 방침'에 대한 질문에 답하면서

내가 온 지 한 달이 다 되어가도록 선수들은 나에게나 아니면 바뀐 상황에 적
응을 하지 못하고 있었다. 더구나 나이별로 대화를 따로 한다는 것은 선수들
에게도 큰 부담이 되었을 것이다. 나는 이런 선수들을 위해 나이를 섞고, 방
배정을 다르게 했다. 원래는 이런 순이었다. 황선홍-홍명보, 김도훈-유상철,
이운재-김병지를 제일 윗방으로 하고 나머지는 비슷한 나이들끼리 모여서
잤다. 그러나 모두들 아무 말도 하지 않았다. 나이 많은 선수들끼리는 각 방이
있는 침실을, 나머지 선수들은 한 방에서 이불을 펴고 같이 잤다. 나는 당장
그날로 방 배정을 다르게 했다. 처음에는 선수들 모두 어수선해 보였다. 더구
나 나이 어린 선수들은 선배의 눈치를 보느라 조용히 자거나 몸을 안 움직이
기 위해 신경을 쓴 나머지 그 다음날 아침이면 눈이 퉁퉁 부어서 내려오곤 했
다. 항상 선배 선수는 먼저 씻고 잠드는 데 비해 후배 선수는 선배 선수가 잠
자기 전까지는 잘 수도 없었다. 나는 여러 게임을 통해 친목을 다졌다. 그들은
곧 친해졌고 말도 트게 되었다. 원래는 '안녕히 주무셨어요?'에서 '형, 상쾌
한 아침이야!'로 바뀌면서 서로 편안한 사이가 되었다.

— 2002. 6. 14, 포르투칼 전이 끝나고, 스포츠조선 인터뷰에서

선수들과 개인면담을 갖고 각자의 문제점을 지적해 주는 것은 필수 코스였
다. 면담 역시 과학적 분석이 바탕이었다.

'빨간 색은 기술적인 면, 흰색은 신체적인 면, 파란색은 정신적인 면이다. 나
는 월드컵 때까지 모두 100%가 되길 원한다. 모든 선수의 전술, 정신, 체력적
인 면과 전반적 수준에 대한 정보를 가지고 있다. 가끔은 선수들을 불러서 자
신의 수준을 보여주고 집중해야 할 점을 알려주곤 한다. 거의 모든 선수와 이
작업을 하고 있다.'

리더는 말(지시)만 하지 않는다. 그들은 반드시 소기의 성과가 나오도
록 성과를 창출하는 과정을 창의적으로 변화시킨다. 그동안 우리가 경험
한 많은 잘못된 지도자들은 단순히 그라운드에서 경기가 잘 풀리지 않으
면 어느 경기 해설자처럼 "이렇게 경기가 안 풀릴 때일수록 선수들 간에
서로 대화를 해야만 한다."는 말만 되풀이했다. 정작 가장 중요한 '어떻
게' 할 것인가에 대해서는 깊은 고뇌를 하지 않았던 것이다. 우리는 히
딩크를 통해 '열린 마음으로 생각하는 리더', '창의적으로 문제를 해결
하는 리더'의 중요성을 새삼 깨닫게 되었다.

리더는 팀(조직)의 결과와 성과에 대해 자신들이 책임을 진다. 때문에
그들은 성과 창출에 걸림돌이나 장애물로 작용될 것들을 미리 간파한다.
그리고 조직구성원들과의 효과적인 커뮤니케이션을 통하여 그것들을
제거하거나 타파하는 과감한 변혁을 시도한다. 리더는 성과가 나오지 않
은 후에 후회하거나 변명하지 않기 때문이다.

⑤ 실전 경험

1998년 프랑스 월드컵에서 네덜란드 대표팀을 이끌고 참가한 히딩크
감독은 우리 대표팀을 5 : 0으로 무참하게 격파했었다. 그는 당시 우리의

무너지는 모습을 객관적으로 지켜보았다. 그리고 그 모습은 그의 뇌리에 강하게 남아 있었을 것이다. 우리 대표팀의 투지와 의욕은 넘쳤을지 모르지만, 우리의 역량은 결코 세계 수준(world-class)이 아니었다. 세계 수준의 역량을 구축하려면 그러한 팀들과 자주 경기를 가짐으로써 우리 자신의 역량과 세계 수준의 팀들과의 역량의 차이를 객관적으로 파악하고, 그 격차를 줄여나가는 전략을 수립하고 실행했어야 함에도 불구하고, 우리는 구태의연한 관행에서 벗어나지 못하고 있었던 것이다.

그는 우리 대표팀이 아시아라는 우물을 벗어나지 못한 한 마리의 삶아진 개구리(boiled frog)라는 것을 잘 알고 있었다. 바둑이나 장기에서도 고수가 되려면 자주 고수들과 게임을 하여 자신의 역량을 그들의 수준에 비추어 평가하고 그 격차를 줄이는 방안을 모색하여 부족한 자신의 기량을 닦고 정진해야 한다. 그런 다음 다시 도전하여 그 격차를 분석하고 또 정진하는 과정을 되풀이해야 한다. 이처럼 우리 대표팀도 세계 수준의 팀들과 실전을 통하여 역량 차이를 객관적으로 실감해야 한다. 그리고 의지를 가지고 부족한 핵심역량이나 기량들을 계속 갈고 닦는 데 정진함으로써 세계 수준의 팀이 되어야만 한다. 그래야 월드컵에서의 비전도 실현시킬 수 있는 것이다.

그러나 안타깝게도 우리 선수들은 그동안 실패나 실수를 통한 학습 문화에 익숙하지 못했다. 실수나 실패를 했을 경우 질책이나 비난이 먼저 쏟아졌기 때문이다. 하지만 히딩크 감독은 실수나 실패에 대해 나무라기보다는, 함께 원인을 규명하고 근본적인 대책을 마련하여 실행에 옮기려 노력했다. 그렇게 함으로써 다음번에 유사한 상황에서 똑같은 실수를 되풀이하지 않는 것이 가장 중요하다는 것을 알고 있었던 것이다. 그래야만 실패를 통해 오히려 소기의 성과를 거두게 되고 성취감도 얻을 수 있다는 것이다. 뿐만 아니라, 히딩크 감독은 우리 선수들이 책임감과 자신감을 가지고 자신의 문제를 스스로 해결하도록 도와주는 바람직한 지도자를 만나지 못했다는 것 또한 알고 있었다.

한국축구의 이러한 현실을 알고 있었던 사람은 비단 히딩크 감독만이 아니었다. 유소년 축구팀 감독을 맡은 네덜란드 출신의 아브라함 브람도 자신의 강의나 글을 통해 이미 다음과 같은 내용을 지적한 바 있다. "성취감과 책임감을 학습하는 문화에서 성장하지 못한 우리 선수들에게 높은 성취감과 책임감, 그리고 자신감을 기대한다는 것은 무리다. 그들은 오히려 실패에 대한 두려움으로부터 벗어나지 못하고 있기 때문이다."

지금까지 우리 선수들과 축구 지도자들, 그리고 우리 자신들은 그 잘못된 '악순환의 고리(vicious cycle)'에서 벗어나기는커녕 그 고리에 붙잡혀 있었던 것이다. 그 '악순환의 고리' 중 하나는 우리 대표팀의 유럽팀들에 대한 두려움으로부터 발생되는 강한 콤플렉스였다. 히딩크 감독은 그 '악순환의 고리'에서 벗어나지 못하고 있는 선수들, 아니 우리들의 모습을 냉정하게 파악했다. 그리고 그 문제를 회피하지 않고, 적극적으로 맞닥뜨려 타파했다.

밖(취임 전)에서 봤을 때 한국 선수들은 강팀을 만나면 지레 겁을 먹고 포기하는 듯한 인상을 받았다. 그런데, 지난 해 9월부터 계속 강팀들과 경기를 하면서 이제 우리 선수들은 '그들은 결코 우리의 스승이 아니다'는 사실을 깨닫고 있다. 대등한 경기를 해왔고 공수에 걸쳐 전력이 안정되고 있다. 취임 직전부터 축구협회 수뇌부와 많은 애기를 나눴고, '강팀과 자주 맞붙어 우리의 약점부터 제대로 파악하자'는 데 합의했다. 분명 쉽지 않은 길을 선택했다. 그러나 이해해 줬으면 한다. 약팀을 상대로 한 승수 쌓기는 내 스스로를 속이는 것이라고 생각한다. 목표는 6월이지 않은가. 태국이나 싱가포르 같은 약팀에게 이겨서 무슨 소용이 있겠는가. 우리의 약점을 모르게 된다. 물론 지난 골드컵에서 약팀에게도 진 경우가 있어 한국 국민들이 실망한 사실을 잘 안다. 또 강

팀과 대결해 계속 지면 우리 팀 자체도 힘들어진다. 그러나 한국은 세계적 수
준에 미달하는 게 현실이다. 팀 수준과 상관없이 내가 왔다고 그 간격이 갑자
기 좁혀지고 유럽의 강호들과 똑같은 축구를 할 수 있다고 생각하면 착각이
다. 이런 험난한 과정을 통해 대표팀뿐만 아니라 19세 청소년팀과 올림픽팀
에도 기여하고 싶다는 게 내 생각이다.

– 2002. 2. 15, 북중미 골드컵 대회 참가와 전지훈련을 마치고 난 후의 기자회견에서

나는 선수들에게 '물러서지 마라. 유럽에 이기기 위해서는 유럽과 싸워 실수
를 하고 그 실수에서 배움을 찾아야 한다.'고 강조했다. 내가 신인 선수들을
과감히 기용한 것도 이들이 실수에서 배우기를 원했기 때문이다.

– 2002. 7. 4, 히딩크 수기(4) 평가전 잇단 선전 희망을 봤다, 동아일보

지네딘 지단, 유리 조르카예프, 티에리 앙리 등 기량이 우수한 새로운 세대의
참여와 협조가 결정적이었다. 이들은 유벤투스, 인터 밀란, 아스날 등 유럽 각
국의 큰 클럽에서 뛰어 실전 경험이 풍부했고, 항상 이길 수 있다는 자신감에
차 있었다.

– 2000. 12. 31, 에메 자케 전 프랑스 대표팀 감독의 인터뷰, 조선일보

선수들이 실수를 두려워한 나머지 움츠러든 채 항상 '중간'에 머무르려는 경
향이 강했다. 그동안 강호들과의 경기를 통해서 선수들이 창조성과 대담성을
갖도록 노력했으며, 그 결과 많은 성과를 거뒀다. 세계 수준의 팀들과의 격차
를 줄이기 위해 패배를 무릅 쓰고 강팀들과 싸웠으며, 그 과정에 겪은 실패를
통해 선수들이 많이 성장했다. 월드컵 무대에서 단 1승도 거두지 못한 한국
팀의 현실을 이번에 바꾸기 위해 노력하고 있다.

– 2002. 1. 16, 미국 전지훈련에서

히딩크 감독은 정신력을 강화시키는 전략 실행 단계에서 책임감, 성취
감, 자신감 증진이라는 명확한 세부목표를 설정하고, 그 목표들을 달성

하기 위한 실행계획으로 세계 수준의 강팀들과의 실전 경험을 추진해 나갔다. 그리고 경기를 치르기 전이면 언제나 그 경기의 취지와 목적을 이해관계자들에게 명확히 이야기했다. 그러나 경기를 치르고 난 후에라도 우리 대표팀의 정신적인 실수가 아닌 사항, 즉 기술적이거나 전술적인 실수들에 대해서는 거의 아무런 질책도 하지 않았다. 대신 대표팀의 수준을 세계 수준의 팀들과 객관적으로 비교하여 문제점과 역량 강화 부분들을 제시하면서, 그러한 문제점을 해결하고 부족한 역량을 강화시킬 향후 계획들을 제시했다. 그리고 그 계획들을 실행에 옮겼다. 아울러, 다음 경기에서는 그 특정 역량과 문제점들이 개선되었는지에 관해 이해관계자들의 피드백을 살폈다.

그는 전략집중형 조직의 리더로서 효과적인 전략 실행을 위해 대표팀과 코칭 스태프를 하나의 '학습조직(learning organization)' 으로 간주하고, 실전 경험을 통하여 선수들과 우리의 코칭 스태프들에게 실전 학습(action learning : on-the-job learning)을 시킨 것이다.

⑥ *실전 경험 : 일지와 감독의 견해*

히딩크 감독의 말을 토대로 우리 대표팀 선수들의 실전 경험 기간을 구분하면, 〈표 2-13〉에서 보는 것처럼 2단계로 나눌 수 있다.

1단계는 2001년 1월 초부터 2001년 8월까지이다. 히딩크 감독은 이 기간 동안 두 가지 일을 했다. 그 중 하나는 그가 월드컵에서 비전을 실현시키기 위해 우리가 가진 장점들을 파악하고, 그 장점의 토대 위에 자신이 구상한 전략인 '창의성이 가미된 조밀한 압박축구' 를 접목시켜서 우리만의 독특한 전략과 전술(플레이 시스템)을 고안하는 것이었다. 다른 하나는, 그에 병행하여 우리만의 독특한 전략과 전술을 이해하고 경기장에서 그 전략과 전술을 실행할 수 있는 가능성과 잠재력을 가진 선수들을 발굴하고 선발하는 일이었다. 2001년 5월에는 컨페더레이션스컵에 참가하여 경기력 중간점검도 했다. 1단계에서의 실전 경험은 그러한 목적을 염두에 두고 이루어진 것이었다.

2단계는 2001년 10월부터 2002년 5월 말까지였다. 히딩크 감독은 이 기간 동안 세 가지 일을 수행했다. 그 중 하나는 팀원으로 선발된 선수들을 토대로 그들이 월드컵에서 비전을 실현할 수 있도록 선수 개개인의 체력, 즉 스피드, 파워(explosive power), 그리고 지구력(recovery power)을 유럽 빅 리거들의 수준으로 끌어올리는 일이었다. 또 다른 하나는, 그러한 체력의 토대 위에서 우리만의 독특한 팀 전략과 전술 역량을 극대화시키기 위해 팀 전체의 조직력과 공격과 수비 전술을 습득시키고 점검하는 일이었다. 그리고 마지막으로는, 2001년 12월 1일 월드컵 조 추첨이 이루어진 뒤 우리와 D조에 속한 경쟁 상대들(폴란드, 미국, 포르투갈)에 대한 경쟁전략을 수립하고, 그 경쟁전략과 전술을 선수들에게 숙지시키고 각종 훈련을 통하여 습득시키는 일이었다. 2단계에서의 실전 경험은 그러한 세 가지 목적을 염두에 두고 이루어진 것이었다.

이제는 그동안 뽑았던 선수들 가운데 폭을 좁혀가며 선수를 선발해 나갈 것이다. … 테스트한 선수들을 기반으로 삼아 공격과 수비를 강화해 나가는 것이 필요하다. 이미 밑그림의 70%가 완성됐으며, 앞으로 1,2명 정도만 추가로 테스트한 뒤 최종명단을 위한 압축작업을 해갈 것이다.

– 2001. 9. 19, K리그 부천 대 대전 경기가 열린 부천 종합운동장을 방문한 자리에서

세계적인 흐름을 따라잡기 위해서는 절대적으로 필요하다고 생각했던 구상이 있다. 이를 한국의 현실과 접목시키는 데 많은 시간을 투자했다. 지금은 나의 구상과 한국축구의 현실이 상당히 근접했다고 생각한다.

– 2001. 11. 9, 대표팀 감독으로 부임 10개월을 되돌아보며

⟨표 2-13⟩ 500일(2001. 1. 12 ~ 2002. 5. 30) 동안의 A매치, 합숙 및 전지훈련 일정

	2001년 1월	2월	3월	4월	5월	6월	7월	8월	9월
소집일	18일 칼스버그컵(홍콩)	6일 두바이 4개국 대회		19일 이집트 대회	11일 컨페더레이션스컵			6일	27일
훈련일정	12~18일 울산 전지훈련	1. 28~2. 6일 오만 전지훈련						6~17일 유럽전지훈련	(10월 2~9일) 대구합숙훈련
A매치	24일(2:3) 한국 : 노르웨이 27일 1:1(6:5) 한국 : 파라과이	8일(1:1) 한국 : 모로코 11일(4:1) 한국 : UAE 14일(0:2) 한국 : 덴마크		25일(1:0) 한국 : 이란 27일(2:1) 한국 : 이집트	25일(0:0) 한국 : 카메룬 30일(0:5) 한국 : 프랑스	1일(2:1) 한국 : 멕시코 3일(1:0) 한국 : 호주		15일(0:5) 한국 : 체코	13일(2:2) 한국 : 나이지리아 16일(2:1) 한국 : 나이지리아

정신력
—실전 경험

체력
— 3~4(체력테스트) ————————————————→

조직력
—팀구성 · 선수 ———————————————— 70% 선발 →
 · 스텝　야, 베어벡(1/12) 입국
　　　　고트비(1/24) 선발

—팀전술 ———————————————— 전술개발 →

—경쟁전략

	10월	11월	12월	2002년 1월	2월	3월	4월	5월	6월
소집일	29일 11월 A매치	26일 서귀포 미국 평가전	12일 골드컵 예비소집	7일 북중미 골드컵	21일		4일 A매치		
훈련일정			5~9 서귀포합숙			5~28일 스페인 유럽 전지훈련	12~19일 대구합숙		
A매치		8일(0:1) 한국 : 세네갈 10일(2:0) 한국 : 크로아티아 13일 (1:1) 한국 : 크로아티아	9일(1:0) 한국 : 미국	20일(1:2) 한국 : 미국 24일(0:0) 한국 : 쿠바 28일 0:0(4:2) 한국 : 멕시코 31일(1:3) 한국 : 코스타리카	3일(1:2) 한국 : 캐나다 14일(1:2) 한국 : 우루과이	13일(0:0) 한국 : 튀니지 20일(0:0) 한국 : 핀란드 27일(0:0) 한국 : 터키	20일(2:0) 한국 : 코스타리카 27일(0:0) 한국 : 중국	16일(4:1) 한국 : 스코틀랜드 21일(1:1) 한국 : 잉글랜드 26일(2:3) 한국 : 프랑스	

정신력
－실전 경험

체력

조직력
－팀구성 · 선수 · 스텝

－팀전술

－경쟁전략

5일 선수별 웨이트 트레이닝 프로그램 시작(자율) ────▶ 지구력(3월 이후) ────▶

90% 선발 ────▶ 30일 엔트리 확정 ────▶

김현철 주치의　　레이몬드(체력), 필립아노(물리치료) 합류

BSC(전술개발) ────▶

수비, 조직력 ────▶

공격 ────▶

세트플레이(3월 중순) ────▶

경쟁전략, 수비준비 ────▶

정보수집(경쟁전략수립) ────▶

(경쟁전략) 실행 ────▶

내년 1월 팀 멤버 구성이 90% 가량 완료되며, 나머지 10%는 부상 등 돌발적인 상황에 대비한 것이다. … 현재 대표팀은 기존에 선발된 선수들이 보다 완벽한 플레이를 하도록 만드는 것과 가능성 있는 새 선수를 발굴하는 두 가지 측면에 중점을 두고 있다. 현재까지 65~70%의 틀이 짜여졌지만, 새로운 선수들이 언제든지 대표팀에 합류할 수 있는 길은 열려 있다.

— 2001. 8. 3, 유럽 전지훈련에 앞서 서울 신문로 축구회관에서 가진 기자회견에서

선수들이 어느 정도 자신감을 얻었고 정상적인 팀 운영 체계도 갖췄다. 하지만 훨씬 세부적인 전술, 특히 정신적 면이 더 나아질 수 있도록 이 부분에 초점을 맞출 생각이다. 한국은 내년 월드컵에서 홈 어드밴티지를 갖고 있지만, 야심 찬 계획을 세우거나 국민의 지나친 기대로 선수들이 긴장할 정도가 되면 곤란하다.

— 2001. 12. 17, 대한축구협회에서 지난 1년을 평가하며

지난해 1월 시작된 본선 준비는 선수 선발과 전술시스템 개발 등 두 유형으로 분리돼 진행됐으며, 다양한 가능성 중에서 필요한 부분만을 골라내는 방식이었다. 지난해 9월 이후 수비안정기로 들어선 대표팀은 지난 2월부터 이 두 유형을 통합해 운영하고 있다. 지금이 가장 중요한 시기여서 남은 석 달 동안 선수 체력 및 팀 전술의 마무리 작업을 실시, 강팀들과의 수준차를 줄여 나갈 것이다.

— 2002. 3. 8, 스페인 전지훈련 숙소인 하얏트리젠시 라망가 호텔에서

⑦ 책임감, 성취도, 자신감

1981년부터 2001년까지 20년 동안 GE의 회장을 역임했으며, 가장 뛰어난 경영자이자 리더 중의 한 사람으로 알려진 잭 웰치(Jack Welch)는 다음과 같은 말을 했다.

"어떤 사람이 실수를 했을 때, 처벌은 최후의 수단이 되어야 한다. 그

때 내게 필요했던 것은 격려와 자신감이었다. 그런 점에서 새로운 업무
는 자신감을 회복시켜주는 역할을 할 수 있다. 누군가가 좌절하고 있을
때 그를 더욱 크게 꾸짖는 것은 가장 나쁜 행동이다. … 나는 사람들이
낸 아이디어에 대해 토론하는 것을 좋아한다. 나만큼 열정적으로 논쟁하
기를 즐기는 사람도 없을 것이다. 그렇다고 내가 직선적인 성격을 가진
싸움꾼이라는 뜻은 아니다. 그것이 내가 할 일인 것이다. 하지만 안아줘
야 할 때와 힘껏 걷어 차줘야 할 때를 살피는 분별력도 필요하다. … 물
론 자신의 실수로부터 무언가 배우기를 거부하는 거만한 사람은 GE를
떠나야 한다. 뛰어난 인재가 자신이 저지른 실수에 사로잡혀 스스로를
갉아먹는다면 우리가 할 일은 그들이 난관을 극복할 수 있도록 도와주는
것이다."[8]

  잭 웰치는 그러한 관점에서 모든 조직원들이 주인의식을 가지고 조직
의 성과를 높이는 긍정적인 조직문화를 스스로 만들어갈 수 있도록, 모
든 조직원들이 참여하는 워크아웃 프로그램(Work-Out Program)을 지속
적으로 추진했다. 그 워크아웃 프로그램의 요체는 조직원 존중에 바탕을
둔 3S(Simplicity, Speed, Self-confidence)이다. 이 프로그램은 GE의 모
든 조직원들이 스스로 자신들의 업무를 단순화(Simplicity)시킴으로써
업무 처리 속도(Speed)를 획기적으로 단축하고, 그 결과 업무와 조직의
성과를 높이게 됨으로써 조직원 스스로 자신감(Self-confidence)을 갖도
록 하는 데 그 목적이 있었다.

  조직원들은 그러한 과정에서 얻게 된 자신감을 토대로 또다시 자신들
의 업무를 단순화시키고 처리 속도를 단축시켜 더 큰 성과를 내었고, 그
것으로 인해 더 큰 자신감을 갖는 '선순환의 고리(virtuous-cycle)'를 조

---

8) 잭 웰치 지음, 이동현 옮김, *잭 웰치 끝없는 도전과 용기*, 서울 : 세종서적(2001), pp.62-63

직 내에 만들어 나갔다. 궁극적으로는 기존의 수동적이고 지시 위주이던 조직문화를 능동적이고 적극적이고 참여적인 조직문화로 변혁시킨 것이었다. 이때 핵심은 조직원들의 존중에 기초한 자신감(self-confidence) 획득이었다.

지금과 같은 GE의 성공의 비결은, 지속적인 워크아웃 프로그램을 통해 가지게 된 모든 조직원들의 자신감 획득이었던 것이다.[9]

"난 선수들을 칭찬은 하지만, 비난하지는 않는다. 잘못을 지적하고 야단을 치는 것은 우리 팀 내부에서만 한다. 그것이 나와 선수의 약속이고 신의이다."

리더 히딩크의 이 같은 말에서도 알 수 있듯이, 그는 먼저 선수들을 존중했었다. 그는 선수 존중이라는 토대 위에서 선수들에게 팀 전술을 이해시키고, 그들이 팀원으로서 자신에게 주어진 역할과 임무를 숙지하고 경기장에서 거기에 맞는 책임 있는 행동을 하도록 유도했다. 그 과정에서 실수가 발생했을 경우에는 단순히 질책하기보다는 실수를 통한 학습을 강조하면서 격려했다.

그러나 정신적인 실수는 용납하지 않았다. 그가 용납한 것은 기술적인 실수나 전술적인 실수에 한해서였다. 정신적인 실수는 자신의 실수로부터 무언가를 배우기를 거부하는 거만한 선수에게서 나오는 것이며, 그런 선수는 팀을 생각하지 않기 때문에 잭 웰치처럼 그 역시 그들을 팀에서 과감하게 제외시켰다. 그러한 학습과 격려의 분위기 속에서 우리 선수들은 강의, 훈련, 그리고 강팀들과의 실전 경험을 통하여 자신에게 주

---

9) 로버트 슬레이터 지음, 강석진, 이태복 옮김, *잭 웰치와 GE 방식 필드북*, 서울 : 도서출판 물푸레(2000), pp.73-100

어진 팀원으로서의 책임감을 숙지해 나갔다. 아울러 팀원의 한 사람으로서 팀과 조직을 우선적으로 생각하는 마음으로 경기에 임함으로써 더 나은 성적을 거두어 나갔다.

이러한 과정을 통하여 우리 선수들은 그동안 가졌던 실패에 대한 두려움보다는 오히려 성취감을 갖게 되었고, 더 나아가 책임감과 성취감이 서서히 자신감으로 바뀌어 갔다.

거스 히딩크 감독의 주장대로 한국축구에 지금 가장 필요한 것은 자신감(Confidence)이며, 이를 얻기 위해서는 프랑스 등 세계적 강호들과 자주 경기를 갖는 게 필요하다.
– 2001. 6. 1, 컨페더레이션스컵 쿠퍼 FIFA 대변인

전반적으로 한국 선수들은 감독의 지시만 따르면서 실수를 되도록 적게 하려고만 한다. 창의성을 더 개발하려는 노력이 필요하다.
– 2001. 5. 15, 롯데호텔에서 국내 프로축구 감독들을 만나
한국 프로축구 전반에 관해 폭넓은 의견 교환을 한 뒤

새로운 선수들을 많이 기용해 볼 가능성이 있다. 이번 훈련기간에는 선수들이 공격찬스에서 흥분한 나머지 볼 컨트롤에 실패하는 문제를 고치기 위해 애썼으며, 내일 그 결과를 보게 될 것이다.
– 2001. 12. 8, 미국과의 경기를 앞두고

프랑스에 대패하면서 많은 것을 배웠다. 유럽의 강호들과 대결하면서 어떻게 몸싸움을 해야 하는지, 어떤 방식으로 전술이해를 해야 하는지를 깨달을 수 있었다. 그때의 패배가 대표팀에는 좋은 약이 됐다고 생각한다. 두 번의 실수는 없다. 16강 진출에 앞장서겠다(*김태영, DF, 전남 드래곤즈*).
월드컵에 나선 경험이 있다고 해서 긴장을 풀 수는 없다. 어떤 포지션이 주어지더라도 최선을 다할 것이다. 월드컵의 열기 속에 국민들이 승리를 갈망하고 있지만, 선수들도 절실하게 승리를 원하고 있다. 선수들에게 채찍질보다는 격려가 절실하다고 생각한다(유상철, MF.DF, 가시와 레이솔).

지난 해 국민들에게 승전보를 많이 날리지 못해 아쉽다. 하지만 패배 또한 우리가 성장하는 과정에서 좋은 경험이 됐다고 생각한다(이영표, MF, 안양 LG). 쟁쟁한 선배들이 많아 아직 주전자리를 확신할 수 없지만 기회가 주어진다면 최선을 다할 것이다. 우리와 본선에서 상대할 팀들이 강하지만 선수들의 사기도 높아 16강도 기대할 만하다(박지성, MF, 일본 교토 퍼플상가).

지난달 미국 전에서 부진했던 것이 가장 아쉽다. 본선에서 그런 실수를 거듭하지 않도록 남은 기간 최선을 다하겠다(최태욱, FW, 안양 LG).

항상 자신감을 잃지 않으려 하지만, 히딩크 감독님이 취임한 이후 초반 부름을 받지 못했을 때 의기소침했다. 하지만 차분히 준비하다 보니 다시 기회가 찾아왔다. 본선에서 16강 진출을 결정짓는 골을 내 발로 넣고 싶다(이천수, FW, 고려대).

— 2002. 1. 7, 북중미 골드컵 대회를 위해 떠나기 하루 전날
  주요 선수들에게 자신들의 각오를 묻는 질문에

앞으로 보완해야 할 부분이 많지만 무엇보다 선수들이 자신감을 찾아가고 있으며 자기 포지션에서 무얼 해야 할지 알아가고 있다. 앞으로는 전술과 정신력, 조직력을 더욱 가다듬는 데 주력할 것이다.

— 2001. 12. 17, 대한축구협회에서 지난 1년을 평가하며

한국 선수들은 슈팅찬스에서 실패를 두려워하는 경향이 있는데, 이는 무책임한 행동이다. 실패를 통해 발전하는 만큼 두려워하지 말고 슈팅을 날려야 한다.

— 2002. 1. 14, 미국 전지훈련에서 공격수들에게

선수들이 득점상황에서 과도하게 흥분하는 데다 책임감을 가지고 스스로 해결하려 하지 않고 머뭇거리거나 불필요한 패스를 해서 기회를 날려 버린다.

— 2002. 1. 17, 미국 전지훈련에서

너희들이 골을 넣어야 우리가 이긴다. 페널티 킥은 10만 명의 홈팬들이 지켜보고 있다고 생각하라. 못 넣을 경우 돌팔매를 맞는다는 각오로 신중을 기하라.

– 2002. 3. 17, 유럽 전지훈련 총평을 하면서

1라운드에서 포르투갈, 미국, 폴란드 등 객관적 전력에서 한 수 위인 상대들과 맞붙는 한국이 16강 진출의 염원을 이루려면 실책을 줄여 전력을 극대화하는 것이 기본 전제이다. 실수는 집중력과 직결된다. 이번 훈련에서 가장 신경 쓰는 것 중의 하나가 '어리석은 실수(stupid error)'를 줄이는 것이다. 강한 상대라고 미리 주눅이 들 필요가 없음은 물론이고, 너무 잘해야 한다는 부담감이나 조급함도 떨쳐버리고, 오직 경기에 집중하는 것만이 실수를 줄이는 길이다.

– 2002. 5. 5, 월드컵을 위한 최종 합숙훈련 중

본선에 대한 부담이 가중될 시점에서 선수들이 흥분하지 않고 대담한 자세로 경기에 나설 수 있는 정신력을 키우기 위해 '어이없는 실수(unforced error)'를 줄이는 작업을 하고 있다. … 선수들이 기술과 체력의 측면에서는 기대치에 도달해 있는 만큼 실수를 줄이는 일이 무엇보다 중요하다. 요즘 선수 개개인별로 '해서는 안 될 실수'들을 그래픽을 이용해 꼼꼼히 지적하고 있다.

– 2002. 5. 11, 월드컵을 위한 최종 합숙훈련 중

이기든 지든 좋은 경기가 될 것으로 예상했는데, 이겨서 기쁘다. 1년 전, 1개월 전보다 좋은 결과가 나와 선수들의 자신감이 넘칠 것이다. 야심 찬 계획 아래 진행한 강 훈련이 결실을 맺었다고 본다. 3,4개월 전에 비해 어이없는 실수도 사라졌다. 이렇게 하면 월드컵 이후에도 아시아 축구를 지배하게 될 것이다. 그러나 경기에 이겼다고 자만하지 않았으면 좋겠다.

– 2002. 5. 16, 스코틀랜드와의 평가전에서 4 : 1로 승리한 뒤

선수 대부분이 '할 수 있다'는 자신감이 충만한 게 사실이나, 경기장에 들어서

면 막상 틀리기 때문에 더 큰 자신감과 여유를 가지고 자기 페이스의 경기를
해야 한다. 은퇴한 (고)정운이 형도 98년 프랑스 대회에서 애국가가 나올 때부
터 다리가 흔들렸다고 털어놨었고 나도 앞이 캄캄했었다(최용수, 이치하라).
의욕만 가지고 98년 대회에 나갔지만, 경기 당일 몸이 긴장되는 것을 느꼈
다. 첫 출전하는 후배들은 심리적으로 위축되면 안 되고 안정감을 찾아야 한
다(최성용, 수원).
무엇보다 제일 중요한 것은 자신감이다(홍명보, 포항).
주눅 든 경기는 하지 않을 것이다(최태욱, 안양).
　 – 2002. 5. 13, 대표팀의 숙소인 서귀포 파라다이스호텔에서 열린
　　 선수와 언론의 연쇄 인터뷰에서

최근 한국 팀은 더 이상 강팀을 맞아 두려워하지 않는다. 아무 것도 보장할 수
없지만, 더 이상 두려움은 없다. 선수들은 상대팀을 공략하는 데에 자신감을
가지고 있다. 결과가 어떻게 될지는 두고 봐야한다. 하지만 과거에 그랬던 것
처럼 불안에 떨거나 뒤로 숨는 모습은 보고 싶지 않다. 그런 모습은 영원히 사
라졌기를 바란다.
　 – 2002. 7. 1, KBS 일요스페셜 'Thank You 히딩크, 세계가 놀랐습니다'

　히딩크 감독은 선수들에게 책임감, 성취감, 자신감을 가져야 된다고
단순히 말로만 외치지 않았다. 선수 개개인이 스스로 팀원으로서 책임감
을 인식하고 행동함으로써 팀의 성과를 창출하도록 했고, 도전감과 성취
감을 갖게 만들어서 결국에는 자신감으로 이어지게 만들었던 것이다.
　그는 효과적으로 전략을 실행하는 전략집중형 조직의 리더로서 정신
력의 전략적 목표들인 책임감, 성취감, 자신감을 별개로 파악하지 않았
다. 전략적 목표들 간의 상호 연관관계를 파악하고, 그 연관관계에 따라
치밀하게 실행계획을 수립하고 그 계획을 실행에 옮겼다.

● 기술력 관점에서의 계기반

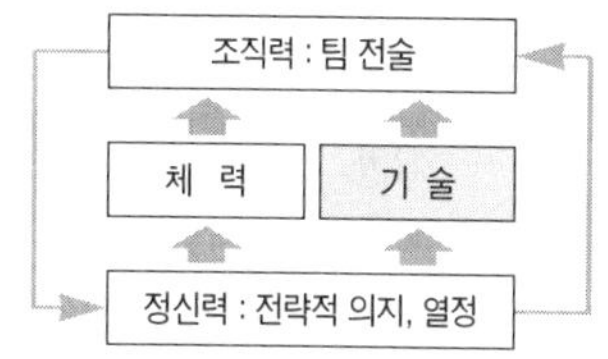

① 전략적 목표(핵심성공요인)와 전략적 측정지표(핵심성과지표)

리더 히딩크는 월드컵에서의 우리의 비전을 실현시키기 위해 현란한 개인기술에 기초한 남미축구를 구사하는 것을 전략으로 선택하지 않았다. 그는 유럽의 선진 시스템인 '창의성이 가미된 조밀한 압박축구'를 구사하는 전략을 수립했다. 그는 그러한 전략적 관점에서 한국 선수들의 개인기술이 유럽에 비해 근본적으로 그리 뒤떨어지지 않다고 말한 것이다. 그래서 그는 포지션별로 기량과 기술력이 이미 갖추어진 선수들만을 선발했다. 한편, 그는 기술의 전략적 목표(핵심성공요인)를 세분화시키지 않았다. 그것은 그가 초지일관 선수들과 우리에게 주장했던 멀티포지션(multi-position), 멀티플레이어(multi-player) 개념 때문이었다.

〈표 2-14〉 기술력 계기반 : Sociogram

전략적 목표	전략적 측정지표	세부목표	평가수준
			2001년 12월 초
기술력	%	100%	85%

현대의 좋은 선수들은 여러 포지션을 소화해야 성장할 수 있다. 한국 선수들은 여러 위치에서 소화할 능력이 있어 이번 대회가 테스트 기회다.

– 2001. 2. 8, 두바이 4개국 대회를 앞두고

(오늘 경기로 느낀 바가 있다면?) 개인기를 키워야 한다.

  — *2001. 1. 24, 노르웨이 전에서 2 : 3으로 패하고 난 뒤 인터뷰에서*

대표선수라면 한 포지션에 얽매이지 않고 두세 개의 임무를 소화해야 한다.

  — *2001. 7. 25, 목동종합운동장에서 열린 안양과 수원의 경기를 관전하고 난 후*

지난해 대표팀에서 여러 포지션을 경험하면서 경기에 대한 넓은 시각을 가질 수 있게 된 게 수확이었다.

  — *2002. 1. 7, 북중미 골드컵 대회를 떠나기에 앞선 인터뷰에서 최태욱(안양)이*

(베스트 11을 추릴 시기인데?) 포지션은 11개가 맞지만, 선수들은 11명이 아니다. 몇 가지 포지션을 소화할 수 있는 선수가 있기 때문에 정해진 베스트 11은 없다. 경기를 앞두고 가장 컨디션이 좋은 선수가 경기에 나설 것이다. 아무리 능력이 뛰어난 선수라도 몸이 안 좋으면 쓸 수 없다.

  — *2002. 5. 3, 최종엔트리 23명을 이끌고 월드컵 마지막 훈련에 돌입하면서*

이제부터는 기술을 이용한 두뇌 플레이를 펼칠 수 있어야 한다. 무조건 빨리 많이 뛴다고 될 일이 아니다. 생각하는 축구를 해야 한다.

  — *2001. 12. 3, 네덜란드 축구 영웅 요한 크루이프, 조선일보*

한국 팀의 약점은, 오랫동안 남미축구를 익혀 단거리패스에 의한 속공을 주무기로 하지만 상황변화에 잘 대응하지 못한다는 것이다. 히딩크 감독이 이 같은 약점을 어떻게 극복하느냐가 16강 진출의 열쇠가 될 것이다.

  — *2002. 5. 3, 베트남 언론이 본 아시아 3개국 전력*

② *세부목표 달성을 위한 실행계획 수립과 실행*

우리 축구는 그동안 남미축구를 목표로 주로 기술습득 위주의 훈련을 했기 때문에 기본기와 테크닉은 비교적 잘 갖추어져 있었다. 그러한 우리의 강점은 거스 히딩크, 요한 크루이프, 그리고 우리와 평가전을 치른 르 샹트르 카메룬 감독을 통해서도 확인되었다. 특히 우리 선수들이 두 발을 자유롭게 활용한다는 것은 유럽식 축구에 익숙한 히딩크나 요한 크루이프에게는 놀라운 사실이었다. 그러나 우리 선수들은 길거리 축구나 미니 게임 등의 여러 가지 게임을 통해 학습하게 되는 경기 흐름을 읽는 폭넓은 시야와 안목, 직관력, 판단력은 상대적으로 부족했다. 그 이유는 그동안의 훈련이 주로 기본기와 테크닉 습득 위주로만 이뤄졌기 때문이었다.

2001년 1월 8일, 감독으로 부임하기 전 네덜란드 대사관에서 가진 인터뷰에서 히딩크는 이렇게 말했다.

"우선 경기 전반의 흐름을 컨트롤(control)하고, 볼 소유를 극대화하여 경기를 최대한 지배하며(dominate), 어떻게 창조적인 게임 메이킹 또는 찬스 메이킹(creative game making)을 할 것인지를 기본 모토로 해 왔다. 이 방침은 팀을 옮기더라도 변하지 않는 나 개인의 원칙이다. 그러나 한국축구에 있어 개인기량, 전술, 지도력 3가지 중 가장 시급하게 분석하고 시정해야 할 사항은 '전술' 이라고 생각한다. 올바른 분석을 하는 데는 아직도 많은 시간이 필요하다고 생각하나, 선수 개개인의 기량을 정확히 파악한 후 이를 바탕으로 팀워크를 최대한 발휘할 수 있는 전술 형태를 만들어 내겠다. 이 전술 형태의 확보란 공격, 미드필드, 수비의 관계설정과 선수들 간의 관계수립을 정밀하게 도출, 팀의 역량을 최고조로 올리는 것을 말한다. 이것이 팀 운영의 가장 중요한 출발점이 될 것이다."

그가 이 말을 실행하는 과정에서 나온 전략적 목표(핵심성공요인)가 바로 멀티포지션(multi-position), 멀티플레이어(multi-player)였다. 경기를 읽는 폭넓은 시야와 안목, 직관력, 판단력이 상대적으로 부족한 우리 선수들에게 그가 강조한 '생각하는 영리한 축구' 는 선수 개개인이 다양한 역할과 임무를 수행하면서 저절로 터득되는 것이었다. 그것은 또한 자신이 추구하는 '창의성이 가미된 조밀한 압박축구'를 구사하기 위한 공격, 미드필드, 수비 간의 역동적인 관계설정과 선수들 간의 역동적인 관계수립을 위해서도 반드시 필요한 것이었다. 역동적인 관계설정을 위한 진정한 의미의 수평적인 의사소통(communication)은 '서로 입장을 바꿔서 역할을 해 본 뒤에만 가능하다(易地思之)'는 것을 그는 알고 있었던 것이다.

선수들이 역할과 임무를 서로 바꾸어서 해보지 않는 한 수비와 미드필드 간, 미드필드와 수비 간, 선수들 간의 역동적인 관계설정은 어려운 것이다. 또한 상대편의 공격수들과 미드필더들을 수비하는 수비수들은 공격수나 미드필더의 입장이 되어 보아야만 경기장에서 그들의 의중을 파악하고 행동할 수 있는 것이다. 그리고 다양한 포지션 소화능력은 향후 발생될 수 있는 여러 가지 가능성에 대비한 고도의 사전계획(contingency plan)을 염두에 둔 것이었다. 즉, 다른 선수의 부상공백을 메우고, 또한 상대방의 다양한 전형의 변화에 적응할 수 있는 임기응변이 필요함을 미리 내다보고, 우리 선수들에게 그러한 능력을 습득시키기 위한 것이었다.

멀티포지션, 멀티플레이어는 그러한 서너 가지 포석을 염두에 둔 히딩크의 고도의 전략 실행이었던 것이다. 요컨대, 한편으로는 우리 선수들에게 부족한 커뮤니케이션, 판단력, 경기를 읽는 폭넓은 시야와 안목을 키워 조직력과 팀워크에 기초한 팀의 역량을 최고조로 높이고, 다른 한편으로는 상대편 선수들의 생각을 미리 파악하고 행동하도록 하였으며, 더불어 미래에 발생할 수 있는 일들을 미리 내다보고 수립한 사전계획(contingency plan)의 실행을 위한 것이었다. 그리고 그것은 그가 항상 선수들에게 강조했던 '생각하는 영리한 축구'를 우리 선수들에게 주입시키고 습득시키기 위해 고안한 전략 실행 방법이었다.

① *전략적 목표(핵심성공요인)와 전략적 측정지표(핵심성과지표)*

1996년 올림픽 대표팀의 비쇼베츠 감독과 1998년 프랑스 월드컵 차범근 감독 등은 유럽을 상대하려면 장신의 선수가 필요하다며 그런 선수들을 선호했다. 그러나 2002년 월드컵의 대표팀에 선발된 선수들 중에는 단신들도 많았다. 예전의 선수들이 대부분 180cm를 넘었던 데 반해, 이천수, 최태욱, 최성용, 윤정환 등은 170cm 초반의 선수들이었고, 안정환, 박지성, 이을용, 이영표, 송종국 등의 주축 선수들도 큰 체격은 아니었다. 가장 큰 최진철 선수가 187cm였다.

예전의 비쇼베츠 감독이나 차범근 감독은 선수들의 체격(신장, 몸무게)이 좋으면 유럽의 큰 선수들에 대한 공포감과 콤플렉스를 벗을 수 있다고 생각한 것이다. 그러나 공포감과 콤플렉스는 외형적인 체격에서 나오는 것이 아니라, 내면적인 정신력의 문제이다. 그들은 공포감과 콤플렉스는 자신감으로 극복할 수 있다는 사실을 간과한 것이다. 물론 체격도 좋으면서 정신력도 강한 선수라면 두말할 나위가 없겠지만, 우리 속담에 '작은 고추가 맵다' 는 말을 생각할 필요가 있다.

유럽의 여러 명문 구단과 네덜란드 국가대표팀을 이끌었던 전략집중형 조직의 리더인 히딩크는 자신의 경험과 지식에 근거하여 체격이 큰 유럽 선수들에 대한 공포와 콤플렉스를 극복하기 위해 기존 감독들이 갖고 있던 고정관념을 과감하게 깨뜨렸다. 그는 "한국축구가 세계 수준으로 가려면 우선 체력이 강한 유럽 축구식 시스템이 되어야 한다."고 주장하면서, 체격 대신 체력을 핵심역량으로 선택했다. 그리고 전략적 목

표인 핵심성공요인들을 찾아내어 세계 수준의 선수들과의 차이를 객관
적으로 측정하고 그 차이를 훈련으로써 극복했다.

〈표 2-15〉 체력 계기반 : Sociogram

| 전략적 목표 | 전략적 측정지표 | 세부목표 | 평가수준 |
			2001년 12월 초
헌신도(투지)	%	100%	99%
스피드	%	100%	80%
파 워	%	100%	50%
지구력	%	100%	60%

나는 한국 팀의 문제는 체력이라는 결론을 내렸다.
 − 2002. 7. 2, 히딩크 수기(2) 한국축구와의 인연, 동아일보

아시아에서는 한국이 체력이 좋은 편이라고 하지만, 내가 보기에는 체력이
약하다. 후반 20분만 지나면 무기력해진다. 또한 조직력에 짜임새가 없다. 패
스미스가 많다. 볼 지배력과 골 결정력에 문제가 있다.
 − 감독으로 부임하고 난 후에 그는 "한국이 월드컵에 과거 4번이나 나갔으면서
   한번도 이기지 못한 이유를 뭐라고 생각하느냐?"라고 이용수 기술위원장에게
   물었다. 이용수 기술위원장은 "우리는 실력을 제대로 발휘한 적이 없다.
   50~60%만 발휘했을 뿐이고, 이는 자신감 부족 때문이었다."라고 대답하자,

웨이트트레이닝을 하면 스피드가 떨어진다는 속설은 잘못됐다.
 − 2001. 5. 18, 기자회견에서

기술도 중요하지만 내년 최종엔트리 선발 때까지 계속해서 자신의 체력을 유

지할 수 있는 선수라면 새롭게 그를 기용하겠다.

　　－ 2001. 7. 28, 제4기 대표팀 선수 선발과 관련하여

선수 전원이 합류하지 않아 전술훈련은 하지 않더라도, 첫 상대가 강호 프랑스인만큼 체력훈련은 계속해야 한다.

　　－ 2001. 5. 15, 컨페더레이션스컵에 출전할 대표팀이 연습을 시작한 후

(감독의 눈에 든 이유가 뭐라고 생각하는가?) 국가대표팀과의 연습 경기 내용을 보고 신체조건이나 스피드가 다른 선배선수들에 뒤지지 않은 점을 높게 사 준 것으로 판단된다. 한마디로 장래성을 높이 평가해 준 것 같다.

　　－ 2001. 10. 29, 차두리 선수가 대표팀에 발탁된 후의 인터뷰에서

(끝까지 치열하게 생존경쟁을 펼치다보면 부상의 위험도 있는데?) 부상을 염려해 휴식을 많이 취하면 상대적으로 체력이 떨어진다. 체력이 강하면 분명 유리한 점이 있다. 체력이 뒤따라야 전술적으로도 향상될 수 있다. 몸조심해야 할 때와 아닐 때를 구분하도록 여러 차례 주문했으므로 선수들 스스로 잘 관리할 것이다. 한국축구는 많은 에너지가 필요하다. 정신적으로는 문제가 없다. 체력적으로 뒷받침돼야 한다.

　　－ 2002. 2. 15, 월드컵 해가 시작되면서 실시한 39일간의 해외 전지훈련을 마친 뒤

이번 전지훈련을 통해 얻은 가장 큰 성과는 선수들이 체력적·정신적으로 큰 성장을 보인 것이며, 감독으로서 성장 속도가 빠른 선수와 그렇지 못한 선수를 구분해 낸 것이다. 특히 부상 선수들의 경우 다른 선수들의 성장 속도를 따라잡지 못하고 있는 것이 사실인데, 안됐지만 부상 선수들이 팀 발전을 가로막는다면 과감히 제외시키겠다.

　　－ 2002. 3. 24, 스페인 전지훈련 중에

(체력을 기술보다 우선하는데?) 유럽 팀들과 싸우려면 체력이 있어야 하고,

체력의 바탕 위에서 기술을 구사할 수 있는 법이다. 포지션이 파괴된 가운데 좁은 지역에서 20명의 선수가 치열한 싸움을 벌이는 현대축구를 소화하기 위해서 체력은 필수적이다.

    – 2002. 4. 26, 차범근 전 국가대표팀 감독과의 인터뷰에서

이처럼 이틀 주기로 훈련 강도를 높였다 낮췄다 하는 체력훈련의 목표는 필요할 때 원하는 힘을 발휘할 수 있도록 미리 준비해 두자는 것이다. … 현재 진행 중인 체력훈련은 폴란드 및 미국 전에서 선수들의 체력 사이클 곡선이 정점에 이르도록 하는 과학적인 분석에 따르고 있다.

    – 2002. 5. 7, 이용수 대한축구협회 기술위원장

공격수들의 힘이 좋아짐에 따라 슛이 너무 강해 막아내기가 무척 어렵다.

    – 2002. 5. 9, 최은성(대전), 이날 훈련이 끝난 뒤 고충을 토로하며

선수들에게 투혼을 불어 넣는 한편, 경기 중에 있을 1대1 몸싸움에 필요한 파워와 근육을 길러 상대를 제압하기 위한 것이다. 파워(physical power)는 축구에 있어 가장 중요한 요소의 하나이다. 한국 선수들이 몸싸움 능력 면에서 갈수록 좋아지고 있음을 눈으로 확인할 수 있다.

    – 2002. 5. 9, 1대1 몸싸움 훈련을 마친 뒤

히딩크 감독은 우리의 강점이라고 말할 수 있는 빠른 스피드(speed)와 더불어 거친 몸싸움에서도 밀리지 않을 만한 강력한 파워(physical power)와 20~30m를 순간에 질주할 수 있는 순발력(explosive power), 이를 지속적으로 180회 정도 유지할 수 있는 지구력(recovery power)을 체력의 전략적 목표로 선정하고, 각각에 대한 전략적 측정지표들을 개발했다.

② *세부목표 달성을 위한 실행계획 수립과 실행*

2001년 1월 12일, 대표팀 훈련에 합류한 히딩크 감독은 2주 정도의 훈련을 마치고 홍콩 칼스버그컵에 참여했다. 거기서 노르웨이 전과 파라과이 전을 치르고 난 뒤 그는 "경기를 확실히 이기려면 더욱 과감해져야 하고, 수비 또한 체력적으로 강하고 1대1 상황에서 상대를 이길 수 있어야 한다. 그러나 한국은 이 점에서 부족한 게 사실이다."라고 말했다.

"체력적으로 강해야 한다."는 말은 그 당시의 우리에게는 의아하게만 들렸다. 그가 말한 체력과 우리가 알고 있었던 체력의 의미가 달랐기 때문이다. 그는 2001년 1월 29일 전지훈련 장소였던 오만으로, 1998년 프랑스 월드컵에서 네덜란드 대표팀 감독이었을 때 도움을 주었던 체력측정 전문가인 닐스 데 브리스(네덜란드)를 직접 불러 선수 전원을 대상으로 정밀 체력검사를 실시했다. 2000년 허정무 감독 재임 시에도 한국체육과학연구원에 의뢰하여 기초적인 체력측정은 했었지만, 포지션별 특성을 감안한 전문적인 체력 테스트는 아니었다.

히딩크 감독은 홍콩 칼스버그컵 대회에서 드러난 체력적인 문제점을 파악하고, 나아가 선수 개개인에 대한 체력적인 장단점을 과학적으로 분석, 월드컵 16강을 위해 어떤 훈련 방법을 택할 것인지를 결정했다. 그리고 그 결정의 기초 자료로 활용하기 위해 포지션별 특성을 염두에 둔 체력 테스트를 실시했던 것이다. 그는 그때부터 이미 강한 체력을 바탕으로 파워 있는 축구를 구사하는 유럽식 축구 시스템을 접목시키기 시작했던 것이다.

홍명보 선수는 그 당시 체력 테스트에 대한 자신의 심경을 다음과 같이 밝힌 바 있다.

"체력테스트는 낯설었다. 사실 이전에 대표팀의 체력훈련은 무조건 많이 뛰는 게 일반적이었다. 그러나 히딩크 감독님은 가슴에 맥박을 감

〈그림 2-19〉 체력훈련 일정

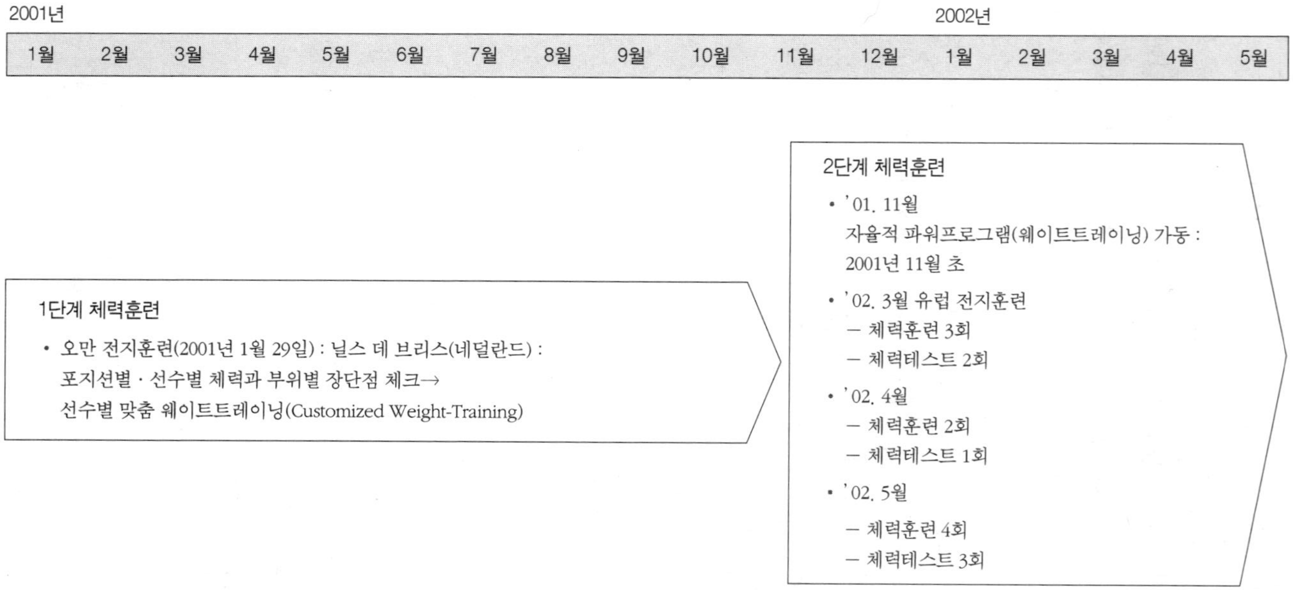

2001년 · 2002년

| 1월 | 2월 | 3월 | 4월 | 5월 | 6월 | 7월 | 8월 | 9월 | 10월 | 11월 | 12월 | 1월 | 2월 | 3월 | 4월 | 5월 |

1단계 체력훈련

- 오만 전지훈련(2001년 1월 29일) : 닐스 데 브리스(네덜란드) :
  포지션별 · 선수별 체력과 부위별 장단점 체크→
  선수별 맞춤 웨이트트레이닝(Customized Weight-Training)

2단계 체력훈련

- '01. 11월
  자율적 파워프로그램(웨이트트레이닝) 가동 :
  2001년 11월 초

- '02. 3월 유럽 전지훈련
  — 체력훈련 3회
  — 체력테스트 2회

- '02. 4월
  — 체력훈련 2회
  — 체력테스트 1회

- '02. 5월
  — 체력훈련 4회
  — 체력테스트 3회

지하는 띠를 차게 하고 손목에도 직접 심장 박동수를 볼 수 있는 특수시계를 차도록 했다. 그리고 정해진 형식에 따라 뛰면서 지구력, 회복 속도 등을 체크했다. … 히딩크 감독님이 실시하는 일련의 훈련을 경험하면서 '월드컵에서 뭔가 해낼 수 있을 것 같다' 는 확신을 얻게 됐다." [10]

어느 정도 선수 선발이 마무리된 2001년 11월 초, 히딩크 감독은 미사리 연습장에서 훈련을 마친 뒤 선수 개개인의 체력을 점검하고 단점을 보완할 수 있는 웨이트트레이닝 프로그램을 가동했다. "선수들이 소속 팀에 돌아가서도 본선에 대비, 지속적으로 부족한 체력을 키워나가도록 하겠다."는 말을 통해 그의 치밀한 훈련 계획을 엿볼 수 있다. 그때부터 본격적인 유럽식 체력훈련이 시작되었고, 목표치에 도달했다고 히딩크 감독이 밝혔던 2002년 5월 12일까지 체력훈련은 지속되었다.

– 1단계 체력훈련 : 2001년 1월 말 ~ 2001년 11월 초

히딩크 감독은 2001년 1월 29일 닐스 데 브리스(네덜란드)에게 의뢰하여 포지션별 특성을 염두에 두고 선수들의 체력과 부위별 장단점을 면밀히 체크했다. 그리고 그때 나온 진단과 처방을 토대로 하여 각 선수들에게 맞는 강화훈련을 실행하고 적절한 과제를 내주기도 했다. 그때 나온 진단 결과에는 이영표와 김태영은 발목, 송종국은 허리, 고종수는 발목과 무릎이 약해서 집중적인 보완이 필요하다는 것들이 포함되었다. 특히, 고종수 선수는 2001년 8월 25일 프로축구 정규리그 전남과의 경기 도중 무릎을 다쳐 큰 수술을 받았는데, 이것은 그 이전에 이뤄졌던 체력 테스트 결과로 이미 부상이 예고되었다고 볼 수 있다. 그런가 하면, 골키

---

10) 홍명보 지음, *영원한 리베로*, 서울 : 은행나무(2002), p.46

퍼는 힘이 있고 강해야 상대 공격수들과의 싸움에서 이길 수 있기 때문에 처음부터 재활훈련에 집중하도록 하기도 했다.

일주일에 세 번씩 실시되었던 웨이트트레이닝은 트레드밀(통상 런닝머신이라고 부름), 벤치프레스 등 열 가지 기구를 사용하여 선수들이 평소 잘 사용하지 않는 근육을 강화시켜, 축구 선수에게 중요한 3B(Brain, Balance, Ball Control) 중 하나인 신체의 균형(balance) 유지를 향상시켰다.

이러한 과정을 통해 선수들은 자신들에게 내려진 진단과 처방 결과에 따라 각자 자신의 약한 부위를 숙지할 수 있었고, 서로 다른 프로그램에 따라 트레이닝을 실시했다. 이른바 선수별 맞춤 웨이트트레이닝(customized weight-training)을 실시한 것이었다. 따라서 선수들은 합숙 때만이 아니라 소속팀에 돌아가서도 개인별로 자신에게 맞는 훈련을 계속할 수 있었다.

이러한 기초 근육강화 훈련은 사실상 2단계 훈련을 위한 준비 단계였다. 일반인들이 평상시에 무릎강화 등의 준비운동을 하지 않다가 의욕적으로 마라톤이나 등산을 하게 되면 부상이나 후유증에 시달리는 경우가 많다. 의욕과 투지만 앞세우다가 그런 어리석음을 범하는 것이다. 그러나 현명한 사람들은 두세 달 정도 걷기와 가벼운 산행 등을 시도하여 미리 무릎근육 강화와 같은 준비운동을 한다.

히딩크 감독의 1단계 훈련은 바로 그런 것이었다. 그는 강한 체력을 앞세워 거친 몸싸움이 수시로 벌어지는 유럽식 축구에 대응하기 위한 본격적인 파워프로그램에 돌입하기 전, 선수들의 약한 부분을 점검하고 평소 선수들이 사용하지 않았던 각종 근육들을 단련시켜 나갔던 것이다.

– 2단계 체력훈련 : 2001년 11월 초 ~ 2002년 5월 중순

히딩크 감독은 2001년 11월 초, 선수 선발이 90% 정도 완료된 상태에

서 선수 개개인의 체력을 점검하고 단점을 보완할 수 있는 웨이트트레이닝 프로그램을 가동했다. 그리고 선수들은 소속팀에 돌아가서도 본선에 대비하여 지속적으로 부족한 체력을 키워나갔다. 그러한 자율적인 파워 프로그램(웨이트트레이닝)은 2001년 12월 9일 서귀포에서 미국 대표팀과의 평가전을 치르고 난 뒤 해산을 할 때 다시금 선수들에게 과제로 부과되었다. 그리고 2002년 1월 대표팀이 재소집되었을 때 숙제를 하지 않아 "게으르고 프로정신이 결여돼 있다."라며 히딩크 감독이 크게 실망한 선수가 바로 김용대 선수였다. 그는 결국 후발주자인 최은성 선수에게 월드컵 엔트리 자리를 내주어야만 했다.

그 당시에 주변에서는 "그래도 젊은 선수 한 명 정도는 포함시켜 월드컵을 경험하게 해야 한다."는 의견들이 있었지만, 그는 오히려 단호하게 "선수단 전체 분위기를 망칠 수도 있다."라며 성실한 최은성 선수를 택했다. 정신적 실수는 결코 용납하지 않는다는 그의 철학이 엿보이는 대목이다. 사실 김용대 선수는 히딩크가 감독으로 부임한 후 신체조건과 기량 등 모든 면에서 성장 가능성이 높다는 칭찬을 받은 터였기 때문에 그 실망이 더욱 컸던 것이다.[11]

2002년 1월 미국 전지훈련에서 히딩크 감독은 "오랜 휴식을 취했기 때문에 선수들의 상황에 맞게 서서히 훈련량을 조절하고 있다. 하지만 휴식을 취한다고 선수들의 체력이 회복되는 것은 절대 아니다. 본선까지 남은 기간 동안 선수들의 스피드를 끌어올릴 수는 없지만, 파워와 지구력은 충분히 기를 수 있다. 나는 6월까지 각 선수들에게 맞는 파워프로그램을 구상하고 있으며, 3월부터는 지구력 강화에 중점을 둘 것이다.

---

11) 2002. 7. 14, '김용대와 고종수의 탈락', 정해성 코치가 쓰는 히딩크 일기, 일간스포츠

그동안 한국 선수들은 파워 보강에 많이 소홀했었다. 오는 6월에 선수들의 파워를 최고점으로 끌어올리기 위해 지금부터 단계적으로 트레이닝 중이며, 그 결과 일부 부상이 잦던 선수들의 부상 횟수가 많이 줄어드는 등 효과를 보고 있다.”며 이미 실행 중인 각 선수들에게 맞는 파워프로그램을 6월까지 계속하면서 동시에 2002년 3월부터는 선수들의 지구력 강화를 위한 프로그램에 착수한다고 발표했다.

체력의 전략적 목표 중 하나인 ‘스피드(speed)’는 타고나는 것이기 때문에 스피드와 체력에서 잠재력을 가진 젊은 선수들을 선발한 그는 먼저 ‘파워(physical power)’ 향상을 위해 파워프로그램(웨이트트레이닝)을 실시한 후, 월드컵을 앞두고는 체력의 또 다른 전략적 목표 중 하나인 ‘순발력(explosive power)’과 ‘지구력(recovery power)’를 키우는 체계적인 훈련에 돌입한 것이다.

그는 체력의 3가지 전략적 목표들에 우선순위를 부여하고, 이를 달성하기 위한 실행계획을 하나씩 차근차근 실행시켜 나갔다. 그 근거로 대한체육협회가 2000년 말 그에게 체력관리 전문가 영입을 건의했을 때, “선수들을 일시적으로 소집하고 해산해야 하는 상황에서의 전문가 영입은 예산만 낭비하는 헛된 일이다.”라며 반대했던 사실을 들 수 있다.

히딩크 감독은 “단계별로 선수들에게 필요한 몸 관리를 당부하고 있으며, 6월에 맞춰 최적으로 끌어올리도록 지시하고 있다. 한국축구는 많은 에너지가 필요하다. 3월부터 실시하려는 파워프로그램은 1998년 프랑스 월드컵 당시 네덜란드에 적용한 것으로 상당히 과학적인 데이터에 근거하고 있으며, 수주일 내에 구체적인 계획을 공개할 것이다.”라는 자신의 말에 따라 월드컵을 100일 정도 남겨 놓은 시점인 2002년 3월 4일에 4단계 훈련계획을 다음과 같이 제시했다.

"3월에는 유럽에서 어려운 경기를 치르는 동안 체력강화에 치중하겠
다. 스태미너, 스피드 강화를 위한 트레이닝에 중점을 둔다. 4월에는 체
력과 함께 멘틀게임 능력 향상에 노력하면서 코스타리카와 중국 전에 대
비할 것이다. 5월은 마무리 단계로, 역시 체력훈련에 중점을 두면서 연
습경기를 통해 완성도를 테스트할 계획이다. 그리고, 월드컵 개막 보름
전부터는 세계 최강팀을 상대로 그동안 해온 모든 것을 시험 가동해보는
마무리 기간이 될 것이다."

그리고 그는 자신이 말한 그대로 하나하나 계획들을 실행해 나갔으며,
그 시작으로 2002년 3월 8일 오전, 월드컵에 대비하여 본격적으로 가동
될 파워프로그램을 전담할 레이몬드 베르하이엔 체력 전담 트레이너를
자신의 스태프에 합류시키고, 프로그램을 본격적으로 가동시켰다.

파워프로그램

- 목적 : 전후반 쉴 새 없이 반복되는 공격과 수비 상황에 적절히 대처할
  수 있는 순발력을 높이는 동시에 한순간의 움직임으로 발생한 피로를
  회복시킬 시간을 단축하기 위한 특별 훈련. 포르투갈과 폴란드 등 강팀
  들의 경우, 경기당 공격과 수비에서 평균 180번 가량의 순발력을 필요
  로 하는 빠른 템포의 경기에 익숙하지만, 한국 선수들의 경우 그 절반에
  불과하다. 따라서 매우 '느린' 경기를 해왔다. 때문에 결국 순발력을 요
  하는 움직임이 유럽 선수들의 절반에 불과하고, 순간적인 피로의 회복
  이 더딘 선수들은 후반에 들어서면 체력이 급격하게 저하되면서 집중력
  도 떨어져 골을 쉽게 내줄 수 있고 상대적으로 부상 가능성도 높아진다
  는 것이다. 이 같은 문제점을 보완하기 위한 파워프로그램은 순발력 및
  피로회복 능력을 최대한 끌어올리는 한편, 극대화된 순발력과 피로회복

능력을 경기가 끝날 때까지 유지하는 데 그 초점이 맞춰져 있었다.

- **방법** : 단거리 달리기와 미니축구를 반복적으로 실시한다는 점에서 기존 트레이닝 방법과 크게 다를 게 없지만, 과학적인 체력테스트 결과를 토대로 반복 행동의 시간적 간격을 좁혀간다는 게 특징. 스페인 전지훈련을 통해 본격 가동돼 본선 직전까지 이어진 파워프로그램은 달리기와 체력강화도 포함되는데, 1회당 3일씩 소요되는 트레이닝을 9번 치르는 동시에 6차례의 체력테스트를 실시하였다.

순발력과 회복력 극대화를 위한 훈련

- **목적** : 짧은 휴식을 사이에 두고 빠른 회복을 목표로 한다. 전후반 90분을 뛰면서 경기 막판까지 초반과 같은 최고의 스피드와 경기력을 유지하기 위한 훈련. 후반 30분 이후의 상황에서는 회복력에서 승부가 나며 부상의 위험도 집중력이 떨어질 때 생기기 때문에 부상을 막기 위한 목적도 있다.

- **방법** : 짝을 이룬 2명의 선수가 전력으로 달려오면서 코치가 정면에서 던져주는 볼을 슈팅한다. 먼저 도착하는 선수만이 볼을 찰 수 있다. 짧게 휴식하면서 반복하여 회복능력을 키운다. 이 방법으로 상대선수와 몸싸움을 하며 20~30m를 달리고, 또 잠시 후 바로 달려야 하는 실전에 대비한다. 한편, 순간파워 극대화를 위한 훈련은 20m 단거리를 전력질주한 뒤 30초간 휴식하는 방법으로 진행되며, 순간파워 유지를 위한 훈련은 20m 단거리를 전력질주한 뒤 10초간 휴식하는 방법으로 진행된다. 또한 회복력 극대화를 위한 훈련은 4 : 4 혹은 3 : 3 미니게임을 3분 실시하고 난 뒤 3분 휴식을 하다가 차츰 휴식시간을 1분으로 줄여나가는 방법이다. 또, 회복력 유지를 위한 훈련 방법은 7 : 7 혹은 5 : 5 미니게임을 6분 실시한 후 5분 휴식을 하다가 차츰 8분 게임에 2분 휴식으로 줄여나가는 훈련이다.

체력강화 훈련

- **방법** : 가벼운 달리기로 몸을 푼 뒤 3명이 한 조를 이뤄 2명이 교대로 공을 던지면 다른 한 명이 헤딩하기, 땅에 누운 뒤 앉으면서 공받기, 엎드린 상태에서 상체 들어올리며 헤딩하기, 목덜미에 공 얹고 팔굽혀펴기 등을 반복한다.

  약 1시간 30분의 훈련으로 선수들의 체력이 한계점에 이른 뒤에는 두 명을 한 조로 묶은 뒤 맞은편에서 코치들이 밀어주는 공을 보고 달려가 먼저 슛하게 하는 훈련으로 이어진다. 이는 체력이 바닥난 상황에서 정신력으로 버틸 수 있는 능력을 키우는 동시에 실전에서 종종 일어나는 골키퍼와의 1대1 찬스에서 골 결정력을 높이는 '두 마리 토끼 사냥'을 위한 훈련이다.

  또 다른 방식으로는 경기장 한 구석에 직사각형을 만들고 대각선방향으로 빠르게 달리다가 천천히 달리는 훈련을 반복하며 20분간 몸을 푼 뒤, 8명씩 세 팀으로 나눠 8분짜리 게임을 모두 6번 하는 훈련이다. 팀은 공격수 위주, 수비수 위주, 미드필더 위주로 각각 구성된다. 경기를 하지 않는 팀은 경기장 바깥에서 달리기를 반복했는데, 8분간 빠르게 달리다가 천천히 달리는 훈련이다.

셔틀런 체력강화 훈련

- **방법** : 셔틀런(shuttle run)은 녹음된 테이프 신호(일명 삑삑이)에 맞춰 10m 간격(왕복 20m)으로 놓여 있는 콘(삼각뿔)을 터치하고 돌아오는 방법으로, 갈수록 뛰는 속도는 빨라지는 반면 쉬는 시간은 짧아진다. 적게는 4회, 많게는 8회 왕복한 뒤 중간 중간 휴식하는 테스트로, 선수들은 입력된 프로그램에 따라 계속 스피드를 높여가야 하며 이를 따라 잡지 못하면 탈락되는 훈련이다. 이 훈련은 선수들의 심장과 허파가

축구리듬에 맞춰 적용하게끔 고안된 것으로, 보통 120회가 넘어가면 뛰는 속도는 시속 18km에 육박한다. 5초의 휴식시간 동안에 심박수를 빨리 떨어뜨리지 못하면 다시 뛰는 것은 불가능하다.

셔틀런이 끝나면 곧바로 4 : 4 혹은 5 : 5 미니게임에 들어간다. 이를 통해 왕복달리기로 배출된 젖산을 풀어준다. 그것도 한번으로 끝나지 않는다. 한 경기당 8~10분씩, 심할 때는 7~8회까지 계속되었다. 그 게임도 횟수를 더할 때마다 중간에 쉬는 시간이 짧아진다. 2002년 3월 스페인 전지훈련에서는 10분 게임 후에 휴식이 4분이었지만, 2002년 5월 서귀포 훈련에서는 1분으로 줄었다. 그래서 선수들은 레이몬드 베르하이엔 체력전문담당관을 '저승사자'로 부르곤 하였다.

2002년 5월 8일 측정에서 기계고장으로 중도에 그만뒀던 선수들을 중심으로 13명이 다시 실시한 셔틀런에서 황선홍(91회), 최용수(104회), 김남일(118회)이 수준급 체력의 기준인 120회에 못 미쳤을 뿐 이천수, 최성용, 송종국, 이영표 등 4명이 146회가 끝날 때까지 버틴 가운데 설기현(138회), 박지성, 차두리(이상 132회), 안정환, 최태욱(이상 125회) 등은 물론 체력 약점을 지적받는 윤정환(124회)도 기준치를 넘어섰다. 그리고 2002년 3월 스페인 전지훈련 때는 선수들의 순간 동작 후 맥박수가 180에서 정상치인 120으로 내려가는 데 3분이 걸렸는데, 2002년 5월에는 1분대로 단축되었다.

1대1 몸싸움 훈련

- 목적 : 선수들에게 투혼을 불어 넣는 한편 경기 중에 있을 1대1 몸싸움에 필요한 파워와 근육을 길러 상대를 제압하기 위한 것이다.

- 방법 : 둘씩 짝을 지은 선수들은 약 40분 동안 럭비의 스크럼 장면을 연상케 하는 '어깨잡고 밀기', 그레코로만형 레슬링에서 볼 수 있는 '팔뚝잡고 당기기', 스모 선수처럼 웅크린 채 '중심 무너뜨리기' 등을 실

시한다. 몸싸움 중간 중간의 짧은 시간에도 휴식은 주어지지 않는다. 매 '라운드'의 막간에 선수들은 엎드린 채 상체를 들어올리는 복근강화 훈련과 팔굽혀펴기 등을 통해 근육을 팽팽하게 긴장시킨 뒤 곧바로 싸움에 나서는 훈련이다.

2002년 5월 12일 오전 선수들은 악명 높은 셔틀런과 매회 10분씩 6차례 진행된 5 : 5 미니게임, 오후에는 10차례의 3분짜리 미니게임 등 체력의 극한을 시험하는 혹독한 훈련들로 구성된 고강도 체력훈련의 '졸업장'을 받았다.

히딩크 감독은 "지금 우리 팀의 평균적인 체력 수준은 과거 내가 맡았던 레알 마드리드, 발렌시아, 네덜란드 대표팀보다 높다. 훈련 프로그램을 단계별로 구획 지을 수는 없지만, 체력이 목표치에 도달한 만큼 남은 시간 동안 세부전술과 정신력을 다지는 데 집중하겠다."고 말했다. 그리고 그 결과는 2002년 5월 26일 세계 최정상급인 프랑스 대표팀과의 평가전에서 나타났다. 이 날 3 : 2로 우리나라를 이긴 프랑스 대표팀의 감독 로제 르메르는 "한국에 체력에서 밀렸다는 점을 인정한다. 특히 한국은 강한 체력을 앞세워 미드필드에서 볼을 빼앗는 능력이 뛰어났다. 체력이 중요하다는 것을 새삼 깨달은 경기였다."라고 말하며, 우리 대표팀의 체력을 높이 평가했다.

● 조직력(팀 전술) 관점에서의 계기반

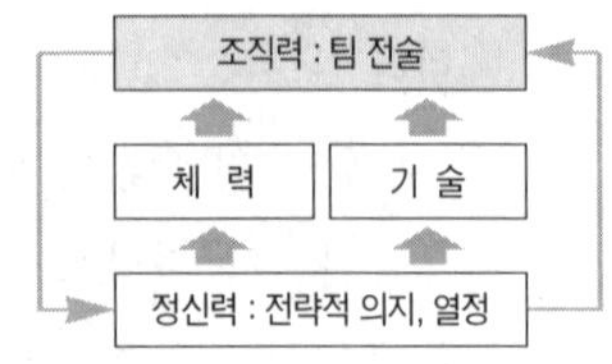

① 전략적 목표(핵심성공요인)와 전략적 측정지표(핵심성과지표)

'토털사커의 원칙(전원공격 전원수비) 위에 창의성을 가미한 조밀한 압박축구 구사'를 전략의 기본 모토로 하고 있는 히딩크 감독은, 무엇보다도 조직력에 기초한 팀 전술 전개를 가장 중시했다. 2000년 11월 우리가 그에게 감독직을 제의했을 때 그는 "내가 선수들에게 나무에 올라가라고 하면 그대로 하겠느냐?"고 물었다. 또한 "나는 영웅보다는 독재자가 되기를 원했다. 스타에 의존하기보다는 팀 전체가 기계처럼 맞물려 돌아가는 조직력을 만들고 싶었다."고 밝힌 바 있다. 그리고 그는 그의 말처럼 감독으로 부임한 후 리더로서 철저히 개인보다는 팀과 조직을 중시하는 언행(言行)으로 일관했다.

〈표 2-16〉 조직력 계기반 : Sociogram

전략적 목표	전략적 측정지표	세부목표	평가수준
			2001년 12월 초
조직력	%	100%	30%

98년 프랑스 월드컵에서 한국이 내가 감독으로 있던 네덜란드에 0 : 5로 패했을 때도 느꼈지만, 당시 한국팀은 부분적인 전술 차원에서 문제가 있었다. …특히 경기장 안에서 이뤄지는 선수들 간의 전술운영은 많은 허점을 드러냈다.

– 2001. 1. 8, 한국 부임 전 네덜란드 한국 대사관에서 가진 인터뷰에서

한국 선수들은 훌륭한 축구를 하지만 팀 조직력이란 측면에서는 상대를 좀더 강하게 압박해야 한다. 상대에게 시간과 여유를 주면 안 된다.

– 2001. 2. 15, 두바이 4개국 대회를 마치고 나서

기술이 아무리 뛰어나도 우쭐해 팀플레이를 망치면 대표선수로서의 자격이 없다.

– 2002. 7. 3, 히딩크 수기(3) 컨페더컵 – 골드컵 시련 딛고, 동아일보

한국축구에 있어 개인기량, 전술, 지도력 3가지 중 가장 시급하게 분석하고 시정해야 할 사항은 '전술'이라고 생각한다. 올바른 분석을 하는 데는 아직도 많은 시간이 필요하다고 생각하나, 선수 개개인의 기량을 정확히 파악한 후 이를 바탕으로 팀워크를 최대한 발휘할 수 있는 전술 형태를 만들어 내겠다. … 이것이 팀 운영의 가장 중요한 출발점이 될 것이다.

– 2001. 1. 8, 네덜란드 한국대사관에서 가진 스포츠조선과의 인터뷰에서

당시 나는 선수들이 대화를 하지 않는다는 점에 주목했다. 물론 나는 한국은 후배가 선배를 존경하는 사회라는 것을 알고 있었다. 나는 한국 사회를 존중한다. 하지만 팀워크를 위해 조금 바꿀 필요가 있었다. 선후배간의 벽이 있으면 팀워크를 100% 발휘할 수 없게 된다.

– 2002. 7. 2, 히딩크 수기(2) 한국축구와의 인연, 동아일보

히딩크 감독은 선수 개개인을 따로 불러 그 선수가 뛰었던 경기나 연습장면을 보여 주며, 문제점을 지적하고 자기 포지션의 역할을 이해시켰다. 또, 비디오분석을 통해 선수들에게 포지션 이동을 이해시키고, 운동장에 나가서는 실제로 포지션을 바꿔 플레이하도록 연습시켰다.

– 2002. 6. 15, KBS 일요스페셜 'Thank You 히딩크, 세계를 놀라게 한 한국축구'

나의 목표는 90분 동안 통제할 수 있는 팀을 만드는 것이다. 선수들은 포지션별로 임무를 정확히 파악해야 할 뿐만 아니라, 상황에 따른 전술 변화를 이해할 수 있어야 좋은 경기를 할 수 있다. 현대축구에서는 주요 선수들이 끊임없이 생각하고 닥친 문제를 해결할 수 있는 능력이 있어야 뛰어난 팀이다.

    – 2000. 12. 19, 한국 대표팀 감독으로 부임하고서 한 정식 인터뷰에서

② 세부목표 달성을 위한 실행계획 수립과 실행

현재 대표팀은 기존에 선발된 선수들의 보다 완벽한 플레이를 만드는 것과 가능성 있는 새 선수를 발굴하는 두 가지 측면에 중점을 두고 있다.

    – 2001. 8. 3, 유럽 전지훈련에 앞서 서울 신문로 축구회관에서 가진 기자회견에서

어느 위치이든 붙박이는 없다.

    – 2001. 4. 27, 이집트와의 평가전에서 2 : 1로 승리한 뒤

그동안 각종 대회를 통해 많은 선수들을 시험해 보았다. 이제는 그동안 뽑았던 선수들 가운데 폭을 좁혀가며 선발해 나갈 것이다. … 이미 70%의 밑그림은 완성됐다. 앞으로 1,2명 정도만 추가로 테스트한 뒤 최종명단을 위한 압축작업을 해나갈 것이다. 다음달 2일부터 대구에서 실시되는 트레이닝캠프에 참가할 선수 선정을 마무리, 주중에 발표할 것이며, 더불어 내년 아시안 게임과 아테네 올림픽에서 활약할 젊은 선수들을 유심히 지켜보고 있다.

    – 2001. 9. 19, K리그 부천 대 대전 경기가 열린 부천 종합운동장을 방문한 자리에서

한국 선수들은 경기 내내 열심히 뛰어야 한다는 생각을 하는 것 같다. 열심히 뛸 수 있는 체력과 팀 전술에 맞춰 템포를 조절하는 테크닉이 조화를 이룰 필요가 있다.

    – 2001. 10. 6, 대구 합숙훈련장에서

(이번 선수 선발에 대해?) 대표팀을 운영하면서 내가 선수들에게 현대축구가 어떤 것인지를 보여주는 작업과 함께, 선수들이 내 요구에 얼마나 따라오는

지를 파악하는 작업을 병행했는데, 이제 그 두 작업이 한 방향으로 모아지고 있다. 10% 정도의 문은 열어두겠지만, 대표팀의 밑그림에 대해 일단 마음속으로 90%의 구상은 해뒀다. 이젠 내 스타일과 한국 선수들의 색깔을 조화시켜 나갈 시기다.

— 2001. 10. 29, 다음달 대표팀 평가전 명단을 발표한 뒤

(김도훈은 월드컵에서 뛰지 못하나?) 김도훈은 나에 대한 존경심을 갖고 있다. 그러나 이런 그의 적극적인 자세를 떠나 중요한 것은 팀 전력 강화에 있다. 하지만 그를 제외시킨다거나 월드컵에 출전시킨다는 등 결정된 것은 아무것도 없다. 이번 유럽전훈에 설기현과 안정환을 포함시켰지만, 그들도 불안하기는 마찬가지다. 7명의 공격수 중에서 최고 선수를 뽑기 위한 하나의 과정으로 봐 달라.

— 2002. 2. 28, 도쿄 국제컨벤션센터에서 열린
  2002 한일 월드컵 축구대회 팀워크숍의 인터뷰에서

경기는 물론 이기려 노력하겠지만, 이번 경기를 통해 우리 팀이 체력과 전술면에서 얼마나 나아졌는지 지켜보는 한편, 선수 개개인이 제 몫을 해낼 수 있는지를 보는 것이 목표다.

— 2002. 5. 14, 스코틀랜드와의 평가전을 앞두고

(현재 대표팀을 평가한다면?) 나는 우리 팀을 본선 D조에서 체력과 전술적인 면에서 최고의 팀으로 만들려고 노력했다. 또한 많은 경험을 쌓기 위해 유럽과 남미, 북중미를 돌아다니며 경기를 했다. 지금의 팀은 과거의 팀보다 수준이 향상됐다고 본다. 또한 많은 선수들이 다양한 포지션을 소화하기 때문에 한 선수가 다치더라도 큰 영향은 없다.

— 2002. 5. 20, 잉글랜드와의 평가전을 앞두고 가진 인터뷰에서

③ *팀 구성 : 팀원(선수) 선발*

조직력에 대한 히딩크 감독의 목표는 선수들이 팀을 이루어 경기장에서 90분 동안 경기를 통제할 수 있도록 만드는 것이었다. 그러한 목표를 달성하기 위해 선수들은 먼저 자신이 조직의 일원(팀원)이라는 사실을 숙지해야만 했다. 그리고 자신에게 주어진 역할과 임무를 정확히 파악해야 할 뿐만 아니라, 상황에 따른 팀 전술의 변화를 이해하고 닥친 문제를 창조적으로 생각하고 해결할 수 있는 능력을 갖춰야만 했다. 또한 실전 경험이 있어야 하며, 언제라도 뛸 수 있는 강력한 체력과 정신력이 요구되었다.

물론 히딩크 감독이 본 것은 선수들의 과거 역량이 아니었다. 그는 철저히 현재의 역량과 미래에 발휘할 수 있는 잠재역량에 초점을 맞추었다. 그는 선수를 발굴, 선발, 그리고 기용하는 데 있어서, 선수 개개인이 팀 전술을 이해하고 상황에 따라 문제를 창의적으로 해결해 나갈 수 있는 역량(팀 전술), 언제라도 뛸 수 있는 강력한 체력적 역량(스피드, 파워, 지구력), 두세 개의 포지션(멀티포지션)을 소화할 수 있는 기술적 역량(기술), 그리고 기필코 이기겠다는 투지(헌신)와 내적 동기부여, 도전의식(성취도), 책임감, 자신감, 실전 경험, 그리고 선수들 간의 수평적 의사소통(커뮤니케이션) 능력을 망라하는 정신적 역량을 그 판단기준으로 설정했다. 그는 그 기준에 따라 선수 개개인을 분석, 평가하여 발굴, 선발, 기용했다.

흔히 많은 사람들은 그가 외국인이기 때문에 우리 사회의 인재 선발과 기용에서의 고질적인 문제인 학연과 지연이라는 기준을 타파했다고 이야기한다. 그러나 실상 그가 어떤 기준을 가지고 학연과 지연이라는 기준을 타파했는지는 말하지 않고 있다. 사실 말하지 못한다는 것이 보다 정확한 표현이 될 것이다.

만약 그가 조직 내의 인원 선발과 기용의 객관적이고 공정한 기준을 설정하고 있지 않았다면, 설사 그가 외국인이었다 하더라도 자연스럽게 우리 사회가 신봉하고 있는 학연이나 지연이라는 선발 기준을 택할 수밖에 없었을 것이다.

그의 선수 선발과 기용의 기준 설정은 철저히 전략 실행, 즉 비전을 실현시키는 데 필요한 핵심역량을 구축하는 목적에서부터 비롯되었다. 일본 국가대표팀 감독이었던 필립 트루시에도 "나는 기회가 평등하게 주어져야 한다고 생각한다. 컨디션이 좋으면 대표팀에 들어갈 수 있고 그렇지 않으면 제외된다. 이름이나 과거의 실적 따위에 얽매이지 않는다. 대표팀의 문은 언제나 활짝 열려 있다."고 말했다. 그들은 선입견을 가지고 선수들을 발굴하거나 평가하지 않았던 것이다.[12]

히딩크는 감독으로 부임하기 전, 2001년 12월 감독직을 수락한 뒤 대한축구협회에 요청하여 그 해(2000년) 아시안컵 경기를 포함해 30개 정도의 한국팀 경기 테이프를 보았다. 또 2000년 12월 20일 한일 정기전이 끝난 후에는 한국 대표팀 선수 개개인의 장단점을 보내 달라고 요청했다. 그리고 2001년 1월 12일 정식으로 감독에 부임하여, 2001년 1월에 열릴 홍콩 칼스버그컵 대회를 앞두고 울산에서 훈련에 들어갔다.

울산 전지훈련이 막바지에 이른 2001년 1월 중순, 이용수 대한축구협회 기술위원장은 기존 상비군 50명 이외의 선수들에 대한 정보를 주기 위해 히딩크 감독과 만났다. 이용수 기술위원장은 그 자리에서 놀라움을 감출 수가 없었다. 한국에 온 지 1주일도 안 된 그가 이미 상비군 이외 선수들의 장단점을 정확하고 상세하게 분석한 자료를 갖고 있었기 때문이다. 이용수 기술위원장은 새로운 정보를 줄 필요도 없이 그의 주문대로

---

12) 니노미야 세이준 지음, 이정환 옮김, *승자의 사고법*, 서울 : 청어람미디어(2002), p.102

상비군 일부를 교체할 수밖에 없었다고 한다.

히딩크 감독은 선수 발굴, 선발, 기용의 기준만을 설정한 것이 아니라, 전략집중형 조직의 리더들처럼 과학적이고 체계적으로 자료들을 수집하고 분석하고 평가했다. 그리고 나서 자신의 스태프들의 의견을 참조하여 모든 의사결정을 내렸다.

또한, 그는 정보·지식사회의 리더들에게 요구되는 각종 자료와 정보를 첨단 정보기술(information technology)을 이용하여 축적하고 활용할 줄 아는 역량도 가지고 있었다. 일도 게을리 하지 않았다. 그러한 철저한 데이터 수집, 분석, 그리고 평가를 토대로 한 선수 선발과 기용의 팀 운영방식은 대표선수들의 마음가짐부터 바꾸어 놓기에 충분했다.

잭 웰치는 자신의 저서[13]에서 다음과 같이 말한 바 있다. "어린 시절, 나는 게임이란 최상의 선수들을 어떻게 배치하느냐에 따라 승패가 결정된다는 것을 배웠다. 최상의 팀에 배치되는 사람은 누구나 승리할 것이다. … 팀의 우승은 최상의 선수에게는 보상을 해주고 최악의 선수는 퇴출시키며 한계범위를 좁히기 위해 싸우는 차별화를 통해 가능하다."

비즈니스나 운동 경기나, 조직이 성공하기 위한 원칙이나 비결은 다르지 않다. 먼저 포지션에 맞는 우수한 인재나 선수를 발굴, 선발, 확보해야 한다.

히딩크 감독은 대표팀에 이미 선발되었거나 상비군에 포함된 선수들에게 안주하지 않고, 2001년 3월 중순부터는 K리그, 대통령배 전국축구대회를 본인과 코치들이 직접 참관하며 선수들을 발굴하고 선발해 나갔다. 그리고 J리그와 유럽무대에 진출하여 뛰고 있는 선수들의 경기는 핌 베어

---

13) 잭 웰치 지음, 이동현 옮김, 잭 웰치 끝없는 도전과 용기, 서울 : 청림출판(2001), p.58

벡 수석코치 등을 파견하여 직접 참관하게 함으로써 그들에 대한 평가 작업을 해나갔다. 그렇게 포지션별로 2명의 베스트를 선발한 히딩크 감독은 각종 훈련과 실전 경기를 통하여 선수들이 팀 전술을 익히게 했고, 동시에 자신은 선수들의 역량을 객관적으로 평가하는 작업을 해나갔다.

또한, 그는 이 과정에서 선발된 선수들이 나태해지고 해이질 수 있다는 판단하에 본격적으로 포지션별 주전경쟁을 시키기 시작했다. 이에 대해 홍명보 선수는 다음과 같이 술회한다. "무엇보다 달라진 점은 히딩크

〈그림 2-20〉 국가대표팀 선수 명단(숫자는 등번호)

〈표 2-17〉 선수 선발 일정

		2001년										2002년					
위치	이름	1.18. 칼스버그	2.6 UAE 두바이	4.19 이집트 4개국	5.11 컨페더레이션스컵	5.28 컨페더레이션스컵	8.6 유럽전지훈련	9.27 대구합숙훈련	10.29 11월 A매치	11.26 서귀포 미국전	12.12 골드컵 예비명단	1.7 북중미 골드컵	2.21 유럽전지훈련	4.4 A매치	4.30 서귀포 소집훈련	FIFA 월드컵 최종엔트리	총계
1 GK	김병지	1	1					1		1	1	1	1	1	1	1	10
2	김용대	1	1	1	1	1	1	1	1	1	1	1	1	1			13
3	권정혁										1	1					2
4	서동명						1										1
5	이운재	1	1	1	1	1	1	1	1	1	1	1	1	1	1	1	15
6	최은성			1	1	1		1	1				1	1	1	1	9
7 DF	강 철			1	1	1	1										4
8 DF	김영선	1	1														2
9 DF	김정수						1										1
10 DF	김태영	1	1	1	1	1		1	1	1	1	1	1	1	1	1	14
11 DF	김현수	1	1														2
12 DF	박요셉													1			1
13 DF	박용호				1												1
14 DF	박충균							1									1
15 DF	서덕규			1	1	1	1	1									5
16 DF	심재원	1	1	1			1			1		1		1			7
17 DF	윤희준						1										1
18 DF	이민성	1	1	1	1	1	1	1	1	1	1	1	1	1	1	1	15

19	DF	이임생	1	1		1			1					1				5
20	DF	조병국									1			1	1			3
21	DF	조성환								1	1				1			3
22	DF / MF	최성용			1	1	1	1	1	1	1	1	1	1	1	1	1	13
23	DF	최진철							1	1	1	1	1	1	1	1	1	9
24	DF	홍명보	1	1		1	1							1	1	1	1	8
25	MF	고종수	1	1		1	1											4
26	MF	김남일						1	1	1	1	1	1	1	1	1	1	10
27	MF	김도근						1		1	1	1	1					5
28	MF	김상식	1	1	1				1		1	1	1					7
29	MF	김승현									1							1
30	MF	김재영						1	1									2
31	MF	박남열																0
32	MF	박지성	1	1	1	1	1			1	1	1	1	1	1	1	1	13
33	MF	박진섭	1	1														2
34	MF	서동원	1	1	1	1	1											5
35	MF	신동근								1								1
36	MF	신상우	1	1														2
37	DF / MF	송종국	1	1	1	1	1	1	1	1	1	1	1	1	1	1	1	15
38	MF	이기형						1	1									2
39	MF	이영표	1	1	1	1	1		1	1	1	1	1	1	1	1	1	14
40	MF	이을용						1	1	1	1	1	1	1	1	1	1	10
41	MF	이정운								1								1
42	MF	이천수						1	1	1	1	1	1	1	1	1	1	10

No.	포지션	성명																계
43	DF / MF	유상철	1	1		1	1	1	1	1	1	1	1	1	1	1	1	14
44	MF	윤정환			1	1	1							1				4
45	MF	전우근						1	1									2
46	MF	하석주			1	1	1											3
47	MF	한종성						1										1
48	MF	현영민								1	1	1	1	1	1	1	1	8
49	FW	김도훈		1	1	1	1	1	1	1	1	1	1					10
50	FW	김은중	1	1														2
51	FW	박성배	1	1	1													3
52	MF / FW	서정원	1	1	1													3
53	FW	설기현		1	1	1								1	1	1	1	7
54	FW	손대호													1			1
55	FW	안정환						1		1			1	1	1	1	1	7
56	FW	안효연			1	1	1					1	1	1				6
57	FW	윤정환													1	1	1	3
58	FW	이동국				1			1	1	1		1	1	1	1	1	9
59	FW	정광민	1	1														2
60	FW	정조국													1			1
61	FW	차두리								1	1	1	1	1	1	1	1	8
62	FW	최성국													1			1
63	FW	최용수	1				1	1	1	1	1		1	1	1	1	1	11
64	FW / MF	최태욱						1	1	1	1	1	1	1	1	1	1	10
65	FW	황선홍			1	1	1			1	1	1	1	1	1	1	1	11
			24	26	22	23	23	27	24	28	26	26	25	28	31	23	23	379

감독님이 선수 간에 본격적인 주전경쟁을 부추기기 시작했다는 것이다. 컨페더컵을 앞두고 가장 놀랐던 점은 설기현의 주전 선점이었다. 중앙수비수인 내 위치에 대한 변화조짐은 없었다. 그러나 (황)선홍이나 (최)용수 등 기존의 주전급 포워드가 멀쩡하게 바티고 있는데, 이들을 제쳐두고 어린 설기현을 주전으로 훈련시키고 또 경기에 선발 출전시킨다는 점은 적잖은 충격이었다. 이를 계기로 히딩크 감독님이 자신의 스타일에 맞는 선수를 찾고 있다는 인상을 강하게 받았으며, 동시에 다소 느슨해진 긴장감이 바짝 조여 왔다." [14]

사실 포지션별 2명의 베스트멤버 선발은 미래에 발생할지도 모르는 부상과 컨디션 저하에 대비한 사전계획(contingency plan)의 성격도 있었다.

대한축구협회는 2002년 4월 30일 국가대표팀 선수 23명의 명단을 확정하여 발표했다. 최종엔트리 발표를 마치고 나서도 히딩크 감독은 월드컵이 끝나는 날까지 선수들이 서로를 존중하면서도 선의의 경쟁을 펼칠 수 있도록 했다.

④ 조직력(팀 구축)

스타에 의존하기보다는 팀 전체가 기계처럼 맞물려 돌아가는 조직력을 만들고 싶었다.

– *2002. 7. 2, 히딩크 수기(2) 한국축구와의 인연, 동아일보*

감독님은 선수들의 심리상태를 정확히 읽어내는 데 천재성이 있는 것 같다.

---

14) 홍명보 지음, *영원한 리베로*, 서울 : 은행나무(2002), p.48

어린 선수들이 조금 튄다 싶으면 길들이기를 하는데, 이것이 히딩크식 컨트롤방식이다. 나와 특별히 많은 얘기를 나눈 것은 아니다. 프로는 경기장에서 모든 것을 보여 줘야 된다는 생각에서 말이다. … 감독님을 결정적으로 따르게 된 배경은 부상으로 쉬고 있을 때 부상에 대해 단 한마디 말씀도 하지 않았다는 점이다. 선수에 대한 이런저런 평가를 하지 않고 그라운드에 나섰을 때 몸 상태를 보고 평가하는 게 합리적이라고 판단한 것이다.

― 홍명보 지음, 영원한 리베로, 서울 : 은행나무(2002), p.132

(특히 눈에 띄는 선수가 있다면?) 일부 선수들의 플레이를 눈여겨보긴 했지만, 지금 특정한 선수를 거명하는 것은 선수 개개인이나 팀 전체로서도 별로 바람직하지 않다.

― 2001. 1. 8, 네덜란드 한국대사관에서 가진 스포츠조선과의 인터뷰에서

(대표팀 관리에 엄격하다는데?) 우선 복장을 통일하고 시간을 지킬 것을 지시했다. 모든 것엔 룰이 필요하다. 경기장 안에서나 바깥에서나 선수가 정해진 것을 따르지 않는다면 나는 이에 냉정하게 대처할 것이다. 나도 선수 출신으로서 이 위치에 오르기까지 규율 속에서 살아왔다.

― 2001. 1. 17, 감독 취임 후 울산에서 실시한 첫 훈련을 결산하는 자리에서

(2002년 월드컵 때까지 어떤 팀으로 만들 계획인가?) 전술적으로나 정신적으로 강한 팀을 만들고 싶다. 팀 조직력 훈련만 잘 해나간다면 가능성이 있다. 무엇보다 선수들이 자신이 갖춘 기술을 강인한 정신을 바탕으로 전술적으로 이용할 수 있어야 큰 성과를 얻을 것이다.

― 2001. 2. 14, 두바이 4개국 대회 덴마크 전을 끝으로 훈련을 마친 뒤

첫 식사시간, 숙소인 우란 현대호텔 식당에 모인 선수들은 약간은 긴장된 표정으로 히딩크 감독이 수저를 들 때까지 기다리고 있었다. 그런데 히딩크 감독과 함께 온 얀 룰푸스 기술분석관이 네덜란드에서 온 전화라며 핸드폰을

들고 나타났다. 그런데 갑자기 불호령이 떨어졌다. 나중에 알고 보니 선수단이 함께 식사 중인데 왜 전화를 들고 오느냐는 꾸지람이었다. 이것으로 모든게 정리가 됐다. 훈련 중일 때는 물론이고 식사 중일 때 버스로 이동할 때 등 단체생활을 할 때는 핸드폰뿐 아니라 사적인 행동은 최대한 자제하라는 메시지였다. 말이 필요 없었다. 이날 이후 선수단뿐만 아니라 임원들도 식사시간에 핸드폰을 울리는 일은 없어졌다.

– 2002. 7. 1, 정해성 코치가 쓰는 히딩크 일기(1), 일간스포츠

개인보다는 철저하게 조직과 팀을 우선시하고, 공과 사를 구분할 줄 아는 올바른 리더의 일면을 보여 준 사례이다. 복장을 통일하고, 시간을 엄수하고, 공적인 일을 하는 중에는 사적인 일들을 배제하는 그의 언행은 무엇보다 축구는 개인으로 하는 경기가 아니라는 것에 기인한다.

축구는 11명의 선수들이 팀워크를 이루어서 규정된 룰에 맞추어 하는 경기이다. 선수들이 팀워크를 이뤄 경기를 하기 위해서는 먼저 자신이 팀의 한 사람(팀원)임을 언제 어디서나 인식하고 행동할 필요가 있다. 더구나 국가대표팀 선수는 한 국가를 대표하는 공인(公人)이라고도 할 수 있다. 그렇기 때문에 먼저 자신이 소속된 대표팀에 대한 강한 소속감과 충성심을 가질 필요가 있다는 것이다.

이를 위해서는 가시적인 조치들이 필요했다. 먼저 팀의 정체성을 명확하게 정립해야 했고, 이를 이해관계자들에게 보여 줄 필요가 있었다. 그 중의 하나가 통일된 복장이다. 통일된 복장을 통하여 팀원들은 스스로 팀의 일원임을 자각하게 되고 외부 사람들에게는 팀의 정체성을 보여 주게 된다. 또한 팀에 대한 소속감을 가지게 될 뿐만 아니라, 자신이 공인임을 스스로 인식하게 된다. 아울러 평소에도 팀원들을 경쟁자가 아닌 동료로서 인식할 수 있게 된다. 이것은 마치 일반 사람들이 예비군 복장을 하면 예비군처럼 행동하게 되는 것과 같은 이치이다.

그러나 이때 무엇보다 중요한 것은 조직이나 팀을 이끌어 가는 리더가 먼저 규정된 룰을 지키는 것이다. 리더의 언행이 일치되지 않으면 조직의 긍정적이고 강한 정체성은 형성되지 않는다. 리더가 먼저 신념을 가지고 룰을 지키는 모범을 보여야만 강한 정체성이 형성된다. 히딩크 감독은 대표팀에 합류한 첫날 "조직력을 탄탄하게 다지자. 골을 많이 넣는 것보다 득점기회를 만들어 낼 줄 아는 생각이 중요하다. 나에게 이번 주는 선수들을 파악하고 선수들에게 적응하는 기간이 될 것이다. 선수들도 나의 방식에 적응해야 할 것이다. 어쩌면 스타일이 다를 수도 있지만…, 네덜란드가 1996~1998년까지 월드컵을 준비하면서 사용했던 방식과 다르지 않다."라는 말로 선수들과 상견례를 했다.

히딩크 감독이 월드컵에서 우리의 꿈을 실현시키기 위해 선수들에게 조직력과 팀워크, 팀 공헌도를 강조하고 있을 때 언론을 비롯한 우리 대부분은 '어느 선수가 골을 넣었느냐, 누가 잘했느냐, 최종엔트리는? 베스트 11은? 과 같은 것에만 관심이 쏠려 있었다. 그때마다 그는 "지금 특정한 선수를 거명하는 것은 선수 개개인이나 팀 전체로서도 별로 바람직하지 않다", "베스트 11보다는 베스트 23이라고 해두자", "포지션은 11개가 맞지만 선수들은 11명이 아니다", "개인에 대해 말하고 싶지 않다"라는 대답으로 일관했다.

우리는 우리 자신도 모르는 사이에 조직과 팀보다는 개인을 앞세우는, 즉 공(公)보다는 사(私)를 앞세우면서 지켜야 할 룰(rule)을 어기는 우리 사회의 잘못된 관행을 그에게도 강요하고 있었던 것이다. 이처럼 기존에 우리가 행해오던 관행들을 극복하지 못한 채 월드컵에서 좋은 성적을 거둬주기만을 바란 것은 안타까운 모습이 아닐 수 없었다.

2002년 2월 초, 그는 북중미 골드컵과 미국 전지훈련을 마치면서, "팀에는 때로 팀을 위해 일부러 화를 내거나 거센 항의를 할 수 있는 리더의 존재가 필요한데, 한국에는 그런 선수가 없다."고 말했다. 그리고 2002년 2월 중순에는 "홍명보의 경우 지명도가 높은 선수로 경기에 뛰든 안 뛰든 팀에 공헌할 선수다."라는 말과 함께 그동안 부상으로 대표팀에 선발되지 못했던 홍명보 선수를 대표팀에 선발함과 동시에 팀의 구심점으로서의 팀 리더의 역할을 맡도록 했다. 이에 대해 홍명보 선수는 "경기장 안팎에서 나에게 주어진 일이 있을 것이다. 주어진 일에 최선을 다하겠다. 대표팀에서는 지금까지 맡아오던 리베로 자리가 편하기도 하며, 내가 가장 잘할 수 있는 위치이다. 선수들과 경쟁을 통해 좋은 결과가 나올 수 있도록 하겠다."라는 말로 응답했다.

또한, 2002년 3월 초쯤 8개월 만에 대표팀에 합류한 홍명보 선수와 관련해서 히딩크 감독은 "지난주 그와 통화했는데, 어떤 포지션이라도 맡겨 준다면 최선을 다해 뛰겠다고 말했다. 그의 적극적인 자세는 매우 인상적이다. 오랜 부상에서 회복했지만, 잘해 줄 것으로 믿는다. 그의 존재가 팀 스피리트(team spirit)에 도움이 될 것으로 기대한다. 홍명보의 중앙수비수 복귀와 송종국의 미드필더 기용은 새 대표팀이 짜여지면서부터 계획했던 일이다."라고 밝혔다.

그런가 하면, 2002년 4월 초에는 "홍명보 같은 카리스마 있는 선수가 대표팀에서 빠져 있을 때 어린 선수들이 스스로 경기를 이끌어 가는 경험을 할 수 있었다."라는 말을 하기도 했다. 우리가 어떤 특정 선수에게만 얽매이는 모습을 보이고 있을 때도 그는 철저한 균형감각을 잃지 않고 선수와 팀을 동시에 생각하고 있었던 것이다.

국가대표팀의 허진 언론담당관은 "한국 언론은 히딩크를 칭찬하거나 비난할 경우 입이라도 미리 맞춘 것처럼 똑같은 시각과 내용들뿐이다.

마치 누가 통제를 하고 있는 것처럼…"이라는 말로 불만을 털어놓은 적이 있다.

그의 이러한 지적은 한국언론재단의 연구팀(책임연구 오수정)이 2002년 1,2월 10개 중앙 종합일간지의 월드컵 보도를 분석한 결과를 통해 충분히 근거가 있는 것으로 드러났다. 2002년 1월 1일부터 골드컵이 열리기 전인 1월 18일까지는 중립적이고(44.3%) 긍정적인(37.4%) 제목이 주류를 이루었으며, 부정적인(7.2%) 제목은 찾아보기 어려웠다. 개막 후 미국과의 경기에서 패한 19~24일에는 부정적인 보도가 15.1%로 늘어나기는 했지만, 여전히 대세에는 영향을 미치지 않았다. 그러나 쿠바와 무승부를 이룬 25~28일에는 부정적 표제가 31.3%로 급증했다. 또, 멕시코전에서 승부차기로 승리해 4강에 오른 29일부터 2월 1일까지는 긍정적 태도가 우세했다가 코스타리카 전에서 고배를 마시고 3,4위전마저 패하자 다시 부정적 태도가 우세해졌다.

부정적 표제와 기사는 그 내용도 천편일률적이었다. 골드컵이 끝난 2월 4일 제목을 보면 '골드컵 통해 본 히딩크호 문제점 - 실험은 그만 포지션 빨리 정하라' (국민), '히딩크 호 긴급점검 - 실험은 이제 그만' (대한매일), '위기의 히딩크호 - 총체적부실' (세계), '북중미골드컵 결산 - 한국 축구 테스트만 하다 날 샌다' (조선) 등이며, 내용은 모두 '테스트는 그만하고 베스트 11을 빨리 확정해 조직력을 극대화하라' 는 것이었다.

그러나 히딩크 감독은 이미 2001년 9월 16일 나이지리아 대표팀과의 2차 평가전을 치르고 난 후 기자회견에서 "대표팀의 계속되는 테스트에 대해 말들이 많은데, 내가 말하는 테스트는 단순한 체크 수준이 아닌 지속적인 경기력 향상 여부를 총체적으로 점검하는 것이므로 오랜 시간이 걸릴 것이다."라고 말하면서 자신이 실행하고 있는 테스트의 목적을 분명하게 밝힌 바 있다. 언론이나 기자들이 생각하고 있었던 테스트의 목적과 그가 생각하고 있었던 테스트의 목적은 너무나 달랐다. 하지만 언론은 그의 말을 귀담아 듣지 않았고 계속 자신들의 생각만을 이야기했고, 많은 대중들은 그러한 잘못된 언론에 계속 노출되어야 했다.

히딩크 감독에게 쏟아진 가장 많은 비판의 소리 중 하나는 주전 선수들을 빨리 결정짓지 않는다는 것이었다. '언제까지 테스트만 할 것이냐'는 질타였다. 여기에 대한 변명을 하자면, 우선 한국의 해외진출 선수가 늘어나면서 소집 때마다 선수들의 면면이 달랐기 때문이었다. 물론 처음에는 한국 선수들을 잘 몰라 자신이 추구하는 축구 스타일에 맞는 선수들을 골라내는 작업을 했다. 그러나 무엇보다 큰 이유는 다양한 포지션을 소화할 수 있는 멀티플레이어를 육성하고 포지션에 따른 전술을 숙지시키기 위함이었다. 밖에서는 어떻게 봤을지 모르겠으나, 감독은 매 경기마다 다양한 전술을 사용하고 포메이션도 변화를 주었다. 감독의 판단이 옳았다는 걸 증명한 경기가 6월 18일 이탈리아와의 16강전이었다.

— 2002. 7. 25, 정해성 코치가 쓰는 히딩크 일기(20), 일간스포츠

⑤ 팀 전술

이전에도 대표팀에 선발됐었지만, 언제 기용될지도 모르는 상황에서 운동장만 열심히 뛰다 돌아오는 게 다반사였다. 그러나 이제는 팀 전술을 숙지하지 않으면 대표팀에서 버티기가 힘들다는 것을 절감하고 있다.

— 2001. 2. 12, 히딩크호 출범 한 달, 어느 대표팀 선수의 작지만 큰 변화

일주일 동안의 합숙훈련과 두 차례의 평가전을 통해 팀이 상당히 발전했음을 느꼈다. 선수들이 국제 수준의 경기력을 갖추라는 내 요구를 잘 따라 준 이번 주는 한국 대표팀 발전 과정에서 큰 발걸음을 내디딘 계기가 됐다.

— 2001. 9. 16, 나이지리아와의 2차 평가전에서 2 : 1로 승리한 후에

이번 훈련에서 미드필드와 수비진을 탄탄하게 구축하는 데 주력할 것이다. 미드필더와 수비라인에서 주전자리를 확보하려면 다양한 포지션에 대한 적응력을 키워야 한다. 다양한 포지션 소화능력이 다른 선수의 부상공백을 메우기 위한 것만이 아니라, 다양한 전형의 변화에 적응할 수 있는 임기응변력을 키우는 것이다.

— 2001. 10. 3, 대구 합숙훈련 중 기자회견에서

(이번 대구 훈련의 목표와 성과는?) 우리는 대표팀 간 경기가 없는 이번 훈련을 통해 팀과 선수들의 경기력을 충분히 조율하는 데 목표를 뒀다. 선수들이 국제적인 수준에 이를 수 있도록 세밀한 부분까지 집중적으로 조련했다.

— 2001. 10. 5, 대구 합숙훈련 중 기자회견에서

월드컵에서 1승도 올리지 못한 한국이 세계적인 팀들과 맞서기 위해서는 두세 계단 올라서야 한다. 그러기 위해서는 낡은 시스템은 버릴 필요가 있으며, 한 가지 시스템만으로는 어렵다고 본다. 홍명보가 그랬던 것처럼 한 선수가 앞에 있는 둘 또는 세 명의 수비수보다 30야드 뒤로 쳐진 위치에서 최종수비를 하게 하는 일명 '리베로시스템'은 현대축구와 맞지 않는다. 이런 시스템으로는 창조적인 미드필드 플레이가 불가능하다.

— 2001. 10. 5, 기자회견에서

이번 훈련기간에는 선수들이 공격 찬스에서 흥분한 나머지 볼 컨트롤에 실패하는 문제를 고치기 위해 애썼으며, 내일 그 결과를 보게 될 것이다. 현재 프리킥 찬스를 해결할 전문 키커로 3,4명을 물망에 올려놓았다.

— 2001. 12. 8, 미국과의 평가전을 하루 앞두고 훈련을 실시한 뒤

(월드컵 본선 전초전격인 미국과의 경기에 이겼는데 소감은?) 최근 경기에서 수비조직력이 안정된 것과 후반에도 조직력이 그대로 유지됐던 점 등은 만족

하지만, 아직 수비-미드필드-공격 간의 간격 유지와 선수 개개인의 기량 면
에서는 개선할 점이 많다.

– 2001. 12. 9, 미국과의 평가전에서 1 : 0으로 승리한 뒤

한국팀의 스피드와 수비조직력을 높이 평가한다.

– 2002. 1. 22, 한국과 미국의 경기를 관전했던 안토니우 올리베이라 포르투갈 감독

(계속되는 골 결정력 부족에 대해?) 최선을 다하고 있는 선수들을 비난하기보
다는 분석하는 자세로 봐주길 바란다. 하지만 우리는 계속해서 찬스를 만들
어 갈 수 있는 능력을 갖추고 있기 때문에 큰 걱정은 하지 않는다.

– 2002. 2. 3, 캐나다 전에서 1 : 2로 패한 뒤

튀니지와의 평가전은 이번 전지훈련에서 훈련한 내용을 확인하고 재편된 조
직력을 점검하는 경기다. 선수들에게는 각자의 포지션에 요구되는 전술적 임
무(전술적 에너지)를 숙지하고 그동안 문제점으로 지적됐던 과잉행동을 최대
한 자제하도록 강조할 것이다.

– 2002. 3. 12, 튀니지 평가전을 앞두고

(앞으로의 계획은?) 본선이 두 달 앞으로 다가왔다. 현재까지가 초기 전술을
다듬는 기간이었다면, 앞으로는 좀더 차원 높은 전술을 습득하는 기간이 될
것이다. 이와 함께 이번 전지훈련을 통해 본격화된 강도 높은 체력 훈련도 병
행해 진행할 것이다.

– 2002. 3. 27, 유럽 전지훈련을 마치고 난 후

앞으로 비공개 훈련을 통해 난이도 높은 세트플레이를 집중적으로 연습하겠다.

– 2002. 4. 27, 중국 전에서 0 : 0 무승부를 기록하고 난 후

훈련 프로그램을 단계별로 구획 지을 수는 없지만, 체력이 목표치에 도달한

만큼 남은 시간 동안 세부전술과 정신력(mentality)을 다지는 데 집중하겠다.

– 2002. 5. 12, 고강도 체력 훈련의 '졸업장'을 선수들에게 준 뒤

세트플레이 면에서 아직 만족할 만하지는 않다. 다만 지금까지의 결과보다는 개선돼 그동안의 비판은 좀 줄어들 것이라 생각하며, 오늘 경기는 그동안 연습한 세트플레이를 시험한 좋은 경험이었다고 생각한다. 한국이 넉 달 전의 전력이라면 고전했겠지만, 한국의 대응 능력과 조직력이 많이 향상돼 비교적 잘 막아낼 수 있었다. 약 10차례나 찾아온 세트플레이 찬스에서 8,9차례는 목표물을 향해 볼이 날아갔어야 했다. 하지만 박지성의 골은 우리가 연습했던 세트플레이 옵션의 하나였으며, 앞으로 준비과정에서 (세트플레이를) 개선시킬 것이다.

– 2002. 5. 21, 영국과의 평가전에서 1 : 1 무승부를 기록한 뒤

(한국 선수들의 수준이 목표지점까지 도달했는가? 공격수들의 플레이는 어떠했는가?) 오늘 경기에서는 세계 최정상급인 상대의 미드필더들이 적극적으로 공격에 가담했다. 이 때문에 우리 공격수들에게 상대 공격수를 1차로 저지하라고 주문했고, 이를 잘 해줬다. 상대 공격수들이 상당히 짜증내는 것을 여러분도 봤을 것이다.

– 2002. 5. 27, 프랑스 전에서 2 : 3으로 패한 뒤

감독 계약을 마치고 2000년 12월 20일 한일전을 참관한 히딩크는 감독으로 정식 부임하기 전인 2001년 1월 8일 네덜란드 한국대사관에 초청을 받았다. 이 자리에서 그는 자신이 구상하고 있었던 팀 전술의 형태를 다음과 같이 이야기했다.

"선수 개개인의 기량을 정확히 파악한 후, 이를 바탕으로 팀워크를 최대한 발휘할 수 있는 전술 형태를 만들어 내겠다. 이 전술 형태의 확보란 공격, 미드필드, 수비의 관계설정과 선수들 간의 관계수립을 정밀하게 도출, 팀의 역량을 최고조로 올리는 것을 말한다. 이것이 팀 운영의 가장 중요한 출발점이 될 것이다.”

그는 공격, 미드필드, 수비 간의 관계설정에서 우리 대표팀의 역량을 분석한 뒤, 우선순위를 ‘수비수들 간의 관계설정’, ‘수비수와 미드필더 간의 관계설정’, ‘미드필더와 공격수 간의 관계설정’ 에 두었다. 그리고 각각의 부분전술에 대한 실행계획을 수립하고 수립된 계획을 하나하나 실행해 나갔다. 각각의 단계들에 대해 좀더 구체적으로 살펴보자.

◎ 1단계 실행계획 : 패스 등의 기본기 연습

히딩크 감독은 본격적인 훈련이 시작되자마자 선수들에게 축구의 기본인 패스 연습부터 시켰다. 팀의 역량을 최고조로 올려 줄 전술을 이해시키고 조직력을 강화시키는 데 가장 기본적인 사항은 ‘공격, 미드필드, 수비 간의 관계설정과 선수들 간의 관계수립’ 이며, 이의 기초는 패스였기 때문이다. 그는 “기본적으로 조직력이 없으면 좋은 플레이를 할 수 없다. 혼자서는 잘할지 모르지만, 팀플레이는 잘할 수 없다.”고 말하면서 선수들에게 가장 기본적이랄 수 있는 패스 훈련을 지속적으로 시켰다.

한국에서는 흔히 기본이 무시된다. 이러한 현상은 유소년, 청소년은 물론 심지어 프로팀에서도 마찬가지로 나타난다. 볼트래핑, 볼키핑, 드리블, 패스는 축구의 기본이자 가장 중요한 부분임에도 불구하고 지도자들은 이를 간과하는 경우가 많다. 대신 주로 이뤄지고 있는 훈련은 실전게임을 위한 전술훈련이다. 따라서 어린 나이에 기본기를 제대로 배우지 못한 선수들은 대학이나 프로에서 기본기를 다시 배울 기회를 가질 수 없다. 대학이나 프로에선 ‘으레 기본은 돼 있겠거니’ 라고 생각하고 기본기 훈련을 배제하기 때문이다. 그러나 기본기 훈련은 어느 나이 때나 중요하다. 국가대표팀의 히딩크 감독님이라고 해서 사실 특별한 훈련을 하는 것은 아니다. 그러나 히딩크 감독님이 짠

훈련 프로그램을 소화하다 보면 기본에 충실하다는 것을 느낄 수 있다.
– 홍명보 지음, 영원한 리베로, 서울 : 은행나무(2002), p.202

홍명보 선수의 위와 같은 지적은 선진축구의 기초는 다양한 기본기에서 출발함에도 불구하고, 선수들에게 기본기를 터득시켜야 할 책임이 있는 조직의 지도자들이 기본기보다는 전술훈련에만 치중했으며, 그 결과 우리 축구가 선진축구로 두세 단계 올라서지 못하고 있다는 분석이다.

우리 사회나 조직 전반에 걸쳐 발생하는 많은 문제들의 원인도 바로 '거대한 건축물을 올리기 위해서는 그에 버금가는 튼튼한 기초가 선행되어야 한다. 그렇지 않으면 쉽게 무너져 내린다(사상누각, 沙上樓閣)' 라는 상식을 알고서도 정작 실행 단계에서는 '빨리빨리' 만을 앞세워 기본을 무시한 잘못된 의사결정을 내리기 때문이다.

그렇다면 기본기의 중요성을 아는 데서 그쳐야 할 것인가? 이제 다시 제기되는 문제는 그 기본기라는 것을 '어떻게' 습득할 것인가이다. 이에 대해 홍명보 선수는 다음과 같이 이야기한다.

패스훈련, 기본훈련을 많이 했다. 패스훈련은 처음부터 지금까지 지속돼 왔다. 물론 패스훈련이야 어릴 때부터 해왔지만, 지금은 똑같은 패스라도 강하게 줘야 할지, 약하게 줘야 할지를 구분해서 연습하고 있다.
– 2002. 7. 1, KBS 일요스페셜 'Thank You 히딩크, 세계가 놀랐습니다'

히딩크 감독은 자신이 추구하는 '창의성이 가미된 조밀한 압박축구'를 선수들이 실제 경기장에서 실행에 옮길 수 있도록 훈련시켰다. 이에는 다양한 팀 전술에 대한 이해가 바탕이 되어야 하며, 이것이 바로 생각하는 축구라고 말할 수 있다. 이 모든 것에 앞서 그는 패스 연습부터 시작했다. 그런 다음 팀 전술 훈련에서도 전략적 사고(선택과 집중), 즉 기본과 핵심들을 선별하여 우선순위를 매기고 우선순위에 따라 하나하나에 집중하는 체계적인 훈련을 시켜나갔던 것이다.

구체적인 훈련의 예를 들어보자. 볼 터치나 볼 컨트롤 훈련을 할 때 한국 지도자들은 체력 훈련까지 병행한다. 볼을 주고받고 천천히 걸어 다닐 시간이 없다. 부지런히 뛰는 모습을 보여 주어야 한다. 그러나 히딩크 감독님은 다르다. 히딩크 감독님은 볼 터치나 볼 컨트롤에 최대한 집중할 수 있도록 여유를 준다. 훈련의 목적이 체력훈련이 아니라 기본기훈련이기 때문이다. 자연히 선수들은 볼 컨트롤 하나, 패스 하나에 집중력을 갖고 임할 수 있다. 대개 이런 식이다.
예전엔 훈련이 끝나면 꼭 운동장을 몇 바퀴씩 돌곤 했다. 그러나 훈련으로 파김치가 다 된 선수들로선 훈련을 마친 뒤 또 뛰어야 한다는 게 여간 부담스러운 일이 아닐 수 없다. 자연히 선수들은 훈련 뒤 뛰어야 하는 부담 때문에 훈련 중에 최선을 다하지 못한다. 훈련을 마치 실전과 같이 모든 힘을 쏟아 붓도록 유도하는 외국인 지도자들의 마인드와는 큰 차이가 있다.[15]
전체적인 운동량은 그리 많지 않지만 고도의 집중력과 긴장을 필요로 한다. 생각하는 축구를 하지 않으면 그로부터 날카로운 휘슬이 단번에 날아온다. 최선을 다해서 '히딩크 축구'를 이해하다 보면 정말 30분만 훈련해도 완전히 녹초가 된다. 지금까지 6번 경기를 했는데 그 동안 수차례 변형전술을 사용, 선수들이 상당히 긴장하며 시스템을 소화해냈다. 물론 이런 변화에 적응을 못하는 선수들도 꽤 있다. 계속 정신을 못 차린다면 설 자리가 없을 것이다. 벌써 몇몇 선수들은 설자리를 잃었다. 더 이상 대표팀에 남을 수 없는 것이다. 물론 히딩크 감독님도 경기 중에 리딩을 하고 경기를 전체적으로 읽을 수 있는 선수들을 중용하고 눈여겨 볼 것이다. 그러나 선수 개개인에 대해서는 존중을

---

15) 홍명보 지음, *영원한 리베로*, 서울 : 은행나무(2002), p.204. 참고로 홍명보 선수는 1990년 이탈리아 월드컵의 이회택 감독으로부터 김호, 박종환, 차범근, 허정무 감독 등 5명의 감독 아래에서 훈련을 받은 경험이 있다.

하고 마음에 상처를 주지 않으려고 한다. 개인에 대한 직접적 비방은 완전히 배제하고, 훈련에서 안 된 부분만 지적한다. 그렇기 때문에 서로 감정이 상하지 않는다. 외국인임에도 전혀 권위적이지 않고 놀라울 정도로 선수들과 빨리 섞였다. 예전의 비쇼베츠 감독과 비교하면 상당히 신사적이고 합리적이다.

역대 대표팀을 통틀어 경기 중에 이렇게 많은 이야기를 나눈 적은 없었다. 전술적 이해를 위해, 생존을 위해 서로 입을 열어야 한다. 감독님이 가장 강조하는 점도 '서로 도와주지 않으면 아무 일도 안 된다' 는 것이다. 감독님 본인도 말을 많이 한다. 선수들이 영어를 잘 못 알아들어서 그렇지, 감독님은 항상 선수들에게 농담을 걸며 접근한다. 경기에 못 나간 사람들은 이야기를 하면서 기분을 풀어주고 한국인 코치들과도 많은 대화를 나눠 이젠 마치 10년 넘게 만난 사람들인 것처럼 행동한다.

— 2001. 2. 15, 홍명보가 본 히딩크, 생각하는 축구 강조하는 신사, 스포츠투데이

히딩크 감독은 2001년 1월 울산 전지훈련장에서 다음과 같은 말을 한 적이 있다.

"한국 선수들은 마치 시종 4000~5000rpm으로 달리는 자동차와 같다. 자동차가 계속 같은 속도로만 달릴 수는 없다. 패스할 때도 리듬과 템포를 살려 강할 땐 강하게 약할 땐 약하게 차는 것을 잊지 말아라. 그리고 눈을 높게 들어 멀리 보면 가까운 곳과 먼 곳에 패스할 수 있지만, 눈을 내리면 가까운 곳밖에 패스할 수 없다. 아무리 배기량이 큰 자동차라도 마냥 고속으로 달릴 수는 없다. 한국 선수들은 너무 저돌적으로 플레이를 하다 보니 전술적 위치를 너무 쉽게 잃고 만다. 이러면 선수들 사이에 밸런스도 깨진다. 조직적인 플레이에서 파괴적인 플레이가 나오는 법이다. 선수들에게 강한 수비력과 함께 경기 자체를 통제할 수 있는 능력을 키워주고 싶다."

우리는 그가 왜 이와 같은 말을 했었는지, 그 이유를 진지하게 생각해

〈그림 2-21〉 팀 전술 역량 증대 일정

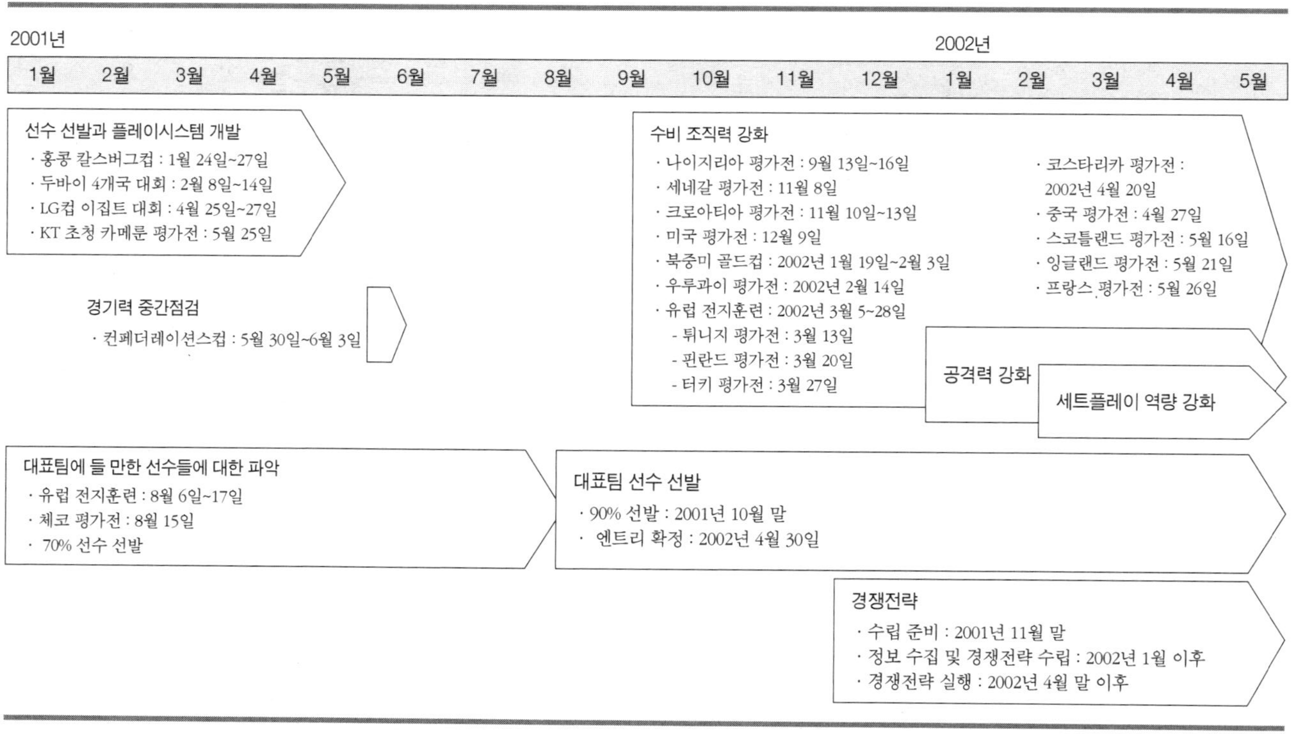

2001년 　　　　　　　　　　　　　　　　　　　　　　2002년

| 1월 | 2월 | 3월 | 4월 | 5월 | 6월 | 7월 | 8월 | 9월 | 10월 | 11월 | 12월 | 1월 | 2월 | 3월 | 4월 | 5월 |

선수 선발과 플레이시스템 개발
· 홍콩 칼스버그컵 : 1월 24일~27일
· 두바이 4개국 대회 : 2월 8일~14일
· LG컵 이집트 대회 : 4월 25일~27일
· KT 초청 카메룬 평가전 : 5월 25일

경기력 중간점검
· 컨페더레이션스컵 : 5월 30일~6월 3일

수비 조직력 강화
· 나이지리아 평가전 : 9월 13일~16일
· 세네갈 평가전 : 11월 8일
· 크로아티아 평가전 : 11월 10일~13일
· 미국 평가전 : 12월 9일
· 북중미 골드컵 : 2002년 1월 19일~2월 3일
· 우루과이 평가전 : 2002년 2월 14일
· 유럽 전지훈련 : 2002년 3월 5~28일
 - 튀니지 평가전 : 3월 13일
 - 핀란드 평가전 : 3월 20일
 - 터키 평가전 : 3월 27일
· 코스타리카 평가전 : 2002년 4월 20일
· 중국 평가전 : 4월 27일
· 스코틀랜드 평가전 : 5월 16일
· 잉글랜드 평가전 : 5월 21일
· 프랑스 평가전 : 5월 26일

공격력 강화
세트플레이 역량 강화

대표팀에 들 만한 선수들에 대한 파악
· 유럽 전지훈련 : 8월 6일~17일
· 체코 평가전 : 8월 15일
· 70% 선수 선발

대표팀 선수 선발
· 90% 선발 : 2001년 10월 말
· 엔트리 확정 : 2002년 4월 30일

경쟁전략
· 수립 준비 : 2001년 11월 말
· 정보 수집 및 경쟁전략 수립 : 2002년 1월 이후
· 경쟁전략 실행 : 2002년 4월 말 이후

보아야 한다. 마치 '악독한 시어머니 아래에서 자란 며느리가 시어머니가 되면 더 악독해진다' 라는 속담처럼, 우리 선수들이 마냥 저돌적으로만 플레이하려고 하는 데는, 생각 없이 지시하고 명령했던 잘못된 지도자들의 탓도 없지 않다. 그 지도자들 역시 자신이 선수시절 배운 방법을 다시 선수들에게 그대로 주입시키는 악순환을 되풀이하고 있었던 것이다. 이것이 바로 '생각하지 않는 한국축구'의 문제점이었다.

정작 우리 자신은 그러한 관행들을 혁신해야 할 대상으로 심각하게 인식하지 못하고 있었지만, 이방인인 히딩크 감독은 "그라운드 밖에서 아무리 소리쳐봐야 소용없다. 플레이하는 선수들이 자신이 알아서 하는 플레이를 해야 선진축구를 보여줄 수 있다."라고 강조하며, 기본기 연습을 시작으로 수비수들 간의 관계설정, 수비수와 미드필더 간의 관계설정, 미드필더와 공격수 간의 관계설정 순으로 우리의 시스템과 관행을 혁신시켜 나갔다.

⑦ *2단계 실행계획 : 수비수들 간의 관계설정(수비전술)*

2001년 4월 11일, 기자들이 그에게 대표팀의 가장 취약한 포지션을 물었을 때 그는 "대표팀의 가장 취약한 포지션은 수비다."라고 명확하게 지적했다. 그리고 축구인들과 기자들의 지속되는 수비 포메이션에 대한 질문에는 "수비 포메이션은 상대 전술에 따라 달라지는 것이지, 수비수를 3명 세우느냐 4명 세우느냐는 크게 중요하지 않다."라고 응수했다. 우리가 3-4-3, 4-4-2, 3-5-2 포메이션 중 한 가지 포메이션만을 선호하는 획일적이고 융통성 없는 시스템을 고집하고 주장하는 데 반해, 그는 4-4-2 포메이션을 기본으로 다양하고 융통성 있는 시스템을 이야기하고 있었던 것이다.

월드컵에서 상대팀의 다양한 전술에 대응하려면, 당연히 다양성과 창의성이 요구되는 유연한 수비 시스템이 요구된다. 그럼에도 불구하고 우리는 여전히 예전의 사고방식에서 벗어나지 못한 채 똑같은 질문만을 계속했다. 우리 스스로 '왜' 그는 그러한 수비시스템을 택하는가에 대해 진지하게 고찰하지 못하고 있었던 것이다.

2001년 10월 5일, 또다시 "수비시스템이 언제쯤 안정될 것인가?"라는 질문이 나오자, "나는 특별한 경우를 제외하고는 기본적으로 대인방어를 좋아하지 않는다. 상대가 공격으로 전환할 때는 우리 쪽 미드필더와 공격수도 수비에 가담, 타이트한 대인방어를 해야 한다. … 그러기 위해서는 낡은 시스템은 버릴 필요가 있으며, 한 가지 시스템만으로는 어렵다고 본다."라고 자신이 구상하고 있는 유연한 수비시스템에 대해 이야기했다.

그런데 그의 이야기를 좀더 깊이 생각해보면, 그는 단순히 수비시스템이라는 부분 전술만을 생각한 것이 아님을 알 수 있다. 다시 말해서, 그는 팀 전체의 전술을 고려한 부분 전술로서의 수비시스템을 생각하고 말했던 것이다. 창조적인 미드필드 플레이를 기본으로 하여 수비시스템, 즉 수비수와 미드필더 간의 관계설정까지를 내다보고 있었던 것이다.

히딩크 감독은 리더로서 부분만을 보지 않았다. 언제나 전체를 보면서도 부분을 보는 균형감각을 잃지 않는 통합적인 사고의 소유자였다. 정보 또는 지식사회라 불리는 지금, 산업시대에나 각광을 받았던 분업의 원리에 집착하여 전체(숲)를 보지 못하고 부분(나무)밖에 볼 줄 모르는 사람이 조직의 우두머리가 된다면, 그에게 조직 전체의 통합과 화합을 기대하기는 힘들어질 것이다. 그들은 통합과 화합보다는 오히려 분열과 분리를 조장할 것이기 때문이다. 또한 그들에게 조직 전체가 추구하는 공동의 목적을 위해 부분들이 유기적으로 맞물려 돌아가는 시스템을 기대하기란 힘들 것이다.

히딩크 감독, 그가 우리에게 던져 준 참다운 메시지는 그동안 우리에게 너무나 부족한 사고였던 '토털사커(total soccer)', 그 중에서도 '토털 (total)' 이었다. 리더에게 반드시 요구되는 사고방식은 바로 전체를 개관하고 전체 안에서 부분을 살펴보는 '대관소찰(大觀小察)'의 사고방식임을 다시 한번 상기할 필요가 있다.

히딩크 감독님은 1월 홍콩 대회와 2월 두바이 4개국 대회를 통해 한국 선수들에게 맞는 수비시스템을 찾느라 고민하는 흔적이 역력했다. 홍콩 대회에서 플랫 포백 시스템을 기본으로 한 4-4-2 포메이션을 고집하던 히딩크 감독님은 두바이로 건너오면서 4-4-2 포메이션과 3-5-2 포메이션을 병행했다. 두바이 대회에선 첫 경기(모로코 전 1 : 1 무승부)와 세 번째 경기(덴마크 전 0 : 2 패)에선 포백을 썼고, 두 번째 경기(아랍에미리트 전 4 : 1 승)에선 스리백 3-5-2 포메이션 시스템을 활용했다. 경기 결과는 내 예상대로였다. 포백보다는 스리백 때 훨씬 경기력이 좋을 것이라는 게 내 예상이었고, 경기 결과는 그대로 나타났다. 사실 아랍에미리트 전까지 세 번의 경기에서 줄곧 포백 시스템에 나섰던 나에게는 아랍에미리트 전에서의 3-5-2 포메이션 스리백이 마치 '잘 맞는 옷' 처럼 편안하고 자유로웠다. 당시 이런 느낌은 나뿐이 아닌 후배 선수들 모두 가졌을 것이다. 아마 히딩크 감독님도 이를 보면서 '한국 선수들에겐 스리백이 잘 어울린다' 고 느꼈을 거라 미뤄 짐작하게 됐다.

– 홍명보 지음, 영원한 리베로, 서울 : 은행나무(2002), p.47

한국 사람들은 어떤 틀에 박히는 것을 좋아하는 것 같다. 4-4-2만 해도 그렇다. 기본적인 포메이션이 그렇다는 것이지, 반드시 수비와 미드필드에 4명, 공격에 2명을 세운다는 것은 아니다. 상대에 따라 수시로 변할 수 있는 게 바로 포메이션이다. 나는 즉흥적인 것을 좋아한다. 그리고 나는 항상 선수들을 먼저 본다. 이들이 어떤 종류의 플레이를 할 수 있는지 본 후에 가장 적합한 전술을 찾아 나간다.

새로운 감독이 선수들에게 적응하고, 선수들도 새로운 감독이 추구하는 혁신적인 전략과 전술에 적응하는 변화의 초기 과정에서 흔히 나오게 되는 이야기들이다. 조직의 변화와 혁신 과정에는 새로운 상태로 넘어가기 전에 겪게 되는 혼돈스러운 과도기가 항상 존재하기 때문이다.

이러한 과도기는 2001년 9월 대표팀 구성을 70% 정도 마무리한 후, 2001년 10월 초 대구 합숙훈련부터는 미드필드와 수비진 간의 관계를 탄탄하게 구축하는 단계로 넘어가게 된다. 이때 히딩크 감독은 수비와 미드필드 라인에서 두 라인을 오가며 적절히 적응할 수 있는 중복 포지션을 소화해 낼 선수의 필요성을 다시 한번 강조한다.

그리고 대구 합숙훈련을 통해 대표팀을 90% 구상하였고, 2001년 11월 초에는 미사리연습장에서 스리백을 가동, 수비수 개개인의 위치선정, 상대 공격수들의 다양한 공간 침투에 대비한 대인마크 전술, 공수전환 시 요구되는 수비라인의 위치변화, 상대 공격수 숫자 변화에 따른 수비 형태, 수비로부터 시작되는 공격전개 훈련 등의 수비 조직력 훈련을 시켰다.

그리고 2001년 11월 8일 세네갈과의 평가전(0 : 1 패), 2001년 11월 10일과 13일에 개최된 크로아티아와의 2차 평가전(2 : 0 승, 1 : 1 무승부)을 통해 "상대의 공격 유형에 따라 다양한 수비 형태를 적용하겠지만, 이번 경기에서 수비라인의 안정이라는 수확을 올렸다. 내가 감독직을 맡으면서 선택한 대표팀 운영방식이 올바른 선택이었음이 증명되는 것 같아 기쁘다."라는 말로서 대표팀 수비진 전술의 구상과 실행이 마무리되었음을 선언했다.

⑧ *3단계 실행계획 : 수비수와 미드필더 간의 관계설정(공수전환 전술)*

히딩크 감독은 2001년 10월 2일 대구 합숙훈련에서 약 50분간 24명의 선수를 3개 조로 나누어 2개 조씩 8 : 8 모의경기를 계속해, 그간 문제점으로 지적 받았던 미드필드와 수비라인의 넓은 간격을 좁히는 훈련에 주력하게 된다.

그 날 히딩크 감독과 코칭 스태프들은 수비 3명과 미드필더 3명, 스트라이커 및 골키퍼 각 1명씩으로 조를 짜 치른 모의경기에서 시종 수비와 미드필드 라인의 간격을 떨어뜨리지 말라고 강조했다. 그리고 자신이 부임 초기부터 강조해온 다양한 포지션 소화능력의 중요성을 다음과 같은 말로 다시 한번 강조했다.

"미드필더와 수비라인에서 주전자리를 확보하려면 다양한 포지션에 대한 적응력을 키워야 한다. 다양한 포지션 소화능력은 다른 선수의 부상공백을 메우기 위한 것만이 아니라, 다양한 전형의 변화에 적응할 수 있는 임기응변 능력이 필요하기 때문이다. 향후 전형이 바뀔 때마다 수비와 미드필더를 오가며 적절히 적응할 수 있는 '멀티플레이어' 를 선수 선발의 주안점으로 두겠다."

2001년 12월 초 미국 대표팀과의 평가전을 대비한 서귀포 합숙훈련에서 그는 2001년 11월 초에 있었던 크로아티아와의 1,2차전 경기 비디오를 선수들과 함께 분석하며 미드필더의 문제점을 세밀히 지적했다. 비디오 분석에서 드러난 문제점은 한국 미드필더들이 상대 선수로부터 볼을 빼앗고도 성급하게 최전방 공격수에게 연결하는 데 급급하여 모처럼 잡은 기회를 허무하게 날려 버린다는 것이었다. 이는 곧바로 이어진 전술 훈련으로 반영됐다.

비를 맞으며 센터서클에 선 그는 선수들이 상대 압박수비를 의식해 최전방으로 공을 띄우면 경기를 중단시키고 잘못된 점을 지적했다. 또한 수비수가 볼을 잡은 뒤 더 치고 나갈 수 있는데도 볼을 패스할 때도 강하게 지적했다. 상대 수비가 자리를 잡고 있는데, 수적 열세에 있는 공격진에게 볼을 연결한다는 것은 아무런 의미가 없다는 것이 그의 생각이었다. 따라서 다소 템포가 느려지더라도 완벽한 공격 찬스를 만들기 위해서는 보다 좋은 위치에 있는 미드필더를 거친 뒤에 최전방으로 연결해야 한다는 것이 그의 주문이었다.

그는 "최전방 공격라인도 중요하지만, 미드필더들이 공격수들에게 완벽한 찬스를 만들어 주는 것이 더 중요하다. 앞으로의 훈련은 안정을 찾아가고 있는 수비를 바탕으로 미드필더 간의 조직력 쌓기에 주력할 것이다."라고 말하면서, 다음 단계인 미드필더와 공격수 간의 관계설정으로 넘어갔다.

⑨ *4단계 실행계획 : 미드필더와 공격수 간의 관계설정(공격전술)*

히딩크 감독은 2002년 1월 초, 미국 전지훈련의 목적에 대해 다음과 같이 말했다.

"이번 전지훈련 기간 동안 다양한 공격루트를 찾는 데 주안점을 두겠다. 공격진의 조율을 통해 다양한 득점루트를 창조해낼 계획이다. 우리만 아니라 다른 많은 나라들이 측면공격을 활용하고 있다. 우리 역시 최근 우리가 보어 준 것처럼 앞으로도 좋은 사이드 어태커들을 통해 측면공격 기회를 살릴 것이다. 프랑스와 같이 특출한 플레이메이커가 있다면 그런 선수 한 명을 세우겠지만, 우리는 그런 형편이 안 되는 만큼 여러 선수를 활용하도록 하겠다. 선수들이 쉬는 기간 실시한 개인훈련의 성과를 점검하는 한편, 그간 훈련성과를 바탕으로 공수에 걸친 조율작업을 계속하는 데 이번 전지훈련의 의미를 둘 것이다."

그는 자신이 말한 대로 다양한 높이에서의 헤딩 연습과 빠른 볼 터치에 의한 패싱 연습, 좁은 공간에서의 6 : 6 미니게임 등을 실시하며 점점 훈련의 강도를 높여갔다. 한편 공격수들에게는 과감한 슈팅을 통해 적극적으로 '해결'에 나설 것을 주문했다. 특히 운동장의 30% 정도 넓이에 해당하는 좁은 공간에 골대를 세워두고 6 : 6 미니경기를 하면서 공격수들에게 찬스가 나기만 하면 거침없이 슈팅을 하도록 지시했다.

그가 공격수들에게 특히 강조한 것은 슈팅의 정확성보다는 과감성이었다. 선수들이 슈팅찬스에서 머뭇거리거나 어정쩡한 패스를 할 때면 어김없이 "무책임하다."며 호통을 쳤다. 반대로 적극적인 슈팅에 대해서는 비록 연습장 철망을 넘어가는 '홈런 성 슈팅'일지라도 "오케이"를 외치며 독려했다. 훈련을 마친 뒤 그는 "한국 선수들은 슈팅찬스에서 실패를 두려워하는 경향이 있는데, 이는 무책임한 행동이다."면서 실패를 통해 발전하는 만큼 두려워하지 말고 슈팅을 날릴 것을 강조했다.

히딩크 감독은 2002년 3월 유럽 전지훈련에서부터는 한국 대표팀의 취약점인 골 결정력 보완을 위해 '킬러 본능'을 가진 스트라이커 만들기에 나섰다. 그는 이동국, 차두리, 이천수를 상대로 '순도 높은' 슈팅방법에 대한 강의를 했다. 먼저 그는 세 명의 선수들에게 골문 앞에서 발생할 수 있는 여러 가지 상황에서의 슛 동작을 해보게 한 뒤, 본격적인 강의에 들어갔다.

이날 강의 내용의 핵심은 골로 연결될 수 있는 효과적이고 위협적인 슛 방법이었다. 특히 그는 골문 밖으로 볼을 차 결정적인 찬스를 놓치는 경우가 많다는 점을 지적하면서, 슛 동작에서 상체를 낮추고 골키퍼를 비롯한 상대 수비의 움직임을 확인하라고 지시한 뒤, 선수들에게 반복적인 슛 연습을 시켰다.

그는 이 밖에도 스트라이커가 전체 플레이에서 담당해야 하는 역할과 플레이 지침 등에 대해서도 하나하나 꼼꼼하게 짚어갔다. 그는 또한 압신 고트비 비디오분석관이 즉석에서 촬영한 선수들의 헤딩슛 장면을 보여주며 점프 방법과 정확한 임팩트 시점 등에 대한 조언을 하기도 했다. 그리고 "점프 방법과 정확한 임팩트 시점 등에서 아직 문제점이 많지만, 꾸준히 반복 연습하면 좋은 결과가 있을 것으로 확신한다."고 말했다. 또한 "너희들이 골을 넣어야 우리가 이긴다."며 선수들에게 진지한 자세를 요구했다. 페널티 킥 연습에서는 "10만 명의 홈팬들이 지켜보고 있다고 생각하라. 못 넣을 경우 돌팔매를 맞는다는 각오로 신중을 기하라." 며 골키퍼와 맞선 스트라이커의 자세를 강조하기도 했다.

유럽 전지훈련을 마친 2002년 3월 말에 히딩크 감독은 다음과 같은 말을 했다.

"수비와 공격수들의 플레이에 대체로 만족한다. 특히 수비는 상대 공격 시 물러서지 않고 전진하면서도 골을 내주지 않았고, 공격수들은 상대 수비 뒤쪽에 공간을 만드는 플레이를 선보였다. 그러나 경기를 주도하면서도 몇 차례의 결정적인 찬스와 코너킥, 프리킥 등 세트플레이를 골로 연결시키지 못한 점은 아쉽다. 또 공격 시에 일부 선수들이 흥분해 쉽게 볼을 뺏기는 모습을 보인 점도 앞으로 고쳐나가야 할 부분이다. 본선이 두 달 앞으로 다가왔다. 현재까지가 초기 전술을 다듬는 기간이었다면, 앞으로는 좀더 차원 높은 전술을 습득하는 기간이 될 것이다."

그때까지는 초기 전술을 다듬는 단계였으므로, 이후에는 보다 차원 높은 전술의 습득에 힘쓰겠다는 자신의 훈련 계획을 말한 것이다.

그동안 수비의 안정과 공격의 틀을 확정하는 데 훈련의 초점을 맞췄던 그는 공수 양면에 걸쳐 만족할 만한 궤도에 올랐다고 판단되는 시점에서, 보다 본격적이면서도 차원 높은 득점공식 만들기에 나섰다. 잠정적

키커로 선정된 윤정환, 이천수, 송종국 등은 코너킥과 갖가지 프리킥 상황을 가정해 때로는 짧게, 때로는 길게 킥하면서 세트플레이를 통한 득점공식의 완성도를 높여 나갔다. 그리고 2002년 5월 중순부터는 본선에서 상대할 3개 팀의 스타일에 따라 효과적인 수비와 공격전술을 찾아 훈련하는 맞춤 전술훈련으로 옮겨갔다.

이때 그는 "선수들이 지나치게 흥분했을 때 종종 해왔던 어이없는 실수들을 개개인별로 지적하여 앞으로는 그와 같은 일이 되풀이되지 않도록 하는 한편, 세트플레이를 가다듬는 일에도 힘을 쓸 것이다. 장담을 잘 안 하는 게 내 스타일이지만 한국팀의 수준이 당초 목표치에 가까이 도달한 만큼 운이 따른다면 가능성이 있다. 당초 16강 진출은 한국인뿐만 아니라 내 자신의 목표이기도 했다. 우리는 우리 팀의 현실을 직시하고 있지만 또한 꿈을 이루겠다는 야망과 자신감이 있다."라는 말로서, 사실상 팀 전술의 수준이 그가 원했던 목표에 도달했음을 선언했다.

그리고 실제로 월드컵 본선 리허설을 겸한 5일 간격의 평가전에서, 2002년 5월 16일 스코틀랜드 전 4 : 1 승, 5월 21일 잉글랜드 전 1 : 1 무승부, 5월 26일 프랑스 전 2 : 3 패를 기록하면서, 그가 한 말이 허황된 것이 아님을 우리에게 보여 주었다. 그리고 우리 선수들은 강한 자신감을 가지고 2002년 6월의 월드컵 본선으로 넘어가게 된다.

⑩ 훈련 방법 : *Action Learning*

즐기는 것과 진지한 것은 질이 다르다고 생각하지 않는다. 즐기면서도 충분히 진지하고 까다로울 수 있다. 그렇게 대하면 선수들은 더 의욕적이 되고, 시계를 쳐다보면서 '언제 끝나지' 하는 마음을 갖지 않게 된다. 오히려 더 남아서 연습하려고 하고 맡은 부분을 빨리빨리 해내게 된다.

– 2002. 7. 1, KBS 일요스페셜 'Thank You 히딩크, 세계가 놀랐습니다'

훈련 시 직접 그라운드로 나서 문제점을 지적하고 반복훈련을 하면서 선수들의 이해를 구한다. 또 선수들을 다룰 줄 안다. 내가 아는 대표팀은 최근 '해보겠다' 는 의지가 아주 강해졌다.

— 2001. 2. 14, 줄곧 대표팀과 일정을 함께한 윤덕여 대한축구협회 기술위원

2002년 1월 13일, 히딩크 감독은 저녁식사 후 숙소 미팅 룸에서 스트라이커 최용수와 차두리를 따로 불러 놓고 지난해 11월 크로아티아와의 평가전 2차전 편집 테이프를 가지고 약 1시간 30분에 이르는 특강을 했다. 박항서 코치와 압신 고트비 기술분석관이 동석한 그 자리에서 그는 두 선수에게 당시 선제골을 뽑은 최용수의 동작 하나하나를 '텍스트' 삼아 밤 11시가 다 되도록 스트라이커로서의 역할과 플레이 지침 등을 꼼꼼히 가르쳤다. 그날 그는 특히 최용수가 절묘한 시저스킥으로 선제골을 뽑아 낸 장면을 놓고 차두리가 스트라이커로서 배워야 할 점들을 강조했다.

다음 날(1월 14일) 히딩크 감독으로부터 특별 개인지도를 받았던 최용수와 차두리는 감독의 주문에 따라 패스를 통해 창조된 공간에 침투, 각각 멋진 골을 터트리며 '교육효과' 를 즉각 입증했다.

그런가 하면, 히딩크 감독은 2002년 3월 7일에는 유럽 전지훈련 참가 선수 전원에게 숙제를 내주기도 했다. 그가 내준 숙제는 그날 저녁 마드리드에서 열린 레알 마드리드와 데포르티보 라 코루냐 간의 스페인컵 결승전 TV중계를 시청하는 것이었다. 그는 경기 내용을 꼼꼼히 챙겨야 한다고 당부하면서 8일 점심식사 후 이 경기에 대해 토론하겠다며 숙제 엄수를 지시하기도 했다.

한편 팀 전술의 근간이 되는 수비수들 간의 관계설정, 수비수들과 미드필더들 간의 관계설정, 미드필더들과 공격수들 간의 관계설정을 위한

〈그림 2-22〉 학습방법 : 멀티미디어를 활용한 반복학습

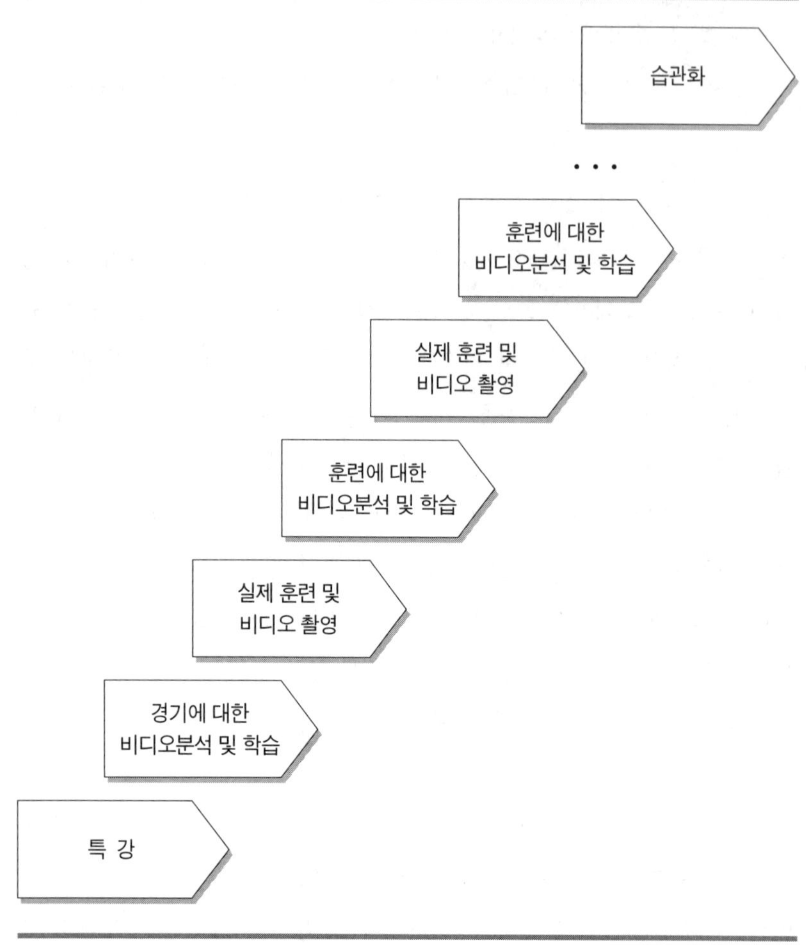

훈련 방법으로는 3 : 3 축구를 실시했다. A, B, C 3개 팀으로 나누어서 하는 이 훈련은 좁은 지역에 골대 3개를 삼각형 모양으로 배치하고, A팀이 B팀 골대로 공격하면 C팀은 A팀과 한편이 되도록 했다. 순간 두 팀은 다른 한 팀을 상대로 관계설정을 해야만 하고, 다른 한 팀은 순간적인 압박

을 막아야 하는 훈련이었다. 이 훈련을 통해 선수들로 하여금 상황에 따른 신속한 공수전환과 수비수들 간의 관계설정, 미드필더들과 공격수들 간의 관계설정을 몸에 배게 했다.

히딩크 감독은 우리 대표팀의 조직력(팀 전술)의 역량을 키우고자 했을 때, 우리 선수들의 잘못된 습성 3가지가 걸림돌이 된다는 사실을 파악한 뒤, 선수들의 습성을 고치기 위한 훈련도 실시했다.

잘못된 습관 중 하나는 패스를 할 때 고개를 숙인 채 공만 보는 습관이었다. 그는 선수들에게 무조건 고개를 쳐들고 눈을 들어 패스하는 습관을 들이라고 말만 한 게 아니었다. 이미 우리 선수들의 몸에 배인 공만 보는 습관을 고치기 위해 축구와는 룰이 전혀 다른 핸드볼 경기를 하도록 했다. 손과 머리만을 쓰는 이 핸드볼 경기는 선수들이 자연스럽게 고개와 눈을 드는 습관을 들이는 데 적격이었다. 뿐만 아니라 핸드볼 경기를 통한 훈련은 선수들의 시야를 넓혀주었고, 이는 공간을 확보하는 능력을 향상시켜 팀플레이가 한층 원활해질 수 있었다. 그리고 작은 핸드볼 골대를 보다가 축구 골대를 보았을 때 상대적으로 크게 보이게 하는 효과도 얻을 수 있었다.

그는 질책하거나 꾸짖기보다는 즐겁게 훈련을 하도록 유도함으로써, 선수들의 잘못된 부분을 바로잡아나갔던 것이다.

우리 선수들의 또 다른 잘못된 습관은 슈팅에 관한 것이었다. 공격수들의 슈팅 성공률은 논스톱(non-stop, one-touch)인 경우에는 68%, 투 터치(two-touch)인 경우에는 20%, 쓰리 터치(three-touch)인 경우에는 6%로 떨어진다는 통계[16]가 있다. 우리 선수들의 문전처리 미숙에는 여

---

16) 2001. 2. 11, KBS 일요스페셜 '월드컵 1년, 히딩크의 한국축구 무엇을 할 것인가'

러 가지 원인들이 있지만, 그 중 하나는 골 찬스에서 터치수가 많다는 것이었다. 히딩크 감독은 그 습관을 바꾸기 위해 우리들이 흔히 하는 족구 게임을 선수들과 함께 즐기면서 한 번에 공을 차는 습관을 들이게 했다. 그는 수시로 이 게임을 선수들과 함께 즐기면서 자연스럽게 논스톱으로 슈팅을 하는 습관을 들이도록 유도했다.

마지막으로, 우리 선수들은 축구는 테니스처럼 점잖은 스포츠가 아님에도 불구하고 정석 플레이만 하는 착한 플레이 습성을 갖고 있었다. 히딩크 감독은 2001년 10월 초에 선수들에게 이런 말을 한 적이 있다.

"우리에겐 승리를 위해 변칙적인 플레이(악역)를 할 수 있는 선수가 필요하다. 교과서적인 플레이에서 벗어나, 이기기 위해 모든 것을 할 수 있는 선수가 필요하다. 한국 선수들은 모두 경기에서 최선을 다하려고 하며, 그 정신력을 존중한다. 하지만 좋은 결과를 위한 팀 구성에 있어서는 감독의 지시에 충실한 선수와 변칙 플레이를 할 수 있는 선수 간의 조화가 필요하다."

그럼에도 불구하고 김남일 선수를 제외한 다른 선수들이 '악역' 을 맡지 않으려 하자, "승리를 위해서 때로는 그라운드에서 '악행' 을 할 수도 있어야 한다. 악역을 맡을 선수가 필요하다."라고 말하면서, 자신의 메시지를 보다 확실히 전하기 위해 2002년 4월 14일 대구 수성 구민 운동장에서 족구 대회를 개최했다. 자신과 코치들로 구성된 '노장조' 와 선수들로 구성된 '선수조' 가 붙은 이 경기에서 승리는 예상외로 '노장조' 에게 돌아갔다. 노장조가 3승 2패를 기록한 것이다. 그 게임에서 히딩크 감독은 공격수로 나서 갖은 반칙을 일삼으며 상대편 선수들을 괴롭혔다. 상대 선수가 스파이크를 날릴 때면 고성으로 야유를 보내 선수들의 집중력을 흔드는가 하면, 상대 공격수의 옷을 잡아끄는 '애교성' 반칙은 물론, 네트 앞에서 공중 볼을 경합할 때면 육중한 몸을 네트에 던지다시피하며 '과격한' 파울도 서슴지 않았다. 그는 선수들을 싸움닭, 승리를 위한 악바리로 만들기 위해 그러한 행동을 자신이 몸소 보여 준 것이었다.

3) 리더 히딩크의 효과적인 전략 실행 도구와 방법론 2 : 전략체계도

대한축구협회, 문화관광부, 지방자치단체, 중앙정부와 우리 국민들은 히딩크 감독과 그의 스태프, 선수들에게뿐만 아니라 경기장시설, 월드컵 유치, 홍보 등에 막대한 자금을 투자했다. 그것은 비단 유형적인 효과로서의 관광수입과 입장료 수입 등만을 바란 투자는 아니었다. 1988년 올림픽을 통해서도 이미 경험한 바 있듯이, 월드컵을 통해 국가의 브랜드 이미지를 고양시키려는 목적이 훨씬 컸다고 볼 수 있다. 즉, 대회운영, 숙박, 교통, 월드컵 열기, 대표팀 성적 등을 통해 전 세계에 우리 국가의 위상을 알림으로써 한국의 브랜드 이미지를 제고시키자는 데에 그 궁극적인 목적이 있었다.

기업이나 제품의 브랜드 이미지를 높이기 위해서는 엄청난 광고비를 지출해야만 한다. 하지만 막대한 광고비를 지출했다고 해서 브랜드 이미지가 곧바로 높아지는 것은 아니다. 브랜드 이미지의 상승은 상당 기간 광고가 지속되어야만 하기 때문이다. 이렇게 볼 때, 성공적인 대회운영과 대표팀의 좋은 성적은 외부적인 브랜드 이미지만 제고시키는 것이 아니다. 그것은 하나의 꿈을 향해 국민 모두를 결속시키고 자신감과 긍지를 심어주는 등 엄청난 무형자산을 축적할 수 있는 기회가 되기도 한다.

거스 히딩크. 그는 리더로서 자신과 스태프, 선수들에게 막대한 투자를 한 대한민국이 그러한 브랜드 이미지와 무형자산을 창출할 책임을 자신에게 부여했음을 알고 있었다. 그는 2001년 10월 말께에 이런 말을 했다.

"내년 월드컵의 목표는 물론 16강이다. 한국은 네 차례 월드컵 본선에

나가고도 한 번도 이기지 못했다. 한국 팀이 지금까지 그랬던 것처럼, 강팀을 만나면 수비 위주의 경기를 하다 우연히 승리하는, 그런 경기를 나는 더 이상 하고 싶지 않다. 경기를 주도할 수 있는 경기력을 갖춰나가는 것이 무엇보다도 중요하다. 또 관중들이 즐거워하는 공격적인 경기를 펼쳐야 한다. 16강에 들지 못해도 3경기 모두 잘 뛰고, 운이 나빴다는 평을 듣는 게 더 낫다. 경기를 지배할 수 있다면 승리는 자연스럽게 따라온다.”

그리고 2002년 1월 중순에는 “지난 1998년 프랑스 월드컵 때부터 네덜란드, 크로아티아를 중심으로 공격축구가 대세가 되었고, 2년 전 유로 2000에서는 훨씬 더 다채로워진 공격축구를 볼 수 있었다. 이번 월드컵에서도 수비 위주의 수세적인 축구를 하는 팀들은 보기 어려울 것이다. 대부분의 팀들이 공격적인 플레이로 경기를 장악하는 축구를 할 것이며, 한국도 그 추세에 발맞춰 준비하고 있다.”라고 말했다.

여기에서 그는 ‘수비 위주의 수세적인 축구’ 보다는 ‘공격적인 플레이로 경기를 장악하는(dominant) 축구’ 를 즐거워하는 관중들을 자신의 ‘대상고객(target customer)’ 으로 설정하고, 국가 브랜드 이미지 제고와 우리 국민 내부의 결속과 자신감, 긍지 등의 무형자산을 구축하는 그의 독특한 전략, 즉 고객가치제안(customer value propositions)을 밝히고 있었던 것이다.

그리고 그는 자신이 밝힌 대상고객들을 만족·감동시키는 고객가치제안을 달성하는 프로세스의 전략(팀 전술)으로 ‘창의성이 가미된 조밀한 압박축구’ 를 선택했다.

그가 이 전략(압박축구)을 구사하기 위해 택한 핵심역량은 팀원(선수)들의 ‘학습과 성장’ 이 전제가 되어야만 했다. 때문에 그는 ‘학습과 성장’ 이라는 시각에 맞춰, 전략적 역량과 행동지향적 분위기, 전략적 기술을 자신이 내부 비즈니스 프로세스에서 구축하고자 했던 핵심역량에 맞게 세분화시켰다.

요컨대, 전략적 역량은 선수들의 체력과 기술력(기량), 팀 전술에 대한 이해로 세분화시키고, 행동지향적 분위기는 정신력으로, 그리고 전략적 기술은 정보기술로 대체했다. 또, 체력의 전략적 목표(핵심성공요인)로는 스피드, 파워, 지구력을, 정신력의 전략적 목표로는 헌신(투지, 의지), 내적 동기부여, 책임감, 성취감(도전의식), 자신감, 실전 경험, 커뮤니케이션을 선정하고, 각각에 대하여 전략적 지표(핵심성과지표)를 설정했다. 그리고 각각의 전략적 지표들 간에는 다음과 같은 인과관계를 설정하고, 전략체계도(strategy map)를 작성했다.

〈그림 2-23〉 국가대표팀의 전략적 지표들 간의 인과관계

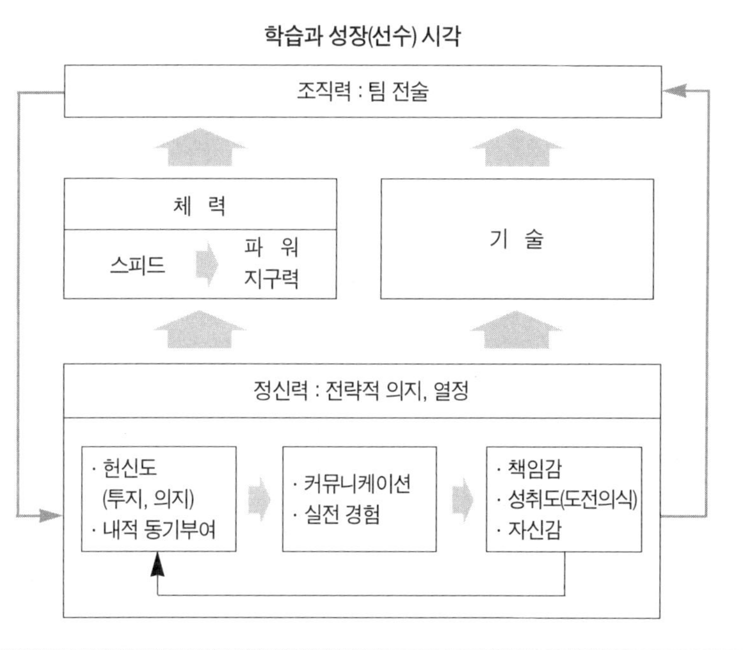

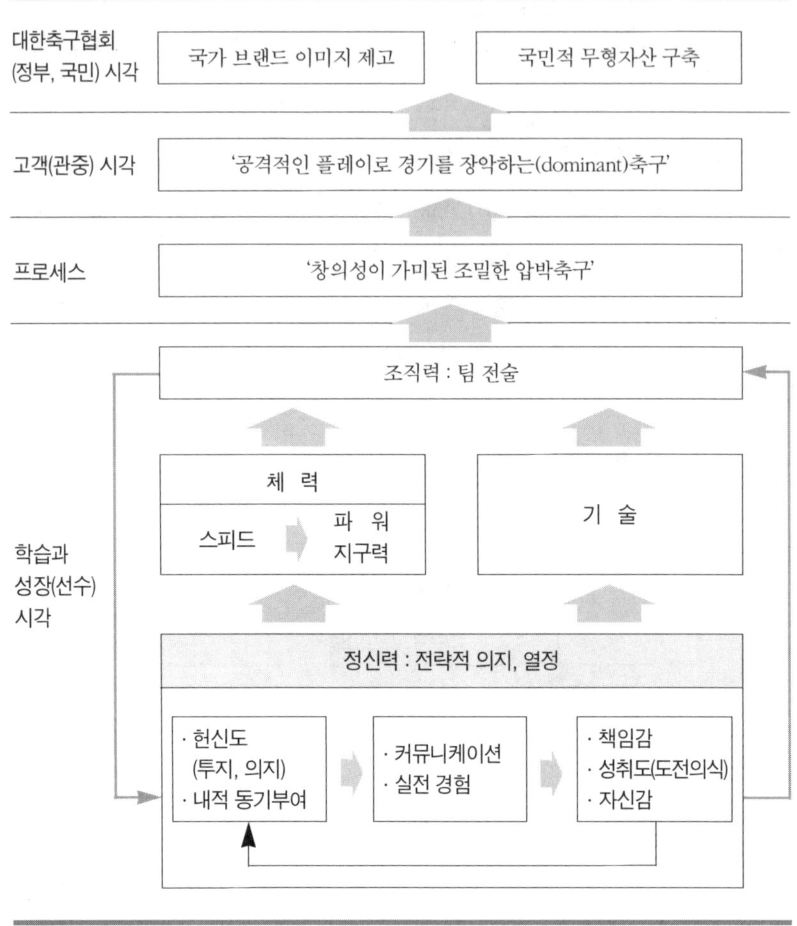

(대표팀의 목표는?) 스피드와 체력, 개인기술의 연마도 중요하지만 전술적으로 잘 조직된 팀이 돼야 한다. 조직력을 높이기 위해서는 서로 간의 커뮤니케이션을 증진시키고, 스스로 생각하는 자세를 가져야 한다. K리그를 살펴보면서 좋은 선수들을 발굴, 각 포지션에 최소한 기량이 비슷한 두 명의 선수가 경

쟁을 붙는 체제를 만들 것이다. 이제 한 달 뒤 다시 만난다. 지금까지 훈련했던 것을 근간으로 좀더 발전할 수 있을 것이다. 홍콩 칼스버그컵과 두바이 4개국 대회를 통해 얻은 것은 '할 수 있다' 는 자신감이다.

— 2001. 2. 18, 감독으로 부임, 한 달여 동안 한국축구를 면밀히 분석하고 직접 두 개 국제대회를 치른 뒤

(한국에 온 지 10개월이 됐다. 그동안 겪은 국가대표팀을 평가하면?) 올해 1월 울산에서 대표선수 25명을 처음 만났다. 느낌이 좋았다. 그리고 지금까지 여러 차례 국가대표팀 간 경기를 하면서 선수들이 많이 변했다. 선수들은 감독이 요구하는 것을 정확하게 숙지하고 스스로 경기력을 갖춰나가야 한다. 그런 면에서 대표팀 선수들은 열심히 뛰었고, 감독의 지시사항을 이행하려는 자세도 좋았다. 반면 개인기술 향상은 만족스럽지 못했다. 그러나 최근 두 달 동안 상당한 변화가 있었다. 나의 선수기용 기준은 그 선수가 얼마나 다양한 포지션을 소화해낼 수 있는가 하는 것과 지시된 작전을 수행하는 빠르기와 체력을 갖췄는가 하는 것이다.

— 2001. 10. 30, 기자회견에서

히딩크 감독은 각종 자료들과 정보들을 효과적으로 수집, 관리, 축적, 분석하기 위해 스스로 여러 가지 노력(노트(diary)에 기록, 보이스 펜(voice-pen)에 녹음, 노트북에 입력 및 활용)을 했을 뿐만 아니라, 비디오분석관인 압신 고트비의 노트북(컴퓨터), Internet, e-Mail 등을 적극 활용했다. 선수 개개인의 정신력, 체력, 기술력, 팀 전술 이해도 등과 팀 전체의 역량, 선수들의 각종 훈련과 실제 경기 장면, 그리고 경쟁 상대들의 공격, 수비, 공수전환 등으로 분류된 30여 가지의 각종 정보들을 직접 촬영했거나 입수한 비디오를 보고 분석하여 이를 노트북에 모두 입력시켜 놓고, 각종 교육과 훈련, 벤치마킹, 그리고 경쟁전략을 수립하는 데 활용하였다. 또한 Internet을 이용하여 경쟁 상대들의 각종 정보를 검색하고, 필요할 경우에는 자신이 그동안 구축한 네덜란드 축구계의 개인 네트워크(private-network)를 가동하여 그들로부터 D조 국가대표팀들의 각종 동향에 관한 필요한 정보들을 e-Mail로 주고받았다. 그는 정보사회, 지식사회를 살아가는 리더답게 자신의 일을 하기 위해 디지털 정보기술도 자유자재로 활용했던 것이다.

꿈을 이룬 리더
: 비전 실현

꿈꾸는 리더	꿈을 위해 준비하는 리더	꿈을 이루어 가는 리더	꿈을 이룬 리더	꿈 이후를 준비하는 리더
비전 설정 및 공유	전략 수립	전략 실행	비전 실현	리더 육성

4

지피지기(知彼知己), 지천지지(知天知地)

"知彼知己 勝乃不殆 (지피지기 승내불태)

知天知地 勝乃可全 (지천지지 승내가전)"

― 孫子兵法(손자병법), 地形篇(지형편) ―

"적을 알고 나를 알면, 승리는 곧 위태롭지 않을 것이며,

하늘을 알고 땅을 알면, 승리는 완전할 것이다."

조직과 함께 꿈을 꾸고, 꿈을 이루기 위해 치밀한 준비를 하고, 꿈을 이루어 나가고, 마지막으로 꿈을 이루는 리더는 항상 자신이 몸담고 있는 조직의 경쟁자들에 대한 경계를 게을리 하지 않는다. 리더는 경쟁자를 타도할 대상으로만 보지 않고, 오히려 자신과 조직이 항상 깨어 있을 (awakening) 수 있도록 해주는 대상으로 본다. 경쟁자가 없는 조직, 즉 독점의 가장 큰 문제점은 '고인 물은 썩는다' 는 말에 비유할 수 있다. 독점 상태가 계속되면 조직원들과 리더는 자만심과 나태에 빠지게 되고, 조직 내에 변화와 변혁을 가져오는 창조적 긴장(creative tension)이 형성될 수 없기 때문이다. 또한 독점 조직은 외부로부터의 적절한 자극이 없기도 하지만, 무엇보다 외부로부터의 자극을 받아들일 조직마인드 (organizational mind)가 없어지기 때문이다.

따라서 리더는 조직 내의 역동적인 변화를 위해 조직이 항상 깨어 있도록 만들 책임과 의무가 있다. 리더는 내부환경과 외부환경으로부터 불어오는 여러 가지 자극과 도전을 조직이 언제라도 받아들일 수 있도록 만들어야 한다. 그래야만 조직이 생존, 번영, 발전할 수 있기 때문이다. 이를 위해 리더는 조직원들이 언제나 경쟁상대를 알고, 인식할 수 있도록 해야 한다.

‘경쟁상대를 알고, 인식한다’ 에서 비롯되는 경쟁정보는 그것을 달성하기 위한 프로세스, 즉 ‘경쟁역학에 관해 실행 가능한 통찰력을 개발하는 프로세스(the process of developing actionable foresight regarding competitive dynamics)’ 이다. 경쟁정보는 자신이 속한 조직이 경쟁하고 있는 산업의 역학, 경쟁사와 잠재적 경쟁사의 전략, 경쟁사 경영진의 의사결정의 성향과 특성, 그리고 법률정책과 같은 제도적인 힘, 경쟁상대의 계획, 의사결정, 활동에 영향을 주는 정보 등을 수집·분석·관리하는 체계적이고 윤리적인 프로그램이다. 또한 경쟁정보는 ‘스마트(smart)’ 한 조직이 되기 위한 핵심 열쇠이다.

경쟁정보는 경쟁 상대의 의도를 분석함으로써 조직으로 하여금 시장의 변화에 단순히 반응하는 데 그치지 않고, 그것을 예측할 수 있게 한다. 그러한 경쟁정보는 도전을 요구하면서도 흥분이 되는 작업이다.

경쟁정보가 도전을 요구한다는 것은 다음과 같은 이유에서다. 경쟁정보가 조직의 경영진, 마케팅과 영업사원, 연구 개발요원, 기타 분야의 사람들을 위한 실행 가능한 통찰력을 제공하기 위해서는 그것을 위한 특별한 역량을 개발해야만 한다. 그런데 일반적으로 조직 내에는 그러한 역량을 보유한 사람이 거의 없기 때문에 특별한 도전이 요구되는 것이다. 또한, 경쟁정보가 흥분되는 작업이라는 것은, 경쟁정보로 인해 제공되는 ‘실행 가능한 통찰력(actionable foresight)’ 이 조직에 지속적인 성공과 수익을 안겨 주기 때문이다.

‘실행 가능한 통찰력’ 은 조직의 경영진에게 조직의 경쟁 포지션에 대한 현재 위협뿐만 아니라, 언제라도 잠재 위협이 존재하고 있으며 그 위협이 실질적이라는 것을 알려주고, 그 위협에 대처하는 방법을 제공한다. 가령, 신기술이 경쟁사에 의해서 개발되고 있다는 것뿐만 아니라, 그것이 언제, 어떻게 매출과 수익에 영향을 줄 것인지를 경영진에게 미리 알려주고 그 문제에 대한 대안까지 제시하는 것이다.

'실행 가능한 통찰력'은 경쟁위협에 대처하기 위해서 경쟁정보가 주는 의미와 대안을 개발하는 것에 초점이 모아져야만 한다. 경쟁정보의 초점이 경쟁위협에만 집중되어서는 안 된다는 것이다. 다시 말해, 위협에 대한 대처를 넘어 적극적으로 기회를 포착하는 것에도 초점이 맞춰져야만 한다는 것을 절대 잊지 말아야 한다. 그러므로 우수한 경쟁정보 전문가들은 정보수집, 휴먼 인텔리전스 네트워크(human intelligence network), 분석 툴, 프레젠테이션 역량을 개발해야만 한다.[1]

조직들이 경쟁정보 프로그램을 도입할 때 흔히 저지르는 실수가 있다. 사전에 경쟁정보의 초점을 명확하게 설정하고 거기에 맞는 구조를 개발하는 것이 아니라, 그저 정보수집에만 뛰어드는 것이다. 그러나 조직은 조기 경보(early warning), 전략 수립(strategy formulation), 전략 실행(strategy implementation)의 3가지 조합을 통하여 경쟁정보의 초점을 맞추어야만 한다.

첫째, 조직의 경쟁정보의 초점이 조기 경보에 맞추어질 수 있다. 조기 경보는 경영진들에게 미리 어떤 사건에 대한 정보를 제공함으로써, 그들이 사전에 경쟁 포지션을 보호할 수 있는 행동을 취할 수 있도록 한다. 예를 들어, '경쟁사가 제품생산 비용을 상당히 줄일 수 있는 신기술을 개발했다'라는 사실을 조직원 중 누군가가 알게 되어 경영진에게 그 사실과 그것이 지닌 의미에 대해 더 빨리 알린다면, 조직이 경쟁상대의 기술적인 위협에 대처하는 시간을 더 많이 벌 수 있게 된다.

---

1) 존 E. 프레스코트 & 스테픈 H. 밀러 지음, 김은경, 소자영 옮김, *세계 최강기업의 경쟁정보 베스트 프랙티스*, 서울 : (주) 시그마인사이트컴(2002), pp.34-41

둘째, 경쟁정보의 초점이 경영진의 전략 수립 프로세스 지원에 맞춰질 수 있다. 경쟁정보 전문가들은 산업구조, 산업의 발전, 경쟁 상대의 전략의 의미를 평가하는 전문가들이다. 그러한 형태의 인텔리전스는 전략 수립, 신기술 획득, 가치창출을 위한 자원배분에 있어서 필수적인 요소이다.

셋째, 경쟁정보의 초점이 전략 실행 부문에 맞추어질 수 있다. 그러한 역할에서 경쟁정보 전문가들은 조직의 전략과 전술이 가장 효과적인 방식으로 실행될 수 있도록 지원한다. 예를 들어, 영업사원들의 수주활동을 지원하거나 마케팅 팀이 경쟁사의 제품 판매현황을 파악하고 생산과 연구개발 프로세스를 벤치마킹할 수 있도록 도울 수 있다.

처음 시작단계에서는 경쟁정보의 초점을 단순하게 하고, 경험과 지식이 쌓여감에 따라 차원을 높여가는 방식을 택해야 한다. 물론 경쟁정보 프로세스는 초점을 맞추는 것 이상의 역할을 해야 한다. 정보기술(Information Technology)의 역할, 경쟁정보 워크플로(workflow) 프로세스 개발, 평가 프로세스 개발 등을 포함하는 일련의 의사결정이 포함되어야 한다.

리더 히딩크의 비전 실현을 위한 지피지기, 지천지지

이 경기는 유럽축구의 흐름을 파악하는 매우 중요한 게임이었다. 내가 아무 하는 일도 없이 한국의 호텔방에서 남산만 바라보고 있을 수만은 없지 않은가.
 ― *2001. 11. 11, 8월 체코에 참패한 뒤 귀국하지 않고 월드컵 예선 잉글랜드 대 독일 경기를 관전한 데 대한 일각의 비판에 대해*

최근 세네갈과 경기해 봤지만, 아직 아프리카 팀들과 북중미 팀 중에도 연구가 안 된 팀들이 많아 결코 쉽게 생각할 수 없다. 각 팀들의 비디오테이프를 입수해 연구작업에 들어갈 것이다.

– 2001. 11. 18, 2002 한일 월드컵 축구대회 본선 조 추첨을 보름 앞두고

이번 월드컵에서도 수비 위주의 수세적인 축구를 하는 팀들은 보기 어려울 것이다. 대부분의 팀들이 공격적인 플레이로 경기를 장악하는(dominant) 축구를 할 것이며, 한국도 그 추세에 발맞춰 준비하고 있다.

– 2002년 1월 15일 : 미국 전지훈련 중에 가진 인터뷰에서

우리의 월드컵 준비는 즉흥적이 아닌 체계적인 계획에 의해 진행됐다. 미리 알릴 경우 선수들이 필요 이상 긴장해 득이 될 것이 없다. 본선 상대팀 분석 결과를 5월이나 돼야 선수들에게 알리겠다.

– 2002. 3. 20, 유럽 전지훈련 중 핀란드와의 평가전을 마친 후,
본선 조별리그 상대팀들에 대한 정보수집결과가 궁금했던 기자들에게

(미국, 폴란드가 발표한 엔트리에 대해서는?) 놀라울 것이 없었다. 우리는 이미 상대팀 선수들에 대한 충분한 정보를 가지고 있다. 16일 스코틀랜드 전 이전부터 상대팀에 맞춘 전술훈련 및 비디오분석을 본격적으로 실시할 것이다.

– 2002. 5. 1, 월드컵 개막을 30일 앞두고

이미 매번 훈련 때 실시하는 시뮬레이션게임에서 한쪽 팀을 본선 상대로 가정하고 훈련해 왔다.

– 2002. 5. 11, 관심 대상인 '상대별 맞춤형 훈련'의 실시 시기를 묻는 질문에 답하며

리더 히딩크와 유능한 멤버 우리의 대표팀은 모든 준비를 이미 훌륭히 마쳤다. '이제는 경기를 즐기는 일만 남았다!' 2002년 6월을 향해 달려온 그들이 어떻게 실전을 치러냈는지, 어떻게 꿈을 이뤄갔는지, 그들의 행적을 따라가 보자.

1) 폴란드 전 (2002년 6월 4일)

- *2001년 12월*

12월 2일, 대한축구협회는 1998년 프랑스 월드컵 때처럼 기술위원회 산하 실무팀을 가동하여 D조에 속한 3개국에 대한 대략적인 전력 분석 작업을 한 뒤, 국가 당 2명 이상을 배정해 구체적인 정보 수집을 맡도록 할 방침을 밝히며, "과거 팀 전술 같은 기초적인 정보에 안주하지 않는, 상대팀 선수의 신상정보까지 파악하는 주도면밀함이 요구된다. 정보가 16강 진출의 열쇠라는 자세로 전력 탐색에 총력을 기울일 계획이다."라고 말했다.

12월 17일 대한축구협회에서 가진 기자회견에서, "16강을 위해 가장 중요한 폴란드 전에 대한 대비는?"이라는 질문이 나오자, 히딩크 감독은 이렇게 답했다. "다들 폴란드를 쉬운 팀으로 여겼지만, 최근 폴란드 축구의 발전을 아는 나로서는 폴란드를 가장 까다로운(trickist) 팀으로 본다. 앞으로 네덜란드에 있는 지인들로부터 폴란드 등 상대팀에 대한 특화된 정보를 수집하는 한편, 폴란드의 경기 일정을 파악해 직접 전력을 파악할 계획이다."

그런가 하면, 연말휴가를 마치고 난 2002년 1월 4일 "휴가는 어떻게 보냈나?"라는 질문에 그는 "여유를 갖고 휴식을 취했고, 한국과 한 조에 속한 폴란드, 포르투갈 등에 대한 정보 수집의 기회도 가졌다. 미국의 경우 경기를 치러봐서 대강의 전력을 파악할 수 있었지만, 폴란드와 포르투갈에 대한 정보는 전혀 없었다. 완벽하지는 않지만 많은 정보를 보유할 수 있게 됐다."라고 답했다.

한국과 같은 D조에 속한 국가들 가운데 다들 폴란드를 상대적으로 쉬운 상대로 착각하고 있던 순간에도, 히딩크 감독은 우리나라가 폴란드에 대해 잘 알고 있지 못하다는 점에 주목하고, 각종 정보들을 수집하고 폴란드에 대비한 전략을 세우는 데 주력했던 것이다.

• *2002년 3월 ~ 5월*

3월 28일, 히딩크 감독은 자신이 직접 폴란드의 전력을 파악하기 위해 폴란드 우츠에서 벌어진 일본 대 폴란드 친선경기를 박항서 코치와 함께 90분 내내 유심히 지켜보았다. 그는 일본이 예상을 깨고 2 : 0으로 낙승할 수 있었던 원인을 '미드필드에서부터 강하게 몰아붙였기 때문'으로 분석했다. 그리고 "폴란드 선수들이 지난 주말 경기를 한 뒤 충분한 휴식을 취하지 못해 지쳐 있는 것 같았다. 특별히 이겨야겠다는 동기부여도 없었던 데다 일본에 대한 준비가 안 돼 있어서 쉽게 무너졌다. 오늘 경기만으로 폴란드를 평가하지는 않겠다."라고 말하며 섣부른 판단을 자제했다.

그러나 그처럼 신중한 모습을 보이던 그도 "폴란드를 이기기 위해서는 압박하는 게 열쇠가 아니냐?"는 질문에는 "맞다. 일본도 이 때문에 승리할 수 있었다. 폴란드는 스피드를 갖춘 선수들이 많아 플레이가 매우 빠르게 전환된다."고 말해, 자칫 미드필드에서의 압박이 잘못될 경우 한 번의 기습적인 패스에 와르르 무너질 수도 있음도 암시했다.

그리고 4월 3일, 대구 합숙훈련을 앞둔 시점에서 기자들이 "3개 팀에 맞설 전술은 세웠는가?"라고 묻자, 히딩크 감독은 다음과 같이 답했다. "미국, 포르투갈, 폴란드에 대한 대비책은 이미 마련됐다. 앞으로 세부 전술훈련에 힘을 쏟겠다. 미국과 폴란드가 서로 비슷한 스타일이라면, 포르투갈은 그들과 다른 스타일의 팀이다. 12일 경주에서 대표팀이 소집되면 각 팀을 상대로 한 세부적인 전술훈련과 함께 스피드와 지구력을 극대화하는 훈련에 초점을 맞출 것이다. 앞으로 훈련 과정에서 각 상대

별로 마련된 전술훈련을 집중적으로 실시할 것이다. 또한 파워프로그램을 통해 선수들의 스피드와 지구력을 극대화하고 피로회복시간을 단축하는 데 힘 쓸 것이다."

한편, 월드컵 개막을 30일 앞둔 시점에서 미국과 폴란드의 엔트리가 발표되었을 때에도, 히딩크 감독은 "우리는 이미 상대팀 선수들에 대한 충분한 정보를 가지고 있다."고 말하며 자신감을 표현했다. 물론 그 뒤에는 경쟁상대에 대한 철저한 분석이 있었다.

5월 14일, 스코틀랜드와의 평가전을 이틀 앞두고, 그는 "스코틀랜드 팀은 새 감독 밑에서 새롭게 팀을 정비하는 시기이긴 하지만, 4-4-2 또는 4-5-1 시스템의 바탕 위에 거칠고 몸싸움을 즐기는 데다 몇몇 빠른 선수들을 보유하고 있는 등 영국 축구의 전통을 지니고 있는 팀인 만큼 100% 전력을 다할 것이다. 스코틀랜드는 특히 좋은 체격조건과 몸싸움을 결코 마다하지 않는 특성 등에서 본선 첫 경기 상대인 폴란드와 닮았다고 생각한다."라고 말함으로써, 사실상 스코틀랜드와의 평가전은 폴란드를 상대로 한 사전 리허설임을 분명히 밝혔다.

그리고 이틀 뒤 16일에 열린 스코틀랜드와의 평가전에서 우리 팀은 4 : 1로 낙승했다. 히딩크 감독은 말했다.

"… 야심 찬 계획 아래 진행한 강훈련이 결실을 거뒀다고 본다. 3,4개월 전에 비해 어이없는 실수도 사라졌다. 이렇게 하면 월드컵 이후에도 아시아 축구를 지배하게 될 것이다. 그러나 경기에 이겼다고 자만하지 않았으면 좋겠다. 전반 초반에 경기를 지배하고도 막판에 위협을 주지 못해 상대 수비가 정비할 시간을 주고 숨통도 틔어줬다. 하프타임 때 이 부분을 지적했으며, 후반전에 선수들을 교체 투입해 체력과 전술적인 면에서 우위를 점할 수 있었다. 상대 세트플레이에 대한 수비가 아직 톱 레벨에 이르지 못했다. 세트플레이에서 결정적인 실수를 범했다. 그러나 오늘 경기 스타일은 현대축구에 적합했고, 상대를 충분히 압도했다. 우리 선수들은 지시를 잘 받아들이고 빠른 학습태도를 보이고 있다."

5월 31일, 히딩크 감독은 경주 현대호텔의 소회의실에 모인 선수들에게 '폴란드의 빈공간이 언제 어느 곳에서 생기며, 우리는 어떻게 움직여야 하는지 스스로 분석해 보라'고 주문하며 폴란드의 경기를 담은 비디오를 보여 주었다. 선수들은 진지한 분위기 속에 압신 고트비 비디오분석관이 폴란드의 유럽지역 예선과 최근의 평가전을 토대로 공격과 수비, 세트플레이 때의 움직임 등 주요 장면을 편집한 비디오 최종판을 시청하면서 폴란드 선수들의 움직임을 예의 주시했다. 비디오를 시청한 후 선수들은 "상대 수비에 문제점이 있는 것을 확인했으며, 최소 두 골 차로 승리할 수 있다."고 입을 모았다.

비디오 시청 후 최용수를 비롯한 공격수들은 이미 누차 지적된 폴란드의 측면수비와 중앙수비의 팀워크 문제 이외에, 중앙수비수들이 장신이라 제공권에 강하기는 하지만 의외로 실수가 잦다는 점을 발견, 그것을 새롭게 공략할 포인트로 지적했다. 또 폴란드의 공격도 비교적 패턴이 단순해 길목만 잘 지키면 실점을 최소화할 수 있다는 자신감을 보였다.

• 2002년 6월 1일(D-3)

한편, 전날(5월 31일) 모 스포츠신문이 '최용수 훈련 거부로 히딩크에 항명'이란 기사를 게재한 것에 대해 "최용수는 정말 아파서 훈련에 참가하지 못했다. … 최용수는 자신에 대한 일부 언론의 보도와 관련해 무척 화가 나 있다. 오늘 상태를 지켜볼 것이다. 하지만 그가 부상에서 회복되면 팀을 위해 이제껏 해왔던 것 이상으로 노력할 것이다. 최용수는 몸을 사리지 않는 등 팀을 위해 헌신하는 선수다. 난 그가 부상에서 100% 회복될 수 있도록 도울 것이다."라고 말하며 불같이 화를 냈다.

그리고 "내 선수는 내가 지킨다. 대표팀을 흔드는 행위를 한다면 좌시하지 않겠다."고 직접 경고성 메시지를 전달하며 기자들에게 보도 시 자제를 요청했다. 그리고 저녁식사 후 선수단만을 모은 자리에서 이렇게 말했다. "지금 이 시기에 일부 사람들이 우리를 흔들려고 할 수도 있다. 그러나 우리는 더 강해져야 한다. 그런 기사로 최용수의 마음이 좋지 않을 테니 우리가 서로 위로해 주자. 임원들은 모두 잘났다고 허리를 펴고 다녀서는 안 된다. 우리 선수들이 잘할 수 있도록 도와주는 입장이 되어야 한다."

사실 그는 전날(5월 31일) 오후 비공개 훈련을 마치고 저녁식사를 가진 뒤 선수단 전원을 소집했었다. 그 자리에서 그는 "이제부터는 개인적인 친분이 있더라도 취재진에게 대표팀에 관한 이야기를 하지 말라. 특히 훈련 내용에 대해서 입을 다물라."고 강한 어조로 입단속을 지시했다. 그리고, 선수단이 해산한 가운데 코칭 스태프를 포함한 지원단 전원을 다시 소집, 다시 한 번 언론과의 접촉을 철저히 금해 줄 것을 지시했다. 그는 "어떠한 정보제공도 허용치 않을 것이다. 앞으로 언론사에 제공하는 칼럼이나 경기 분석 등 모든 통로를 차단하라."고 밝혔다.

그의 이러한 함구령 지시는 폴란드와의 첫 경기(4일, 부산)를 앞두고 선수단의 사기와 분위기를 해치지 않기 위한 것과 비공개 훈련을 통해 진행되는 폴란드 전에 대비한 전술훈련이 밖으로 새나가는 것을 막겠다는 복안이었다. 이미 1998년 프랑스 월드컵에서 네덜란드 대표팀을 이끌고 4위까지 올랐던 그는 세계최고 수준의 팀들이 겨루는 월드컵에서 조그만 정보 하나도 패인이 될 수 있다는 사실을 너무나 잘 알고 있었다.

폴란드 전에 대비한 막바지 비공개 전술훈련은 프리킥에 의한 세트플레이 훈련과 자체 평가전으로 치러졌다. 그날 훈련에서 히딩크는 훈련에 앞서 선수들을 모아놓고 "패스를 하더라도 받을 사람을 생각해서 정확히 하라. 생각 없이 볼을 차거나 움직이지 말라."며 경기에 대한 집중력과 쓸데없는 습관을 버리라고 재차 강조했다.

A, B조로 나뉘어 실시된 자체 평가전에선 폴란드 선발 멤버의 구상이 어느 정도 그려진 듯, A팀 선수들에게 여러 가지 전술을 집중적으로 요구해 눈길을 끌었다. 자신이 보기에 적절치 못한 패스를 하거나 센터링을 올린 경우에는 관련된 선수를 모두 불러 모아 따끔하게 야단을 치며 잘잘못을 꼬집어주는 치밀함도 보였다.

• *2002년 6월 2일(D-2)*

히딩크 감독은 폴란드와의 첫 게임을 앞두고 경주 전지훈련에서 수비수들을 맹훈련시켰다. 그가 반복훈련을 시키고 있는 부분은 3가지였다. 오프사이드 트랩, 러닝 디펜스, 위험지역 대처법 등이 그것이었다. 특히 폴란드 전 주전 수비라인으로 낙점된 김태영－홍명보－최진철 스리백에게 집중적으로 교육을 시켰다.

그러나 사실 그는 부임 초기부터 오프사이드 트랩을 싫어했다. 현대축구는 재미와 박진감 넘치는 경기를 추구하기 때문에 공격에 우선권을 둬야 한다. 따라서 오프사이드 상황이라 해도 조금만 미묘한 점이 있다면 오프사이드를 선언하지 않는 것이 최근 심판의 경향이라는 것이다. 홈 어드밴티지를 노려볼 만도 하지만, 어설프게 오프사이드 트랩을 썼다가 골을 내주면 득점력이 약한 한국 팀에겐 엄청난 부담과 심리적 압박이 오게 된다는 것이었다.

특히 그가 가장 경계하는 부분은 레이지 오프사이드(Lazy Offside)였다. 오프사이드 트랩을 구사하려면 완벽하게 해야지, 세 명의 스리백이 완벽한 일자대형을 이루지 못하고 한두 명이 처진 상황에서 구사되는 오프사이드는 득보다 오히려 실이 많다는 점이었다. 그는 완벽한 일자대형을 원했다.

그는 "상대 공격수를 따라가다 보면 언젠가 한 번은 볼을 멈추게 된다. 이 타이밍에서 더 압박을 가하면 침투 방향을 바꿀 수밖에 없다. 움직이며 상대의 진로를 막는 지능적인 수비를 하라."며 수비수들에게 러닝 디펜스(Running Defence)의 중요성을 항상 강조했다. 특히 헤딩이나 돌파에서 경합이 붙을 때 항상 보조를 맞출 것을 강조했다. 또한 세트플레이 상황에서의 실점도 문제라며, 달려들면서 골 낙착점을 찾는 상대 공격수를 효과적으로 막기 위해서는 항상 자신의 마크맨을 적극적으로 따라붙으며 슈팅이나 헤딩의 각을 줄여 주는 것이 골 찬스를 최소화하는 방법이라고 했다. 러닝 디펜스는 그처럼 상대에게 심리적이고 물리적인 압박을 가해 골 찬스와 볼 배급을 무력화하는 효과를 갖고 있었다.

그는 언제나 존 디펜스와 블록의 개념을 강조했다. 체력소모를 최소화하고 효율적인 공수운영을 위해서 지역방어와 스위치 플레이를 기본으로 했다. 하지만 단 한 군데 예외지역이 있었다. 위험지역, 즉 페널티지역이나 골 마우스 지역에선 철저한 대인마크를 지시했다. 또한 위험지역에선 절대로 선수를 돌아가면서 마크하는 스위치 플레이를 하지 못하도록 했다. 그는 한국 선수들의 특성상 볼과 선수를 동시에 보는 것이 힘들다고 판단하고, 실점을 최소화하기 위해 사람에게만 집중할 것을 지시했던 것이다.

이날 히딩크 감독은 영국 옥타곤 CSI TV와 가진 인터뷰에서 "한국 선수들은 내가 지도한 선수들 중 전술을 이해하고 체득하는 속도가 가장 빠르다. 대표팀을 맡은 지 17개월밖에 지나지 않았지만, 전술과 체력적인 측면에선 내가 의도했던 수준, 즉 4년 전 맡았던 네덜란드 대표팀 수준까지 올라왔다. 단기간에 해결할 수 없는 개인 기량 면에선 차이가 난다는 걸 인정한다. 하지만 우리는 매우 잘 조직화된 팀이다."라고 말하며 부족한 개인기를 뛰어난 조직력으로 보완해 왔음을 밝혔다.

폴란드와의 첫판을 이틀 앞둔 6월 2일, 대표팀 훈련 장소인 경주 시민운동장에서는 자신이 한국에 있는 동안 유럽 쪽의 월드컵 D조 관련 축구정보를 대신 파악해준 지인이 공개되었다. 그는 히딩크 감독의 친구인 세스 반 유엔 후이젠씨(모 스포츠용품 회사 유럽담당 이사)로, 폴란드 대 에스토니아 경기, 포르투갈 대 브라질 경기 등 히딩크 감독이 국내 대표팀 일정상 관전하지 못했던 경기를 직접 현장에서 보며, D조 상대국의 강점과 약점 등을 일일이 그에게 리포트해 주었다.

• *2002년 6월 3일(D-1)*

양팀 감독은 경기에 임하는 출사표를 다음과 같이 발표했다.

거스 히딩크 한국 대표팀 감독 : "나도 첫 경기를 앞두고 매우 흥분이 된다. … 우리는 수비할 때 전원이 수비하고 공격할 때 전원이 공격에 가담하는 토털사커를 구사하는 팀이다. 상대방이 공격해 올 때까지 기다리거나 역습에 의지하지 않고 경기의 주도권을 잡기 위해 노력할 것이다. 전체적으로 경기를 컨트롤하는 데 신경을 쓰고 있으며, 모든 선수가 협력 플레이를 하게끔 지시하고 있다. 가끔 팬들의 기대가 너무 높다는 생각을 하기도 한다. 하지만 우리는 두려워하지 않는다. 결과를 장담할 수 없지만, 팀은 지금 활력이 넘치는 상태다. … 오늘 베스트 11을 공개할 수는 없다. 이영표의 결장으로 부분적으로 베스트 11의 변화가 있을 것이다."

엥겔 폴란드 대표팀 감독 : "한국의 빠른 공격에 맞서 경기 운영을 스피드하게 가져가면 기회를 잡을 수 있을 것이다. 한국도 공격에 많은 부분을 할애할 것이지만, 우리도 이에 뒤지지 않게 활기찬 속공플레이를 펼쳐나갈 것이다. 12번째 선수인 한국응원단의 열띤 함성에 힘입어 한국은 상당히 공격적으로 나올 것으로 보인다. 개최국인 한국과의 첫 경기는 솔직히 부담된다. 그러나 한국의 홈 이점이 오히려 한국 선수들에게는 부담감으로 작용할 수도 있다. 우리는 역으로 홈 이점을 이용할 수 있다. … 슬라브 민족의 특성상 폴란드인들은 외부적인 어려움이 있을 때는 단결력이 뛰어나다. 대표팀 선수들 대부분이 유럽리그에서 활약하고 각 팀에서 스타플레이어다. 많은 경험을 바탕으로 좋은 경기를 해낼 것이다."

6월 3일, 대표팀이 결전의 장소인 부산 월드컵 경기장에 도착하자마자 히딩크 감독은 운동장 관리소 측에 그라운드에 충분한 물을 뿌려 줄 것을 요청했다. 그는 앞선 경주 마무리 캠프서도 시민운동장과 화랑구장 등에 스프링클러 시설을 최대한 가동해줄 것을 요구했었다. 연습구장 측에서도 하루 50t의 물을 잔디 위에 뿌려 주는 지원을 해주었다. 그가 그처럼 그라운드에 물 뿌리기를 좋아하는 것은 무엇보다 한국축구의 강점인 스피드를 잘 살릴 수 있기 때문이었다.

젖은 그라운드에서는 마찰이 줄어들어 볼이 훨씬 잘 구르게 되고, 선수들이 여기에 적응하다 보면 플레이도 훨씬 빨라지기 때문이었다. 또 바짝 마른 그라운드보다 촉촉하게 젖은 잔디 위에서 훈련이나 경기를 하는 것이 부상 방지 차원에서도 도움이 된다는 것이었다. 그래서 히딩크 감독은 폴란드 전과 미국 전이 벌어질 부산과 포르투갈 전이 열리는 인천 월드컵구장 측에도 미리 충분한 물을 뿌려 줄 것을 당부했다.

- *2002년 6월 4일(D-day)*

그가 1년 6개월 동안 대표팀을 맡으면서 아직도 고민하고 있는 부분 중 하나는 바로 골 결정력의 부족이었다. 수비라인이 많이 안정되었고, 미드필더의 창조성도 어느 때보다 높은 시점에서 공격수들의 득점력이 크게 향상되지 않아 고심하고 있었던 것이다. 그는 한국 골잡이들의 특성으로 '두려움'을 꼽았다. 실수할 것이 두려워서 골 찬스를 만들거나 과감한 슈팅을 날리지 못한다는 평가였다.

그래서 막바지 훈련을 통해 황선홍, 설기현, 안정환, 박지성 등 전방 공격수들에게 실수에 대한 두려움을 말끔히 버릴 것을 주문했다. 본 게임에서의 두둑한 배짱을 길러주기 위해 그는 공격수들에게 "여러 번 실수를 해야 골을 넣기 마련이다. 실수를 해도 좋으니 항상 어떤 상황을 만들기 위해 노력을 하라."고 주문했다. 그리고 수비수들에게는 불필요한 행동을 자제하고 정제된 플레이를 하라고 정반대의 지침을 시달했다.

2002년 6월 4일 부산 아시아드 경기장. 스탠드에는 '히딩크, 당신과 함께(Hiddink With You)'라는 문구와 함께 태극기와 네덜란드의 국기가 나란히 게시되었다. 마침내 한국과 폴란드의 경기가 시작되었고, 월드컵 본선 5회 연속, 총 6번째 출전 만에 맞은 15번째 경기에서 드디어 '우리의 꿈이었던 감격의 첫 승'을 이뤄냈다. 폴란드를 상대로 2 : 0 완승을 거두는 순간이었다.

이 역사적인 첫 승은 히딩크의 치밀한 준비와 선수들을 적재적소에 배치하는 용병술 덕분에 가능했다. 2001년 1월 부임한 이후 한국에 맞는 전술 선택과 옥석 고르기를 계속했던 그는 승패의 관건을 체력에 두고 강도 높은 파워 트레이닝으로 선수들을 조련했다. 일부에서는 왜 전술훈련은 하지 않느냐는 비난도 있었지만, 그는 전혀 동요하지 않았고 본선 첫 경기가 1개월도 남지 않은 5월 초까지도 핵심역량을 강화시키기 위해 체력강화 프로그램을 계속했다.

폴란드 선수들에 비해 객관적인 파워와 체격에서 뒤지면서도 이날 한국이 90분 내내 경기를 주도하고 끝내 리드를 지킬 수 있었던 것은 지칠 줄 모르는 선수들의 체력이 뒷받침되었기 때문에 가능했다. 골문 근처에서 상대 공격수가 기회를 잡으려고 하면 사방에서 에워싸며 저지할 수 있었던 것도, 최전방 공격수가 수비진영 깊숙이 가담할 수 있었던 것도 모두 그가 강조한 체력 덕분이었다.

또한 그는 폴란드의 A매치를 세밀하게 분석하면서 상대를 이길 수 있는 전술을 치밀하게 계획했고, 그것을 바탕으로 선수들로 하여금 훈련과 실전을 통해 월드컵 첫 경기에 대비하도록 했다.

또한, 그의 과감한 용병술도 첫 승에 크게 기여했다. 선취 골을 넣은 황선홍이 한 골을 더 넣어주기를 바라는 마음도 있었지만, 후반 4분께 황선홍의 체력이 떨어졌다고 판단, 그를 과감하게 안정환으로 교체했다. 또 유상철이 상대의 거친 플레이로 약간의 부상을 당하자, 이번에는 이천수를 투입하여 빠른 스피드로 상대 수비를 더 세차게 흔들어 놓았다. 그리고 두 골 차로 리드하고 있는 상황에서도 거기에 만족하지 않고 계속하여 공격적인 축구를 펼침으로써 상대의 반격 여지를 사전에 차단했다.

폴란드 전에서 압승한 뒤에 가진 히딩크 감독의 인터뷰를 들어 보자.

"한국축구의 역사적인 전기를 마련했다. 오늘 승리에 만족한다. 지난 2,3개월 동안 고된 훈련을 해왔다. 오늘 승리로 인해 한국축구는 엄청난 성장을 했고, 한 단계 올라섰다고 확신한다. 월드컵에서의 첫 승리로 충분한 자신감을 갖게 됐고, 특히 공격적으로 게임을 풀어가는 방식을 익힌 것은 주목할 만하다. … 호텔에 돌아가 비디오를 보면서 경기를 복기

할 것이다. 작은 실수가 있기는 했지만 전략적으로 좋았다고 생각한다.

한국에 있어 이번 월드컵 첫 승은 매우 중요하다. 월드컵에 다섯 차례 참가했음에도 1승도 거두지 못했던 점은 한국 축구팬들에게 많은 실망을 안겨 주었다. 그래서인지 내가 처음 한국 땅을 밟았을 때 모든 사람들은 나에게 승리를 가져다 달라고 부탁했었다. 오늘의 승리는 이미 많은 발전을 이룬 한국축구가 세계 강호로 커가는 첫 걸음이다. 지금의 한국 팀은 대부분 젊은 선수들로 짜여 있다. 오늘 승리의 감격은 앞으로 이 선수들에게 큰 영향을 끼칠 것이다.

많은 선수들과 땀으로 대화했다. 그들은 내가 땀을 흘리면 그만큼 나의 요구를 받아들이기 위해 노력했다. 실질적으로 언어를 사용해 지시할 때는 한두 단어로 지시하고, 긴 문장을 사용하지 않는다. 한국 선수들은 매우 빨리 배우며 투지가 넘친다. 우리는 올 초부터 세계 여러 곳을 다니며 강한 팀들과 끊임없이 경기를 펼쳐 왔다. 선수들에겐 매우 힘든 시기였지만, 짧은 시간 동안 전력강화를 꾀하기 위해 꼭 필요한 부분이었다.

미국 전은 16강 진출을 위한 중요한 일전이다. 미국은 체력적으로 강하고 유럽출신 빅 리거들이 많아 과소평가할 수 없다. 오늘밤 경주로 돌아가 선수들의 피로회복에 전력을 기울이겠다. 그런 다음 미국에 대한 전술훈련과 체력훈련을 병행해갈 것이다. … 오늘 경기는 밖에서 보더라도 매력적이었을 것이다. 4년 전 네덜란드에는 스타는 물론 경험이 많은 훌륭한 선수들이 많았다. 이에 비해 한국은 경험이 부족했다. 이를 보강하기 위해 지난 3,4개월 동안 매일 강훈을 실시했고 강팀과의 평가전을 통해 정신력 및 자신감을 길러왔다. 무엇보다 선수들의 배우고자 하는 열정, 열려 있는 자세가 고마웠다. 이번 월드컵 최종목표는 2연승을 거두는 것이다. 그 다음은 나중에 생각해 보겠다."

히딩크 감독은 경기 전 골키퍼 이운재 선수에게 장난을 걸며 긴장을 풀어 주었다. 경기 후에는 라커룸에 들어와 갑자기 "악! 악!" 하며 좋아 죽겠다는 행동을 하며 분위기를 띄웠다. 선수들도 모두 박수를 치며 감독의 노력에 감사의 뜻을 전했다. 그는 그 자리에서 이렇게 말했다. "전략적인 면에서 성공이었다. 나는 폴란드가 어떤 식으로 나설 것임을 알았고, 그들의 장기인 롱패스에 대해 우리 수비수들이 이미 준비하고 있었다. 또한 우리 선수들도 기다리지 말고 경기의 주도권을 잡아 가라는 나의 주문을 잘 이행했다. 지난 해 부임한 이후 선수들이 내 지도방식에 너무나 헌신적으로 따라와 줬다. 특히 최근 몇 개월 동안은 마치 클럽팀처럼 많은 연습과 대화의 시간을 가실 수 있었던 것이 큰 힘이 됐다."

히딩크 감독이 전략으로 택했던 '창의성과 다양성이 가미된 공격적이면서 조밀한 압박축구'에 대한 국내외 관중(고객)들의 반응도 대단했다.

한국이 베테랑 공격수 황선홍과 유상철의 골로 15번째 도전 만에 토너먼트에서 첫 승을 거뒀다. 전반 26분 이을용의 정확한 센터링을 이어받은 황선홍의 왼발 슈팅은 소름끼치는 선취골(tremendous opener)이었다.
– 프랑스 *AFP* 통신

이전과 확실히 달라진 모습, 한국은 마치 울타리에서 벗어난 한 마리의 새 같았다.
– 영국 *BBC*

세계는 경기가 시작되자마자 히딩크 감독의 모든 것을 흡수한 한국축구의 달라진 모습에 눈이 휘둥그레졌다. 오로지 볼만 쫓아다니던 과거의 한국축구가 아니었다. 물 샐 틈 없는 수비진, 잘 짜여진 조직력 등 선수들은 모든 호흡이 척척 맞아떨어졌다.

– 일본 아사히신문

꿈을 꾸는 것 같았다. 진홍빛으로 물들인 스타디움. 화산이 폭발하는 듯한 함성소리. 빨간 티셔츠를 입은 5만 관중은 모두 일어나서 절규했다. … 히딩크는 유럽식의 합리적인 트레이닝과 조직플레이를 도입했고, 과거의 성적에 연연하지 않고 힘이 없는 고참들은 모두 배제했다. 히딩크호의 1차 리그 돌파 가능성은 점점 높아졌다.

– 일본 닛칸스포츠

상대를 압박하는 한국 팀의 플레이는 매우 공격적이다. 패스 하나도 예상할 수 없을 정도로 창조적이라는 느낌이다. 찬스가 나면 어김없이 몸을 날리는 그들은 아무런 두려움이 없어 보였다. 후반에 골을 넣은 중앙 미드필더 유상철은 가장 인상적이다. 그의 곁에는 항상 공이 따라다니는 것처럼 보일 정도다.

– 스티브 우드워드, 미국 USA Today 축구기자

폴란드는 6월 4일 밤 한국 전에서 비록 지기는 했지만, 승리한 팀에 대한 엥겔 감독의 평가는 솔직하면서도 진정한 축구인다운 것이었다. 그는 인터뷰에서 이렇게 말했다.

"한국은 매우 잘 훈련됐고, 강하며, 이기기 어려운 팀이었다. … 한국은 매우 공격적이고, 빠르다. 한국이 오늘 밤 같이 경기를 풀어간다면 D조의 다른 팀들도 한국을 쉽게 이기지는 못할 것이다. D조 1위로 16강에 오를 것이다. 한국이 잉글랜드, 프랑스와 대등한 경기를 한 것은 절대 운이 아니었다. 잉글랜드와 프랑스와의 평가전을 통해 한국축구가 많이 발전했다는 것을 느꼈지만, 이 정도일 줄은 미처 몰랐다. 한국은 전력적인 요소 이외에도 홈팀이라는 막강한 이점을 가지고 있다. 조직력과 체력이 우수한 한국이 조 수위를 차지할 수 있을 것이다."

엥겔 감독은 또한 공격에 참가하는 선수들의 볼에 대한 집착이 엄청났고, 미드필드진에서의 압박은 세계적인 수준이었다고도 말했다. 특히 홈 관중의 열화와 같은 응원에도 흥분하지 않고 경기 페이스를 조절하는 능력에 깊은 인상을 받았다고 했다. 경험, 체력, 전술이 삼위일체가 된 한국 팀의 승전보가 계속 이어질 수 있을 것이란 말도 덧붙였다.

세계에서 가장 치열한 프로리그 중 하나인 프리미어리그에서도 스타로 대접받는 폴란드의 골키퍼인 두데크도 "한국의 양쪽 미드필더들의 빠른 돌파가 매우 인상적이었는데, 이들이 지칠 시점이 되자 히딩크 감독이 더 빠른 선수들을 교체 투입해 우리 수비라인이 애를 먹었다. D조 어느 국가도 한국과 상대하기는 쉽지 않을 것이다. 한국 선수들은 덩치가 크지는 않지만 체력이 뛰어나고 스피드가 엄청나 포르투갈을 꺾고 D조 1위를 차지할 것이다."고 말한 바 있다.

이런 많은 사람들의 예측처럼, 한국 팀의 돌풍은 이미 예견된 것이었다. 그리고 한국 팀은 실제로 이후에도 좋은 경기를 보여 준다.

2) 미국 전 (2002년 6월 10일)

- *2002년 6월 5일(D-5)*

히딩크 감독은 폴란드 전이 끝난 다음 날인 6월 5일, 박항서 코치와 함께 부산에서 직접 비행기를 타고 올라와 수원에서 열리는 미국 대 포르투갈 경기를 참관했다. 이 자리에서 그는 앞으로 한국과 부딪힐 팀들의 전력을 직접 확인하며 필승전략을 수립했다.

하지만 사실 양 팀에 대한 분석은 이미 끝나 있는 상태였다. 미국의 경우 2001년 12월 9일 평가전과 2002년 1월 20일 북중미 골드컵에서의 맞대결로 전술적인 틀과 선수들의 기량 파악을 완료했다. 또 한국 전에서 뛰지 않았던 주전 선수 몇몇에 대해서도 그동안의 평가전 비디오자료를 통해 세세하게 분석을 끝낸 상태였다.

특히 포르투갈은 히딩크가 완전히 파악하고 있는 유럽 팀 중 하나였다. 1990년대 초반 이후 포르투갈이 유럽의 다크호스로 떠오르면서부터 네덜란드 감독으로 있던 그는 포르투갈의 플레이에 대해 오랫동안 분석을 거듭했기 때문이다. 또 유럽의 지인을 통해 최근의 경기 스타일에 대해서도 계속 자료를 제공받아 '정보 갱신(information update)'에도 문제가 없었다. 그러나 그는 "월드컵이라는 큰 무대는 평소의 전력 이외의 요소가 생길 수 있다."면서 미국과 포르투갈이 월드컵에서 보일 전력 변화에 큰 관심을 갖고 있었다.

2002년 6월 5일 수원 월드컵 경기장을 가득 메운 관중들은 미국과 포르투갈 전에서 미국이 포르투갈을 3 : 2로 물리치자 놀라움을 금치 못했다. 하지만 히딩크 감독만은 놀라지 않았다. 오히려 그는 담담하게 자신의 의견을 피력했다.

"미국이 이긴 건 이변이 아니다. 포르투갈은 전반전에 잠에서 덜 깬 듯 플레이가 느슨했다. 하지만 후반에 들어가선 정신을 차렸는지 역시 강팀다운 면모를 보였다. 물론 동점을 만들고 경기가 끝났다면 우리에게 좋았겠지만, 상관없다. 미국은 원래부터 강팀이었으니 새로울 게 없다. 실력 있는 해외파가 주축을 이룬 미국 팀은 빠른 스피드와 뛰어난 조직력을 갖췄다. 우린 미국과의 경기에 대비해 철저하게 준비하고 있다."

- *2002년 6월 6일(D-4)*

미국 전에 대비한 본격적인 훈련이 시작되었다. 우리 대표팀은 6월 6일 오후 4시 40분부터 러닝과 볼 빼앗기 등 20분간 워밍업을 한 뒤 특별한 전술훈련 없이 족구경기를 했다.

미국 전에 신경을 집중하고 있던 히딩크 감독은 다른 한편으로는 TV로 매일 중계되는 빅게임들을 보면서 다양한 전술과 경기 운영에 대한 공부를 했다. 경기 시청을 위해 훈련 시간대도 조금씩 조정을 했다. 오후 4시 40분부터 시작된 훈련도 세네갈 대 덴마크 경기의 전반전이 끝난 후로 시간대를 잡아 경기를 충분히 관람했으며, 저녁식사 후에는 8시 30분부터 벌어지는 프랑스 대 우루과이의 경기를 보기 위해 경찰차의 콘 보이콧을 받으며 숙소로 직행하기도 했다.

그는 선수들에게도 경기를 자주 볼 것을 지시했다. 다른 경기를 보면서 창의적인 플레이 능력을 기를 수 있고 긴장감도 덜 수 있기 때문이다. 하지만 거기에는 또 다른 노림수도 있었다. 이미 1승을 거둬 한국의 16강 진출 가능성이 어느 때보다도 높아진 상황에서 혹시 만날지도 모를 16강 상대에 대한 대비책도 강구할 수 있다는 계산이 있었던 것이다.

미국은 2002년 5월 초 노스캐롤라이나 주 캐리 시에서 레이나를 제외한 월드컵 멤버 전원이 소집된 가운데 10여 일 동안 캠프를 차렸다. 캐리 시의 5월 최고기온은 섭씨 26도, 습도는 평균 50% 대로, 찜통더위로 유명한 대구의 날씨와 큰 차이가 없었다. 특히 미국은 자국 프로 2부 리그 팀과 낮 경기를 치르는 등 한국 전을 의식한 더위 적응 훈련을 착실하게 했던 것으로 알려졌다. 이어 5월 중순에는 우루과이 등 후덥지근한 지역을 골라 다니며 평가전을 치렀다. 그랬기에 지난 5일 오후 6시에 섭씨 20도를 넘는 비교적 더운 날씨에서 치러졌던 포르투갈 전에서도 미국은 체력 문제를 크게 드러내지 않았던 것이다. 따라서 대구의 폭염이 더 이상 한국에게만 큰 이득이 된다고 단정할 수는 없게 되었다.

- *2002년 6월 7일(D-3)*

월드컵 16강 진출의 분수령인 미국 전을 앞두고 1990년대 중반 미국 대표팀에 몸을 담았던 압신 고트비 비디오분석관은 "미국은 세트플레이 때 강력한 집중력을 발휘한다. 특히 코너킥 때 헤딩을 통한 골 결정력이 높기 때문에 대책 마련이 필수적이다."고 경고했다. 고트비의 그 같은 경고는 미국이 예상을 깨고 포르투갈을 꺾었던 경기에서 잘 드러났다.

그날 수원에서 미국 전을 관전했던 히딩크 감독은 미국이 해외파 합류 이후 코너킥과 프리킥의 위험도가 훨씬 높아진 것을 확인하고, 이에 대한 준비에 들어갔다. 그는 우선 미국 세트플레이를 효과적으로 막기 위해 상대 선수에게 일일이 대인마크를 붙여 절대 공간을 주지 않는 전략을 수립했다. 2002년 5월 평가전과 월드컵 첫 경기인 폴란드 전에서 상대 세트플레이 때마다 주요 선수들에게 맨투맨 마크를 붙였던 그는 미국 전에서 공격수와 수비수를 막론하고 필드플레이어 전원에게 '담당 선수'를 정해 주었다. 그에 따라 경주 시민운동장에서 오전 11시부터 체력 강화 훈련과 함께 볼 뺏기, 슈팅 연습, 그리고 대인마크에 대해 집중적으로 훈련했다. 그리고 그는 특히 미국 전을 앞두고 선수들에게 "공격수가 뛰는 것을 보고 따라가기 시작하면 이미 늦기 때문에, 미리 뛰면서 수비를 해야 한다. 상대 공격수가 근접할 때까지 자리를 지키는 것이 아니라, 적극적으로 따라 움직이며 위험지역 밖으로 '밀어내는' 수비 방법인 러닝디펜스와 선수 간의 협력플레이인 커버플레이, 헤딩이나 슛 이후 튀어나온 볼 처리" 등을 다시금 집중 강조했다.

우리 대표팀은 2002년 5월 동안 벌어진 유럽 강호들과의 잇단 평가전에서 코너킥 및 프리킥에 의한 골을 연출해 내면서 '세트플레이 증후군'에서 벗어났다는 평가를 받았지만, 아직 상대 세트플레이에 대한 대비능력이 떨어진다는 게 중론이었다. 따라서 그는 경기 때마다 세트플레이 수비 포진도를 라커룸에 붙여 놓고 선수들의 이해를 도왔다. 박항서 코치도 "미국 전 수비의 키포인트는 측면공격 차단과 상대 세트플레이 때의 대인마크다. 남은 기간 동안 세트플레이 대비훈련에 많은 시간을 할애할 계획이다."고 밝혔다. 그리고 그는 조별 예선 최고의 빅게임이라 불리는 잉글랜드 대 아르헨티나 경기를 보기 위해 저녁식사 시간까지 변경하기도 했다.

- *2002년 6월 8일(D-2)*

미국 전을 이틀 앞두고 경주 시민운동장에서 진행된 인터뷰에서 히딩크 감독은 다음과 같이 말했다.

"오늘 훈련의 목표는 미국 전에 대비한 전술과 포메이션을 숙지하는 데 있다. … 날씨가 더운 만큼 양 팀 모두 체력적으로 힘들 것이다. 하지만 우리는 이미 많은 준비를 했다. 노장들도 모두 체력훈련을 잘 끝낸 만큼 별다른 문제가 없을 것이다. 다만 낮에 경기를 하면 잔디가 마를 수 있다는 점이 마음에 걸린다. 잔디가 건조해지면 빠른 패스가 안 돼 좋은 플레이를 할 수 없다. 미국 전 승리를 위해 우리는 폴란드 전에서 보여 준 스타일 그대로 밀어붙일 것이다. 경기의 주도권을 쥐고 분위기를 우리 쪽으로 끌어간다면 좋은 결과를 기대할 수 있다. 또 미국의 공격을 강력하게 맞받아치며 위협적인 장면을 최대한 많이 만드는 데 주력하겠다."

한편, 히딩크 감독은 코칭스태프와 선수들에게 한국과 일본에서 벌어지는 월드컵 전 경기의 결과에 대해 내기를 할 것을 지시했다. 그가 대표팀 베팅 바람을 주도했던 것은 이번 월드컵을 통해 대표팀의 역량을 한층 높이기 위해서였다. 구체적으로, 세계축구의 흐름을 꿰뚫어 볼 수 있는 가장 좋은 '교과서'라는 월드컵 경기에 대해 승부를 베팅할 경우 각

팀들의 전력을 꼼꼼히 챙겨야 할 뿐만 아니라, 그런 과정을 통해 자연스럽게 각 팀에 대한 분석력이 높아지고, 그들과 만약 경기를 한다면 적응력도 한층 높아질 수 있다. 요컨대, 그가 각 경기 당 베팅을 이끈 데에는 이른바 '이미지 트레이닝(image training) 효과' 까지도 얻을 수 있다는 계산이 있었던 것이다.

특히 우리나라의 대표팀 선수들은 당시 D조에만 신경을 곤두세우고 있었고, 또 미국 전을 앞두고 지나칠 정도로 경직되어 있었다. 때문에 선수들의 긴장을 풀어야 한다는 판단도 베팅 지시 요인 중의 하나로 작용했다. 그는 다음과 같은 말로 자신이 베팅을 하라고 지시하게 된 배경을 설명했다. "한국 선수들은 긴장은 잘하지만, 이완하는 능력이 부족하다. 대표팀의 베팅은 긴장을 푸는 훈련의 일환이다. … 월드컵과 같은 큰 대회서 지나치게 우리 경기에만 신경을 쓸 경우 오히려 긴장만 고조될 뿐 훈련 효과를 높이는 데도 좋지 않다. 베팅을 통해 월드컵을 즐기면서 긴장도 풀고 세계축구의 흐름도 파악하면 훈련 효과도 배가시킬 수 있다."

이렇게 해서, 경기 다음날 아침식사 때면 전날 경기에 대한 베팅 배당이 이뤄졌는데, 대표팀 베팅에서 가장 재미를 본 사람은 단연 히딩크 감독이었다. 이번 대회 참가팀들의 전력을 가장 잘 파악하고 있었던 그가 내기에 거는 돈은 고작 5,000원에 불과했지만, 만약 코치들이 빗나간 예측을 했을 경우 "젊은 코치들이 나만큼도 세계축구 흐름을 이해하지 못하면서 어떻게 감독을 보좌하려 드느냐" 며 배당금을 확실하게 챙겼음은 물론, 코치들의 분발을 촉구하기도 했다.

히딩크 감독이 지시한 베팅은 결국 선수들의 긴장도 풀고, 세계축구의 흐름도 파악하며, 월드컵을 즐기는 '1석 3조' 의 효과를 거둔 셈이었다.

그의 이러한 효과적인 전략은 다음과 같은 말에서도 잘 드러난다. 어느 기자가 "미국 전이 16강 진출의 분수령인데 떨리지 않느냐?" 고 물었을 때, 그는 "우리는 이미 훌륭히 준비를 마쳤고 잘할 수 있을 것으로 생각한다. 이제는 경기를 즐기는(enjoy) 일만 남았다."며 자신감을 보였다. 그는 2001년 6월 컨페더레이션스컵 때에도 "세계 강호들과의 경기를 앞두고 있어 흥분된다. 나는 이런 기분을 즐기고 있다."고 말해 경기를 즐기는 것에 익숙하지 않았던 주위 사람들을 놀라게 했다.

무언가를 즐기기 위해서는 마음의 여유가 있어야 한다. 사람이 일을 컨트롤하지 못하고 일이 사람을 몰아대서는, 즐기기는커녕 괴롭기만 할 것이다. 따라서 그가 말하는 '즐기다'의 의미는 스스로 긴장을 풀고 평상심으로 되돌아가려는 일종의 마인드 컨트롤(mind control)이었다. 온 국민의 열화와 같은 성원 속에서 포르투갈에 '깜짝 승리'를 거둔 미국과 16강 진출을 다퉈야 하는 선수들이 심한 심리적 부담감에 시달리는 것에 대해 그는 "월드컵에서 대표선수로 뛸 수 있다는 것이 얼마나 행복한 일이냐. 이같이 즐거운 상황을 즐겨라. 긴장해서 경기를 망친다면 다른 직업을 알아보는 게 현명할 것이다."며 선수들을 독려하고 있었던 것이다.

- *2002년 6월 9일(D-1)*

양 팀 감독은 경기에 앞서 출사표를 던졌다.

거스 히딩크 한국 대표팀 감독 : "(양 팀의) 전력은 비슷하다. 경기 당일의 컨디션이 승부를 좌우할 것이다. 최근 반복훈련을 통해 시스템을 재점검하고, 미국 전에 대비한 세부사항을 체크했다. 한 달 전부터 미국 경기 장면을 분석해왔다. 미국은 강팀이다. 지난 포르투갈 전에서 보여주었듯 득점을 쉽게 한다. 하지만 선수들이나 코칭 스태프 모두 심리적으로 위축되지는 않는다. 심리적으로 위축되면 팀플레이가 마비되는 수가 있다. 이기고 싶은 것은 당연한 마음이며, 스피디한 플레이어가 상당히 중요한 역할을 할 것이다. 허점을 줄여야 승산이 있다. … 때로는 한

계상황을 뛰어넘어야 할 때도 있다. 경기 시간에 더울 것으로 예상돼 경기 중간에 효과적으로 음료를 제공하는 대책을 세워뒀다. 한국 선수들의 체력이 상당 수준까지 올라와 있지만, 양 팀 모두 후반전 누가 에너지를 끝까지 폭발시키느냐에 따라 승부가 결정 날 것이다."

브루스 어리나 미국 대표팀 감독 : "… 우리는 우승 후보 포르투갈을 꺾었다. 물론 운도 따랐지만, 그보다는 그동안 우리 팀이 월드컵을 대비해 사전에 충분히 상대팀들을 분석했고 이에 대비한 전술을 이미 짜놓았다는 사실이 입증된 것이다. … 우리 팀으로서는 오히려 편안한 마음으로 한국 전을 준비할 수 있었다. 한국은 개최국인 만큼 홈 관중들의 시선 때문에 심적 부담감은 우리보다 클 것이다. 한국은 조직력이 뛰어나고 체력도 좋다. 그리고 훌륭한 선수들도 많다. 그러나 우리도 좋은 선수들이 많아 절대 뒤지지 않는다. 서로가 잘 알고 있는 만큼 당일 선수들의 컨디션이 승패를 좌우할 것이라고 본다."

• *2002년 6월 10일(D-day)*

6월 10일, 대구 월드컵 경기장에서 미국과의 D조 2차전이 시작됐다. 미국의 선제골을 허용한 한국은 힘겨운 추격전을 펼친 끝에 안정환의 값진 동점골에 힘입어 1 : 1 무승부를 기록했다.

미국 전을 무승부로 마친 후 히딩크 감독은 아쉬운 표정을 지으며 다음과 같은 소감을 피력했다.

"우리가 놓친 기회 가운데 하나라도 성공을 시켰다면 2 : 1로 승리할 수 있었는데 그러지 못해 아쉽다. 특히 상대 골키퍼 프리델의 선방은 눈부실 정도였다. 그러나 우리는 강적을 상대로 결정적인 찬스를 만들 수 있는 팀이라는 사실을 다시 확인시켰으며, 이에 대해 만족하고 있다. 경기 내용에는 만족한다. 월드컵이 시작된 후 보여 준 한국의 플레이는 매우 날카롭고, 유럽의 강팀들과도 좋은 비교가 되고 있다. 한국의 경기를 풀어가는 방식이나 플레이 스타일은 세계로부터 인정받을 만한 수준에 올라왔다. 충분히 찬사를 받을 만한 팀이 된 것이다. 앞으로도 천천히 하나씩 보여 주겠다. 우리 선수들은 매우 자신감에 차 있다. … 우리는 세계축구계의 이방인이지만, 지금은 세계 강호들과 어깨를 나란히 할 만한 경쟁력을 갖고 있다. 포르투갈이 세계적인 강호인 것은 사실이지만, 우리의 자신감은 점점 커지고 있다.”

무승부라는 못내 아쉬운 결과를 낳았지만, 그럼에도 불구하고 우리 대표팀이 그간 얼마나 성장했는지를 미국의 감독과 선수들도 실감했다.

브루스 어리나 미국 감독은 경기가 끝난 후 “홈팀 한국이 속해 있는 어려운 조에서 승점 4점을 챙긴 데 만족한다. 포르투갈과 한국은 완전히 다른 팀이었다. 포르투갈이 공격적이고 창조적인 축구를 하는 팀이라면, 한국은 90분 내내 강인한 체력으로 압박하는 팀이었다. … 스피드와 함께 밸런스 있는 공격이 인상적이었다. 후반에는 한국의 강한 압박에 힘든 경기를 했다. 흥분되는 경기였으며, 경기장을 메운 한국 팬들의 열렬한 응원도 인상적이었다.”고 말했다.

또, 미국의 주전 공격수인 맥브라이드는 “한국의 공격수들이 매우 빨라 미국의 수비수와 미드필더들이 힘들었다. 마치 벌떼 같았다. 오프사이드 트랩을 피해 돌아 들어가는 능력이나 빠른 대각선 패스 등 미국 선수들이 감을 못 잡을 정도로 게임 전개가 빨랐다.”고 말했다.

세계의 주요 언론들은 그날의 한국과 미국 경기를 어떻게 보았을까?

한국의 출발은 좋았다. 폴란드 전처럼 경기 초반에 선수들이 긴장하지 않았다. 하지만 미국 골키퍼 프리넬의 선방으로 설기현이 문전 앞에서 몇 차례 찬

스를 놓친 것이 부담이 됐다. … 전반적으로 폴란드 전에 비해 한국 선수들의
몸이 무거워 보였다. 여러 차례 골 찬스를 놓치면서 선수들이 그 사실을 떨쳐
버리지 못하는 듯했다.
　– 프랭키, 프랑스 일간지 레퀴프 기자

좋은 경기였지만, 한국으로선 아쉬운 한판이었다. 첫 경기인 폴란드 전에서
도 그랬지만 오늘도 좋은 찬스를 6,7차례 놓쳤다. 한국이 3 : 1 또는 4 : 1로
이길 수 있는 경기였다. 미국으로선 무승부가 행운이었다. 한국은 남은 포르
투갈 전에서도 오늘 후반에 보여 준 것처럼만 한다면 충분히 무승부 이상의
성적을 낼 수 있다.
　– 올리버 괴르츠, AFP 독일 지부 지드 스포츠 인포메이션 기자

　프랑스의 AFP 통신은 "히딩크 감독은 그에게 요구되는 것 이상의 것
을 했으며, 한국 대표팀의 모습을 완전히 바꾸어 놓았다. 짧은 패스, 빠
른 공격, 긴 패스를 사용한 방향전환, 골문 앞에서의 후퇴 없는 전진 등
네덜란드식 축구를 이식하는 데 큰 공을 세웠다. 덕분에 한국은 월드컵
에서 어느 정도 경쟁력도 갖췄다. 하지만 한국은 미국 전에서 그 많은 찬
스를 모두 놓쳤으며 기술적으로 미숙했고 실수투성이였다. 1998년 프랑
스 월드컵에서 히딩크는 똑같은 상황에서 시도르프, 클루이베르트, 베르
캄프, 오베르마스 등이 있었다. 히딩크는 (미국 전에서) 수많은 찬스가 무
산되는 것을 보면서 벤치에서 베르캄프를 불러내고 싶었을 것이다."며
우리 대표팀의 골 결정력 부족을 지적했다.
　이처럼 미국 전에서 아깝게 비긴 한국 팀은 이제 예선 마지막 상대인
포르투갈과의 일전을 준비하게 된다.

3) 포르투갈 전 (2002년 6월 14일)

2002년 5월 26일 프랑스와의 평가전은 포르투갈 전에 대비하여 우리 대표팀의 훈련 결과를 테스트해보는 리허설 차원이었다. 전 세계 축구선수 중 몸값 1위를 기록하고 있는 지단을 보유한 프랑스 팀은 몸값 2위를 기록하고 있는 피구가 소속된 포르투갈과 경기를 풀어가는 방식이 너무나 흡사했기 때문이다.

2002년 6월 10일 열린 포르투갈 대 폴란드 경기를 TV를 통해 지켜본 한국 대표팀 선수들은 포르투갈과의 마지막 게임에 사활을 걸었다. 마지막 게임에서 진다면 그토록 염원하던 16강 진출의 꿈이 물거품이 되기 때문이었다. 우리 대표팀은 '16강 진출' 이라는 하나의 목표를 모두 함께 공유하고 있었고, 사전에 포르투갈에 대한 철저한 분석을 바탕으로 치밀한 전략을 수립하여, 투지 있게 달려 왔다. 그리고 마침내 16강의 마지막 관문에서 우리 선수들은 다음과 같은 말들로 승리를 예감했다.

주장인 중앙수비수 홍명보 선수는 "포르투갈은 벅찬 상대지만 수비라인에 허점이 있고 후반전 체력이 떨어지는 문제점을 발견할 수 있었다. 누가 죽든지 한번 해봐야 할 것이다."고 말하며 굳은 각오와 의지를 다졌다. 또, 주전 공격수인 황선홍 선수는 "의외로 포르투갈 수비에 문제가 있다. 한국 팀이 수비를 두텁게 하고 스피드 있는 선수로 공격해 나간다면 좋은 결과를 얻을 것이다. 미국 전에서 슈팅을 한 번도 날리지 못해 매우 아쉽다. 포르투갈 전에서 기회가 온다면 멋진 슈팅으로 골문을 열겠다."고 자신의 포부를 밝혔다.

중앙수비형 미드필더 김남일 선수는 "피구의 컨디션이 현재 그리 좋지 않은 것 같다."며 타이트한 대인마크에 자신감을 표시했다. 철벽 방어를 자랑하는 이운재 골키퍼도 "포르투갈이 잘하는 것 같다. 그러나 히딩크 감독님이 많이 분석하고 파악을 했기 때문에 좋은 결과가 있을 것이다."며 낙관적인 견해를 표명했다. 그런가 하면, 정해성 코치도 "죽기 아니면 까무러치기로 밀어붙어야 한다."고 말했다.

16강 진출을 앞두고 피할 수 없는 외나무다리에서 만난 양 팀. 전력은 하루아침에 키울 수 없는 것이었지만, 자신감이 수반된 정신력만 강하다면 홈에서 충분히 승산은 있었다.

• *2002년 6월 11일(D-3)*

6월 11일, 히딩크 감독은 포르투갈과의 일전을 앞두고 이렇게 말했다.

"공격에 중점을 두면서 이기는 경기를 하겠다. 수비에 치중하는 경기 운영을 하면 세계적인 테크니션들이 모인 포르투갈의 공격이 더욱 거세질 것이다. 폴란드나 미국 전과 같이 공격에 비중을 둔 선수들을 기용할 예정이다. 월드컵에서 무승부(미국 전)를 거둔 사실을 두고 낙담할 정도로, 한국 선수들의 자신감은 커진 것 같다. 이는 포르투갈 전을 앞두고 매우 바람직한 정신 자세다. 우리 선수들이 지난해 컨페더레이션스컵 대회에서 프랑스에 대패한 이후 더욱 힘을 냈던 것처럼 현재의 상황은 포르투갈 전에서의 투지를 자극하는 원동력이 될 것이다."

대표 선수들이 미국 전 이후 다소 침체된 모습을 보이자, 그는 훈련장에서 예전과는 사뭇 달라진 모습을 보였다. 훈련을 하기 전, 그라운드 구석에 놓인 골대를 선수들과 직접 들고 나르며 선수들의 기분을 풀어주기 위해 노력했다.

그는 훈련 중에도 선수들의 기운을 북돋워주기에 여념이 없었다. 황선홍, 유상철 등 부상 전력이 있는 선수들에게 다가가 몸 상태를 자상하게 물어보는가 하면, 안정환, 이천수, 송종국 등 다른 선수들의 어깨를 토닥거려 주는 등 '스킨십'으로 선수단에 대한 자신의 관심과 사랑을 공개적으로 보여 주었다. 이에 대해 유상철 선수는 "그렇지 않아도 미국 전서 비겨 내심 히딩크 감독님께 죄송했는데, 오히려 감독님께서 우리의 사기를 높이기 위해 저렇게 애써주시니 뭐라 드릴 말씀이 없다. 포르투 갈 전 필승 의지가 저절로 솟는다."고 말했다.

이처럼 한차례 폭풍이 지난 뒤, 자신이 앞장서서 내부 결속을 다지고 대외적으로도 단합된 대표팀의 모습을 보여 주는 것은 그의 탁월한 '위기관리 능력' 이었다.

• *2002년 6월 12일(D-2)*

6월 12일, 이용수 기술위원장은 14일 포르투갈과의 결전이 벌어지는 인천문학경기장에서 잔디 상태를 꼼꼼히 체크했다. 이용수 기술위원장은 그 과정에서 경기장 관리자에게 "내일 경기 전에 잔디 길이는 1.8㎝로 짧게 깎는 반면 물은 뿌리지 말아 달라."고 신신당부를 했다. 참고로, FIFA(국제축구연맹)는 월드컵 구장의 잔디 길이에 대해 1.8~2.5㎝를 유지할 것을 요구하고 있다. 1.8㎝는 FIFA가 규정하는 최소한의 잔디 길이이다. 잔디 길이를 밀리미터 단위까지 정확히 밝혔다는 것은 포르투갈 전에서의 플레이스타일을 엿볼 수 있게 했다.

홈의 이점을 충분히 살리기 위해 대표팀은 그동안 '짧은 잔디와 많은 물기' 를 요구해 왔다. 그 때문에 6월 4일 폴란드 전과 6월 10일 미국 전을 앞두고 각 경기장에서는 잔디를 짧게 깎고 5톤 가량의 물을 그라운드에 뿌렸었다.

그런데 미국 전 이후 히딩크 감독은 종전과 다른 주문을 했다. '잔디를 더 짧게 깎는 반면 물은 뿌리지 말아 달라' 는 주문을 한 것이었다. 그 이유는 대구 월드컵 경기장에서 미국 전을 마친 뒤 '물을 많이 뿌리는 것이 오히려 외국 선수에게 더 유리하다' 는 판단을 했기 때문이었다. 한국과 경기를 하는 상대 선수들은 대부분 유럽에서 뛰고 있고 유럽의 각 구장이 습도가 높은 지역이거나 원활한 경기 진행을 위해 물을 많이 뿌리기 때문에 선수들이 그런 그라운드 조건에 익숙하다는 것이었다. 그 때문에 월드컵 경기장의 잔디가 어느 정도 젖어 있으면 한국 선수들보다 오히려 외국 선수들에게 더 도움이 된다는 판단을 했던 것이다. 특히 개인기가 좋은 외국 선수들은 젖은 잔디에서는 펄펄 나는 반면, 마른 잔디에서는 애를 먹는다는 것도 그 이유였다.

히딩크 감독은 투지, 정신력, 자신감 등의 감성적 건강을 중요시한 리더답게, 경기 직전까지도 선수들의 집중력와 투지를 불태우는 한편, 자신감을 심어주는 일 또한 잊지 않았다.

그는 "경기 종료 휘슬이 울릴 때까지 발휘되는 포르투갈의 강한 집중력을 조심해야 한다. 포르투갈의 전력을 가장 확실하게 알려면 유럽지역예선 2조에서 네덜란드에게 2골을 내준 뒤 종료 6분을 남기고 2골을 만회한 경기를 보면 된다."며 포르투갈의 뒷심을 높이 평가하고 선수들에게 조심할 것을 경고했다. 또한, 보다 구체적으로는 "포르투갈이 종료 직전까지 경기를 포기하지 않는다는 점에 주의를 기울여야 할 것이다. 특히 월드컵과 같은 국제대회에서 16강 진출을 다툴 경우 선수들의 집중력은 더욱 높아지는 만큼 우리가 승점에서 유리한 상황이더라도 절대 방심하면 안 될 것이다."라고 선수들의 집중력을 강조했다.

한편, 경기 바로 전날 그는 경주 시민운동장에서 실시된 최종훈련 도중 가진 인터뷰에서 "현재의 대표팀 전력이라면 포르투갈 미드필드의 핵인 루이스 피구와 루이 코스타를 묶어놓을 수 있다. 유상철, 김남일 등 공수 가담이 뛰어난 미드필드진과 홍명보를 중심으로 한 꽉 짜인 포백 수비라인이라면 피구와 코스타의 게임 리딩과 패싱 루트를 적절히 차단할 수 있다."고 말했다. 그가 그렇게 말한 데는 미국 전서 아쉽게 무승부에 그친 뒤 자칫 침체돼 있을 수 있는 태극전사들의 투지, 사기, 자신감을 북돋워 주기 위한 의도가 있었다.

그렇다면, 16강 진출의 희비가 엇갈리는 결전을 앞두고 정작 리더인 히딩크의 마음은 어땠을까? 포르투갈 전이 벌어질 인천으로 향하기 위해 6월 12일 울산공항에 도착한 히딩크 감독의 어깨에는 묵직한 가방이 하나 걸려 있었다. 그는 사람들에게 "조심해서 다뤄 달라. 특급비밀이 들어 있다."며 주위의 호기심을 자극했다. 그 묵직한 가방의 내용물이 밝혀진 것은 비행기에 오른 뒤였다. 그가 가방을 선반에 올려놓으려 할 때 참다못한 동료들이 "도대체 뭐가 들었느냐?"고 재차 다그치자 그는 빙그레 웃으며 "이탈리아, 크로아티아, 멕시코의 경기 테이프"라고 짤막하게 대답했다. 그는 이미 16강전에서 맞붙을 G조 팀들에 대한 분석을 시작하고 전략 수립에 들어갔던 것이다.

그가 매우 현실적인 분석가라는 것은 잘 알려진 사실이다. 그런 그가 강호 포르투갈과 사투를 벌일 격전지로 떠나는 가방 속에 16강전에서 맞붙을 상대들의 비디오테이프를 챙겨 넣었다는 것은 이미 포르투갈 전에서의 승리를 위한 비책을 갖고 있었다는 얘기와 함께 그 다음 게임도 준비하는 참으로 올바른 리더임을 증명해주는 일과였다.

- *2002년 6월 13일(D-1)*

포르투갈 전을 하루 앞둔 6월 13일 오후 12시 30분. 대표팀은 포르투갈 전 비디오분석을 실시했다. 포르투갈의 조별리그 2경기를 위주로 한 비디오분석에서, 히딩크 감독은 상대의 장단점을 설명한 후 그에 대한 대응책을 생각해 보라고 지시했다. 그리고 오후 6시부터는 인천월드컵 경기장에서 그라운드 적응 마무리 훈련을 실시했다. 전과는 달리 완전

공개로 진행된 훈련에서 선수들은 슈팅훈련과 수비훈련에 주력하는 모습이었다. 한편 포르투갈 팀은 한국 팀의 훈련이 끝난 저녁 7시 30분부터 같은 장소에서 비공개로 훈련을 진행시켜 한국 팀과는 대조적인 모습을 보였다.

그는 그 날의 인터뷰에서 "조별리그에서 이미 엄청난 일을 해낸 한국 선수들이 자랑스럽다. 베스트 11로 활약하고 있는 선수들뿐 아니라 모든 선수들이 나에게는 너무도 중요하다. 우리는 이미 세계인에게 깊이 기억될 일들을 해냈다. 세계 축구팬들은 이제 빠르고 공격적인 한국축구를 사랑하기 시작할 것이며, 진정으로 한국 선수들의 플레이를 즐길 것이다. 주전, 비주전을 가리지 않고 오직 월드컵에서의 승리라는 명예를 이루기 위해 헌신적으로 훈련하고 경기에 임하는 그들의 열정이 그저 사랑스러울 뿐이다."라고 선수들을 칭찬하고 격려했다.

그런데 사실 포르투갈 전은 히딩크 자신에게도 남다른 의미가 있었다. 그 경기는 그의 조국인 네덜란드를 위한 복수의 무대나 다름없었기 때문이다. 1998년 월드컵 4위에 빛나는 네덜란드는 이번 2002년 월드컵 유럽지역 예선에서 포르투갈과 함께 2조에 편성됐었다. 그런데 최종성적이 조 3위에 그쳐 본선 참가에 실패하고 말았다. 그 결정적인 순간에 네덜란드를 좌절시킨 장본인은 바로 포르투갈이었다. 2001년 3월 네덜란드의 예선상황을 줄곧 주시하며 큰 아쉬움을 나타냈던 그는 "포르투갈의 전력을 제대로 알고 싶다면 2001년 3월 네덜란드 전 비디오를 보면 된다."라는 의미심장한 말로 포르투갈에 대한 자신의 감정을 표현했다. 그로선 포르투갈 전이 한국 대표팀의 월드컵 16강과 자신의 조국인 네덜란드의 복수 등 두 마리 토끼를 한꺼번에 잡을 기회였던 것이다.

6월 13일, 양 팀 감독은 다음과 같이 출사표를 던졌다.

거스 히딩크 한국 대표팀 감독 : "이미 포르투갈에 대한 대비는 끝났다. 상대의 막강한 공격력을 막아내기 위해 수비를 강화할 것이다. 포르투갈은 뛰어난 스트라이커들이 많아 그들을 저지해야 승산이 있다. 이기는 게임을 하겠다. 공격의 주도권을 쥐도록 노력하겠다. 공격 위주로 플레이할 때 수비수와 미드필더의 부담이 줄어들고 우리의 플레이를 전개할 수 있다. 비기기만 해도 16강에 올라가지만, 비기기 위해 수비위주 플레이를 한다는 것은 위험한 발상이다. … 총력전을 펼쳐 또 한번 이변을 연출하겠다."

올리베이라 포르투갈 대표팀 감독 : "한국 전에 지면 끝인 만큼 최선을 다하겠다. 매 경기에서 최선을 다하는 것이 나의 철학이다. 한국 전은 더군다나 모든 힘을 다해야 할 경기다. 현재 특별히 한국에 대한 전략을 갖고 있지는 않다. 단지 경기 주도권을 우리가 쥘 것으로 보고 있지만, 그 어떤 경기도 승리를 장담할 수는 없는 법이다. 경기 결과는 누구의 책임도 아닌 나와 선수들에게 달려 있다. 한국 대표팀은 체력과 투지가 좋고 승부근성이 강해 포르투갈이 쉽게 이길 수 있는 팀이 아니다. 특히 한국은 오랜 시간 팀워크를 다져와 탄탄한 조직력을 갖고 있다. 이 점을 결코 무시할 수 없다. 또 한국은 홈그라운드의 이점을 가지고 있다. 다행히 우리 선수들은 경험이 많아 5만 관중이 만들어내는 위압적 분위기를 이겨낼 능력이 있다고 믿는다. 포르투갈은 16강 문전에서 무너질 팀이 아니다. 한국 전에서는 최상의 전력으로 가장 멋진 경기를 보일 것이다. 한국도 선전하길 바란다."

• *2002년 6월 14일(D-day)*

6월 14일 포르투갈 전은 한국 대표팀이 당초 포르투갈의 막강한 공격력에 대비하여 기존의 스리백에다 수비수를 한 명 보강한 포백 시스템으로 맞설 것으로 예상했으나, 막상 경기가 시작되자 지난 두 경기와 똑같은 3-4-3시스템이 보였다. 거기에 4-2-3-1로 맞선 포르투갈은 지난 두 경기에서 부진한 루이 코스타를 빼고, 주앙 핀투를 중앙 미드필더 자리에 세웠다. 피구와 콘세이상은 각각 좌우측 날개를 맡았다. 황선홍이 선발로 나오지 않은 것은 초반부터 스피드를 내세운 체력전을 펼치겠다는 히딩크 감독의 선략 때문이었다. 그는 스피드가 좋은 안정환 선수를 선발로 내세우고, 부상 등으로 컨디션이 조금 처진 황선홍 선수는 뒤로 돌렸다.

대표팀은 이번 월드컵 들어 처음으로 '맨투맨' 수비를 펼쳤다. 이영표 선수는 콘세이상을, 송종국 선수는 피구를 전담 마크했다. 유상철 선수는 베투나 페티트 등 상대의 수비형 미드필더가 공격에 뛰어드는 것을 막았다. 심지어 공격수 설기현도 포르투갈의 오른쪽 윙백 베투가 오버래핑을 나올 때 따라 붙었다.

수비진에서는 홍명보와 최진철이 중심을 잡고, 김태영은 2선에서 침투하는 공격수들의 길을 미리 차단하는 역할을 맡았다. 따라서 미드필더부터 대표팀의 압박이 대단했다. 포르투갈의 미드필더들이 제대로 된 스루패스를 못한 것도 그 때문이었다. 또 최전방 스트라이커 파울레타도 김태영 선수의 저지를 뚫고 앞으로 빠져나가지 못했다. 우리 선수들은 포르투갈의 공격, 수비, 공수전환, 선수 개개인의 특성 등을 꿰뚫고 있었으며, 공격수들은 그들의 공수전환시 비게 되는 공간도 확실하게 파악하고 있었다. 또한 피구를 비롯한 핀투, 베투 선수 등이 몸싸움과 압박을 싫어한다는 것을 파악하고, 만약 그들을 심하게 압박했을 경우 그들이 흥분한 나머지 퇴장을 당할 수도 있다는 놀라운 전략도 수립했다.

실제로, 미드필드에서의 압박과 철저한 수비에 막힌 그들은 점차 신경질적이 되어갔고, 포르투갈의 플레이메이커인 주앙 핀투가 전반 26분 경 박지성 선수를 신경질적으로 백태클하며 레드카드를 받고 퇴장 당했다.

그리고 후반 20분 경에는 베투가 포르투갈 오른쪽 진영을 돌파하던 이영표 선수에게 깊은 태클을 걸어 경고누적으로 퇴장 당했다.

한편, 이날 박지성 선수의 환상적인 골 역시 그동안 포르투갈의 경기들을 치밀하게 분석한 결과였다. 한국 팀은 포르투갈이 공수전환시 생기는 빈 공간을 미리 알고 있었고, 그곳을 파고들어 골로 연결시킬 수 있었다. 포르투갈 전 1 : 0 승리는 바로 그러한 치밀하고 철저한 경쟁전략의 수립과 실행으로부터 도출된 것이었다.

그는 "찬스가 워낙 좋아서 슛을 하는 순간 골이 들어갈 것이라고 느꼈다. 상대가 강팀이라고 해서 주눅 들지 않고 할 수 있다는 자신감으로 플레이한 것이 효과를 봤다. 월드컵에 대비해 가진 스코틀랜드와의 평가전에서 4 : 1로 이긴 뒤 내 스스로가 확실히 발전했다는 것을 느꼈다. 이후 잉글랜드, 프랑스와 맞붙으면서 내 플레이에 자신감을 갖게 됐다. 무엇보다 국민들의 성원에 감사의 뜻을 전하고 싶다. 이렇게 좋은 성적을 거둘 수 있었던 것은 모두 국민들이 열렬히 응원해준 덕이다."는 말을 했다.

포르투갈 전에서 승리하고 난 후 히딩크 감독은 다음과 같이 말했다.

"결과 뿐 아니라, 적극적인 경기를 펼친 선수들의 태도를 높이 평가한다. 포르투갈 선수에 대한 나의 분석을 바탕으로 전반 초반부터 강하게 상대를 압박할 것을 주문했고, 그대로 적중했던 것도 승리의 원동력이었다. 비겨도 16강에 나가지만, 그것은 우리 플레이 스타일에 맞지 않는다. 또 선수들도 (적극적으로) 계속 나아가길 원했다. 우리 팀은 삼류 팀을 만나건 일류 팀을 만나건, 비기기 위한 경기는 하지 않는다.

6개월 전 한국 선수들은 보잘 것 없었다. 하지만 선수들은 나의 가르침을 마음을 열고 받아들였고 빠르게 배워 나갔다. 한국 선수들은 매일 발전하고 있다. 그 점에 있어 나는 선수들이 자랑스럽다. 처음에는 거의

'무' 에서 시작했다. 그러나 많은 사람들이 할 수 있다는 믿음을 나에게 줬고, 큰 도움이 됐다. 3개월 전부터 하루에 거의 2차례씩 훈련을 했다. 한국 선수들은 천부적으로 매우 빠르다. 유럽무대와 같은 큰 경기의 경험이 없는 것이 문제였지만, 이것도 최근의 평가전을 통해 극복했다. 16강 진출은 한국축구에 큰 성과임에 틀림없다.

… 기본적으로 이탈리아는 한국이나 포르투갈 등 공격적인 팀들과 다르며 전술적으로 매우 영리한 팀이다. 한마디로 좋은 경기를 하려는 팀이 아니라 좋은 결과를 내기 위해 싸우는 팀이다. 하지만 그렇다고 해서 우리의 스타일이 바뀌지는 않을 것이다. 전 국민이 우리 팀을 열렬히 응원해 줬고, 나는 그들에게 기쁨을 줬다고 생각한다. 나 또한 너무 기쁘다."

2002년 6월 15일, 히딩크 감독은 프랑스, 아르헨티나, 포르투갈 등 강팀들이 조별리그에서 탈락한 이유를 놓고 대회 일정이 당겨져 유럽리그를 마친 선수들이 피로가 덜 풀린 상태에서 출전했기 때문이라는 일부의 분석에 대해 다음과 같이 주장했다. "유럽 빅리그에서 뛰는 선수들이 상당수인 덴마크는 당당히 16강에 올랐다. 선수들이 피로하다는 것은 사실 육체적인 것보다는 정신적인 문제다. 비록 유럽리그를 마친 후 준비 시간이 3,4주에 불과했겠지만 좋은 팀이라면 그 기간에 적절한 프로그램으로 충분히 준비할 수 있다."

그러면서 포르투갈 전 승리의 원동력은 피구를 비롯한 주요 선수들을 강한 압박으로 묶어낸 것이었다며, 전술상의 '비밀' 을 다음과 같이 털어 났다. "포르투갈의 몇몇 선수들은 강한 압박을 받으면 전의를 상실한다는 사실을 알고 있었다. 따라서 철저한 압박을 통해 그들의 공격 의지를 완전히 꺾도록 주문했다."

한국이 포르투갈을 집으로 보냈다. … 한국은 포르투갈 선수 두 명을 퇴장시키고 철저하게 봉쇄, 사상 첫 16강에 진출할 충분한 자격을 갖췄음을 증명했다.
　– 영국 *BBC* 홈페이지

한국의 박지성이 포르투갈을 기절시켰다. … 한국 팬들은 경기 8시간 전부터 뙤약볕 아래 모여들었고 거리 곳곳에 수백만 명의 사람들이 몰려들어 열렬한 응원을 보냈다.
　– 미국 *AP*통신

한국이 9명이 뛴 포르투갈을 떨어뜨리고 16강에 진출했다. 14일 경기는 양 팀 모두 절체절명의 상황. 불꽃 튀기는 접전에서 한국은 눈부신 플레이로 초반을 열었던 반면, 강호 포르투갈은 흥분을 이기지 못하고 두 명이 퇴장 당하면서 경기를 험악하게 만들었다. … 비록 포르투갈 2명이 퇴장 당했지만, 한국은 이미 그 전부터 경기의 주도권을 쥐고 있었다.
　– 프랑스 *AFP* 통신

박지성은 이날 결승골을 터트림으로써 한국의 영웅으로 떠올랐고, 포르투갈을 월드컵 무대에서 떠나게 만들었다. 송종국은 루이스 피구를 완벽하게 마크하며 이날 최고의 선수로 꼽을 만했고, 최진철도 훌륭한 경기를 했다.
　– 영국 데일리 텔레그라프 지

4) 이탈리아 전 / 16강전 (2002년 6월 18일)

2002년 6월 14일 포르투갈 전에서의 승리로 한국은 당당히 D조 1위로 우리의 꿈인 16강에 진출했다. 이후 가진 인터뷰에서 히딩크 감독은 "이탈리아는 매우 영리한 플레이를 하는 팀이다. 그러나 우리 선수들은 이에 대한 대비가 돼 있으며, 충분히 상대를 제압할 수 있다. 이탈리아의 경기 스타일은 공격에 중점을 두는 한국이나 포르투갈과는 다르다. 며칠 전부터 이탈리아에 대한 분석을 시작해 이미 구체적인 전술을 마련해 놓았다."고 밝혔다. 앞서 말한 대로 그는 포르투갈 전이 있을 인천으로 향하면서 이미 이탈리아 팀의 경기 테이프를 확보하고 그들의 전력분석을 시작한 상태였다. 아니, 사실상 그는 이미 이탈리아에 대한 전력 분석을 마친 상태였다.

그가 이탈리아를 상대로 선보일 필승비책은 경기 초반 강력한 압박으로 주도권을 확보하고, 빠른 스피드와 체력을 바탕으로 끊임없이 그라운드를 누비는 공격적인 '조밀한 압박축구' 였다.

• *2002년 6월 15일(D-3)*

한국축구를 사상 처음으로 월드컵 16강에 올린 히딩크 감독은 6월 15일 인터뷰에서 이런 말을 했다. "일단 첫 번째 목표는 달성했다. 하지만 나는 아직도 배가 고프다(I am still hungry). 16강 진출을 달성할 수 있었던 것은 세계적으로도 유례를 찾아볼 수 없는 붉은악마의 응원 덕분이었다. 일단 목표를 달성, 부담감이 없는 가운데 싸우는 만큼 더욱 좋은 경기 내용을 보일 수 있을 것이다. 남은 게임에서도 이전 경기와 마찬가지로 공격적인 축구를 할 것이다. 내일(16일)은 비공개 전술훈련을 통해 이탈리아 전에 대한 상세한 준비를 할 것이다. 조별 리그 세 게임을 모두 종합경기장에서 치렀는데, 이번 이탈리아 전은 관중석과 그라운드가 바짝 붙어 있는 축구 전용구장에서 치르게 돼 매우 기쁘다. 이제부터 새로운 경기가 시작된다는 생각으로 게임에 나서겠다."

그는 월드컵 1승과 16강 진출이라는 우리의 꿈이 실현되고 난 뒤, 혹시 생겨날지도 모를 대표팀 선수들과 우리 국민들의 정신력 해이에 대비하여 곧바로 "일단 첫 번째 목표는 달성했다. 하지만 아직도 배가 고프다.”라고 말한 것이다. 승리를 위해 무엇보다 중요한 것은 선수들이 승리에 대해 ‘굶주린 정신(hungry spirit)’을 얼마나 갖느냐에 달렸다는 것을 그는 이미 잘 알고 있었기 때문이다.

그리고 훈련을 마친 뒤에는, “하나의 목표를 이뤄 기쁘지만 결코 만족할 수 없다. 선수들에게 우리는 더 많은 것을 이룰 능력이 있다는 사실을 주지시켰다. 오늘 저녁까지는 지금까지의 성공을 즐기는 시간이다. 그러나 대전으로 이동하는 내일부터는 새로운 목표를 향한 도전을 시작할 것이다. … 온 국민의 기대가 한층 더 높아진 것을 알고 있지만, 이로 인한 부담감으로 경기를 망치는 일은 없을 것이다. 꿈을 현실로 이룬 이전의 자세 그대로 16강전부터 한 단계씩 앞으로 나아가겠다.”고 자신의 포부를 밝혔다.

안정환 선수는 포르투갈 전이 끝난 후에 “이탈리아 리그에서 뛰면서 많은 세리에A 리거들과 격돌해봤다. 대부분 자국 리그에서 뛰고 있는 이탈리아 선수들과의 경기에 큰 부담을 느끼지 않는다.”고 이탈리아 전에 임하는 자신의 심경을 밝혔다.

그러나 히딩크 감독은 6월 15일 인천문학경기장 보조구장에서 가진 인터뷰에서 안정환에 대한 기자들의 물음에 다음과 같이 답했다. “… 그(안정환)가 세리에A에서 뛰고는 있지만 제대로 경기에 출전하지 못해 리그 경력을 경력이라고 말하기는 힘들다. 어제 90분을 풀로 뛰며 오랜만에 피로를 느꼈을 것이다. 안정환을 변화시키기 위해 그동안 그를 강하게 조련했고, 가끔 그를 무시하면서까지 내 의사를 전했다. 이젠 자신이 무엇을 해야 하는지 잘 알고 있으며 본인을 위해 열심히 노력하고 있다.”

잘생긴 외모와 국내 다른 선수보다 비교우위에 있는 개인기를 앞세워 한국 최고의 스타로 군림하던 안정환 선수는 체력적인 결함과 수비에 가담하지 않는 자세 등을 지적 받았지만, 높은 인기에 안주한 탓인지 그동안 자기 쇄신을 하지 않았던 게 사실이었다. 히딩크는 그런 스타의식을 고치기 위해 안정환 선수에게 탈락통보를 하기도 했고, 그가 체력측정에서 합격점을 받고 경기에서 활발한 움직임을 보였음에도 불구하고 끊임없이 "체력문제 때문에 풀타임은 힘들다."는 말을 언론에 흘리며 안정환 선수의 투지를 자극했다. 결국 히딩크 감독은 포르투갈 전에서 안정환 선수가 사실상 풀타임을 소화하는 것을 확인하고서야 그를 향한 특별한 뜻이 있었음을 공개했다. 그는 모진 수련을 마친 자신의 제자가 그동안 남모르게 서러움을 당했던 이탈리아 대표팀을 상대로 긍지와 자신감을 가지고 싸우도록 은근하게 독려하고 있었던 것이다.

한편, 히딩크 감독은 "대전 월드컵구장은 축구 전용구장으로 관중석과 그라운드의 간격이 매우 가깝다. 여기에 만족하며 매우 익사이팅한 게임이 될 것이다."라는 말도 했다. 종합경기장과는 달리 축구 전용구장은 그라운드와 관중석 사이에 육상 트랙이 없어 관중들의 응원소리가 더욱 직접적으로 그라운드의 선수들에게 전달될 수 있다. 따라서 선수들의 경기력을 좌우할 수 있는 '응원'의 힘이 그 어느 때보다도 극대화되어 홈 어드밴티지가 제대로 활용될 것을 예상했던 것이다.

실제로 이탈리아 대표팀의 간판 스트라이커 크리스찬 비에리는 "한국과의 16강전에서 가장 경계해야 할 것은 뭐니 뭐니 해도 홈팬들의 열광적인 응원이다. 우리 팀 선수들도 이구동성으로 이를 어떻게 극복하는가가 승부의 관건이라고 말하고 있다."고 말한 바 있다. 또, 트라파토니 이탈리아 감독도 "한국의 12번째 선수인 응원단과 싸워야 하는 것에 대해 부담감이 크다."고 말했다.

이탈리아 언론들은 2002 한일 월드컵 16강전에서 한국과 대결하게 되자, 역대 월드컵에서의 맞대결 성적과 현재의 전력을 비교하는 등 한국 축구에 대해 집중적으로 보도하기 시작했다. 지난 1966년 잉글랜드 월드컵 조별예선에서 북한의 박두익에게 결승골을 허용해 2라운드 진출이 좌절된 일과 1986년 멕시코 월드컵에서 진땀나는 승부 끝에 3 : 2로 겨우 승리한 점을 상기시키며 "이번에 한국의 어두운 그림자를 털어 버려야 한다."고 강조했다. 이탈리아 최대의 스포츠지 가운데 하나인 〈코리에 레 델로 스포르트〉는 "한국은 결코 쉽지 않은 상대다. 홈팬들의 용광로 같은 응원에 녹아난 폴란드, 포르투갈 선수들의 전철을 밟지 않도록 해야 한다."고 강조했다.

- *2002년 6월 16일(D-2)*

6월 16일 오전, 대표팀은 인천에서 대전으로 이동했다. 하지만 대표팀에 히딩크 감독은 없었다. 그가 대표팀과 떨어져 홀로 간 곳은 바로 스페인과 아일랜드의 16강전이 펼쳐질 수원 월드컵 경기장이었다. 스페인 프리메라리가에서 지도자 생활을 한 경험이 있는 그가 과연 머리를 식힐 겸 외도를 한 것이었을까? 물론 아니었다. 그에게는 목적이 있었다. '여전히 배가 고팠던' 그는 적을 알기 위해서 그곳에 간 것이었다. 물론 스페인은 우리가 이탈리아를 꺾어야만 만날 수 있는 '미래의 적'이기는 하지만, 우리가 8강에 진출할 경우, 스페인과 아일랜드 경기의 승자와 준결승 진출을 다투게 되어 있었기 때문이다. 그는 유비무환의 자세로 용의주도하게 벌써 앞으로의 8강전을 준비하고 있었던 것이다.

그가 월드컵에서 한국 팀 경기가 아닌 다른 경기를 관전한 것은 그때가 두 번째였다. 그는 D조 예선 2차전 상대국을 분석하기 위해 6월 5일 미국과 포르투갈 전도 관전한 바 있다.

그는 이탈리아와의 16강전이 대접전이 될 것으로 예상하고, "이탈리아 축구의 특성상 쉽지 않은 승부가 될 것이다. 승부차기까지 갈 수도 있을 것으로 보고 이에 대한 준비를 이미 해뒀다. 여러분이 상상하고 있는 것보다 훨씬 더 세부적으로 이탈리아 전을 준비하고 있으며 승부차기의 순번까지 이미 정해 두었다.”고 말했다. 그가 그처럼 철저하게 승부차기를 준비했던 이유는 이탈리아의 지독한 ‘페널티 킥 징크스’ 때문이었다.

이탈리아는 자국에서 벌어진 1990년 대회 4강전에서 아르헨티나와 연장전 끝에 1 : 1로 비긴 뒤 승부차기에 나섰지만, 세레나, 데아고스티의 슛이 아르헨티나 골키퍼 고이고체아에 막혀 결승 진출이 좌절됐었다. 또, 1994년 미국월드컵에선 간판스타 바레시와 바조의 실축으로 브라질에 우승컵을 넘겨줬고, 1998년 프랑스월드컵에서는 프랑스와의 8강전에서 디비아조의 실축으로 무릎을 꿇은 전례가 있었기 때문이었다.

히딩크 감독은 포르투갈 전에 이어 이번 이탈리아 전도 ‘잔디를 더 짧게 깎는 반면 물은 뿌리지 말아 달라’는 주문을 했다. 지난 포르투갈과의 경기에서 세계 최고의 미드필더인 피구가 한국 선수들에게 힘 한 번 제대로 써보지 못하고 무릎을 꿇어야 했던 것도 잔디 상태와 무관하지 않았다는 것을 확인했기 때문이다. 따라서 이번에도 히딩크 감독의 요구에 맞춰 이탈리아와의 16강전이 열린 대전 월드컵 경기장에는 이틀 전인 6월 16일부터 전혀 물을 뿌리지 않았고, 잔디는 골프장의 그린처럼 FIFA가 규정하는 최소의 길이인 1.8cm로 짧게 깎아버렸다.

• *2002년 6월 17일(D-1)*

양 팀 감독은 경기를 앞두고 16강전 출사표를 던졌다.

거스 히딩크 한국 대표팀 감독 : “이탈리아는 결과를 중요시하는 경기를 펼칠 것이며, 우리 선수들은 평소처럼 도전적인 경기 운영으로 맞설 것이다. 어쨌든 내일 경기는 FIFA 랭킹 6위와 40위의 대결이다. 그러나 한국은 이번 월드컵에서 가장 인상적인 플레이를 펼치고 있는 팀 중 하나다. 모든 사람들이 불가능하다고 생각하던 일들을 이뤄내고 있는 만큼 이탈리아 전 역시 당당히 맞설 것이다. … 우리가 볼을 갖고 있을 때는 수비에 나서는 이탈리아 선수들을 최대한 많이 뛰도록 유도하는 것이 중요하다. 우리는 체력적인 면에서 자신이 있는 만큼 이들을 빨리 지치게 할수록 승산이 있다고 생각한다. 그러나 수비축구로 이름 높은 이탈리아가 우리에게 많은 찬스를 허용하지는 않을 것으로 생각한다. 따라서 한두 번의 찬스를 골로 연결시키는 집중력을 공격수들에게 주문했다.

우리는 16강 진출이라는 하나의 목표를 이미 이뤘다. 그러나 한국 선수들도 지금까지의 성공에 만족하지는 않을 것이다. 그들 역시 (승리에) 배고파하고 있다. 이탈리아가 강팀이라고 무서워하지 않을 것이며 승리를 위해 내달릴 것이다."

조반니 트라파토니 이탈리아 대표팀 감독 : "한국은 스피드와 체력이 좋고 조직력도 돋보인다. 특히 홈팬들의 열광적인 응원이 한국 선수들에게 엄청난 힘을 실어줄 것이다. 이래저래 한국 전은 어려운 경기가 될 전망이다. 하지만 우리 선수들은 이런 빅게임에 익숙해져 있어 문제는 없다. 한국의 조별리그 경기를 여러 차례 비디오로 분석해 나름대로 대책도 마련해봤다. … 주위에서 1966년 이탈리아가 북한에 0 : 1로 패한 것을 거론하면서 우리 선수들이 심리적으로 부담감을 느낄 수 있을 것이라는 얘기를 하고 있다. 나도 축구선수 출신이다. 축구는 예전에 졌던 팀에도 이길 수 있고 이겼던 팀에도 질 수 있다. 일본에서 예선을 치르면서 조직력과 정신력이 살아나고 있다. 그들을 믿는다. 16강전인 한국과의 경기에서 꼭 이기겠다."

- *2002년 6월 18일(D-day)*

2002년 6월 18일, 우리 대표팀은 이탈리아 전에서 연장 후반 안정환 선수의 골든골로 2 : 1의 극적인 역전드라마를 연출해 냈다. 한국이 FIFA 랭킹 6위로 이번 월드컵 우승 후보 중 하나로 꼽혔던 이탈리아와의 16강 전에서 그러한 극적인 역전승을 이끌어 낸 것은, 히딩크 감독이 숱한 비난 속에서도 추구해온 '멀티플레이어 만들기' 가 성공한 덕분이었다.

이날 그가 먼저 꺼내든 카드는 최전방에 설기현—안정환—박지성 스리톱을 둔 3-4-3 시스템으로 일반의 예상을 빗나가지 않았다. 예상대로 대표팀은 3-4-3을 가동했고, 이탈리아는 4-3-3으로 맞섰다. 그러나 공격수의 숫자에 비해서 두 팀은 수비위주의 플레이를 펼쳤다. 한국은 지난 14일 포르투갈 전 선발 출전 명단과 단 한 자리도 바뀌지 않았다. 그러나 이탈리아의 공격이 투톱 비에리—델 피에로에 토티까지 처진 스트라이커로 뒤를 받치자, 한국은 좌우 미드필더인 이영표와 송종국, 김남일이 수비에 적극 가담해 사실상 이탈리아와 똑같은 4-3-3으로 시스템을 바꾸었다. 이탈리아는 카테나치오(빗장수비)의 핵인 네스타가 부상으로, 칸나바로가 경고 누적으로 빠짐에 따라 평소 공격에도 참가하던 오른쪽 윙백 코코를 철저히 수비에만 전념케 했다. 특히 주장 말디니는 일자 수비에서 한발 물러나 스위퍼 역할까지 하는 모습을 보였다.

이탈리아는 전반 10분 쯤 '여우만큼 영리한(히딩크 감독의 평)' 트라파토니 감독의 지시에 따라 갑자기 대규모의 포지션 이동을 시작했다. 공격진에서는 비에리—델 피에로—토티가 시계 반대방향으로 회전하며 델 피에로가 뒤로 빠지고, 토티가 앞으로 나왔으며 좌우 위치도 바뀌었다. 미드필더진에서도 잠브로타—사네티—톰마시가 각각 자리를 이동했다. 이에 따라 대인방어를 실시하던 한국의 수비에 순간적으로 문제가 생겼다. 한국은 경기 시작부터 송종국 선수가 톰마시를, 이영표 선수가 잠브

로타를, 김태영 선수가 비에리를 맨투맨하는 수비방법을 썼다. 그러나 순간적으로 자리가 바뀌자 선수를 놓쳤고, 이 와중에 전반 14분 왼쪽으로 자리를 옮긴 비에리가 단독 슛 기회를 잡았다.

전반전에 크리스찬 비에리에게 선제골을 내주며 경기에 끌려가자 히딩크 감독도 후반 17분 수비수 김태영 선수를 빼고 황선홍 선수를 투입했다. 그리고 왼쪽에는 설기현 선수, 중앙에는 황선홍 선수, 오른쪽에는 안정환 선수가 나서는 새로운 스리톱으로 변화를 주었다. 이때 안정환 선수는 중앙에서 자신이 몇 차례 테스트를 받았던 오른쪽 날개 포지션으로 옮겼고, 박지성 선수는 자신이 지난해까지 주로 맡았던 중앙수비형 미드필더로 내려왔으며, 공격형 미드필더로 선발 출장한 유상철 선수는 왼쪽 수비수로 옮겨가는 등 일차적인 재편을 했다.

뒤이어 후반 20분에 수비형 미드필더 김남일 선수가 발목부상으로 나가자, 히딩크 감독은 대체선수를 투입하는 대신 왼쪽 날개가 전공인 이천수 선수를 투입하여 그에게 한때 부전공이었던 중앙공격형 미드필더의 임무를 맡기는 파격을 단행했다. 그의 기막힌 용병술은 후반 37분 수비의 핵인 홍명보 선수마저 빼고 차두리 선수를 투입하는 장면에서 절정을 이룬 가운데, 한국은 설기현, 황선홍, 안정환, 차두리, 이천수 등 공격요원 5명이 카테나치오를 풀기 위해 총공세를 감행했다.

이렇게 해서, 잇단 전형의 변화 속에 위치를 옮겨야 했던 우리 선수들은 모두 제 역할을 훌륭히 해냈다. 결국 이탈리아의 빗장을 열고야 말았던 그 날의 드라마는 한 선수가 여러 포지션을 소화해 내도록 유도했던 히딩크 감독의 멀티플레이어 만들기가 있었기에 가능했다. 우선 대표팀의 팀 전술과 시스템을 튼튼히 구축해 놓은 다음 한 선수가 여러 포지션을 소화하도록 함으로써 부상과 전술과 전형의 변화 등 미래에 발생될 돌발적 상황에 대비한 사전계획(contingency plan)이 그 빛을 유감없이 발한 날이었다.

이탈리아 전이 열린 날 대전 월드컵 경기장 스타디움에는 'Again 1966' 이라는 카드섹션이 펼쳐졌다. 그리고 1966년 이탈리아전의 월드컵 역사는 2002년 한일 월드컵에서 또다시 재현되었다.

2002년 6월 18일 이탈리아 전에서 연장 후반 안정환 선수의 극적인 골든골로 승리하고 난 뒤 히딩크 감독은 이렇게 말했다. "우리는 또 다른 기록을 세웠고, 우리의 꿈을 이뤄가고 있다. 오늘 선수들의 플레이는 나를 매우 기쁘게 했다. 한국 국민에게 즐거움을 줄 수 있어 기쁘다. 예상대로 어려운 경기였다. 우리는 오늘 가장 강한 팀과 싸웠다. 그들은 매우 영리했고 위협적이었다. 전반에는 선수들이 망설였지만 후반에 만회골을 넣고 역전도 시켰다. 오늘밤은 다음 경기를 생각하지 않고 승리를 즐기겠다. 두 달 전만 해도 이 같은 결과는 상상 못했다. 3개월간 준비했는데, 선수들이 투지를 불태웠고 전술적으로도 열심히 따라줬다. 다음 상대인 스페인은 내가 많이 경험했던 팀이다. 스페인은 우리보다 이틀 더 쉰다는 점에서 유리하겠지만, 아무런 문제없다."

한편, 그 날 경기에서 전반 4분 페널티 킥 실축과 연장 후반 골든골을 뽑아내며 2시간 사이에 '지옥'과 '천당'을 오간 안정환 선수는 경기 후 인터뷰에서 자신의 심정을 이렇게 표현했다. "골든골을 넣었을 때 잠시 정신을 잃은 것 같은 느낌이었다. 경기 시작과 함께 얻어낸 페널티 킥을 실축하면서 경기 내내 흐느끼는 심정으로 뛰었다. 히딩크 감독님이 끝까지 뛸 수 있게 해준 것에 감사할 따름이다. 중간에 교체됐다면 평생 페널티 킥 실축의 멍에를 짊어지고 갈 뻔했다. 페널티 킥 실축 당시의 심정은 하늘이 무너져 내리는 줄 알았다. 남은 시간을 어떻게 뛰어야 할지 막막하기만 했다. 하지만 꼭 만회골을 넣어야겠다고 생각했다. 그 때문에 연장전에 들어

가면서 체력을 아끼며 '한 건' 만 기다리고 있었던 게 주효했다."

이번 경기를 지켜본 세계 언론들의 반응은 어땠을까?

한국이 이탈리아를 누른 경기는 아시아에서 처음 열린 이번 월드컵에서 가장 극적인 게임의 하나다. 8강 진출 가능성이 희박했던 한국이 월드컵 3회 우승국 이탈리아를 연장전 끝에 2 : 1로 물리친 것은 국제축구 역사에서 가장 놀랄 만한 역전승의 하나로 기록될 것이다. 히딩크 감독의 지휘 아래 한국 선수들이 경기 종료 2분을 남기고 골든골이 터질 때까지 결코 포기하지 않음으로써 아주리 군단을 물리칠 수 있었다.

— 미국 로스앤젤레스 타임스

이탈리아가 한국 전 승리를 도둑맞았다고 주장하고 있으나, 이탈리아 팀의 패배는 투지부족, 선수 간 경쟁심, 전략 미숙, 선수 노령화, 쉬운 돈벌이 등에 기인한다.

— 프랑스 르몽드 지

한국의 포르투갈과 이탈리아 격파는 이번 월드컵의 이변 중 하나였다. 한국은 포르투갈과의 16강전에서는 비길 수도 있었으나, 승부의 세계에서는 무승부란 없다는 히딩크 감독의 논리에 따라 그들은 최선을 다했고, 결국 포르투갈과 이탈리아를 제압할 수 있었다. 그리고 경기장마다 관중석을 붉은색으로 물들인 붉은악마의 조직적이고 힘찬 응원은 상대팀을 위축하기에 충분했다.

— 아르헨티나 라 나시온 지

한국 팀의 모든 것이 이탈리아에 앞섰다. 한국 팀은 세계 축구계에 신선한 충격을 주었다. 이탈리아는 경기 내용이 진부했고, 한국의 압박, 속도, 두드러진 팀플레이에 질식했다. 한국의 힘은 단단하고 균일화된, 파괴할 수 없는 팀 정신에서 나오며 이는 경기를 거듭할수록 새로운 가능성을 열어주고 있다. 나는 강력하게 부상한 한국 팀의 재능 앞에 찬탄을 금할 수 없다. 한국 팀은 어떤 허점도 보이지 않는 만큼 누구도 그들을 멈추기엔 어려울 것이다. 한국 선수들은 끝없이 움직이며 운동장의 전 공간을 완벽하게 이용한다. 한국은 16강에 진출함으로써 이미 목표를 달성했으나, 자신들의 역사를 쓰고 있으며 이 다음 역사는 8강전에서의 스페인이다. 나는 한국의 활기찬 공격수들이 스페인의 무거운 수비를 뒤흔들어 놓을 것이라고 예상한다. 스페인은 중원을 보강해야 할 것이다. 한국 선수들이 여기저기 뚫고 들어가기 때문이다.

– 에메 자케 전 프랑스 대표팀 감독

그런데 한 가지 주목할 만한 사실이 있다. 한국의 16강전 상대인 이탈리아 팀이 배포한 홍보자료를 본 많은 사람들은 실소를 금할 수가 없었다. 김도훈 선수 등의 사진이 버젓이 한국 대표팀 일원으로 실려 있었던 것이다. 뿐만 아니라, 포르투갈 전에 맞춰서 포르투갈 축구협회가 배포한 홍보자료에도 이영표 선수를 공격수로 분류한 뒤 그의 사진에 설기현 선수의 설명을 달아 놓기도 했다.

이탈리아는 그렇다고 쳐도, 한국과 예선전을 위해 맹렬히 준비해 왔다던 포르투갈은 우리 선수들의 얼굴조차 제대로 파악하지 못하고 경기에 나섰다는 얘기였다. 그 뿐인가. 2002 한일 월드컵에서 한국이 세계 강호들을 연달아 격파하는 돌풍을 일으키자, 한국 선수들에 대한 자료를 미처 충분히 가지고 있지 못한 세계 언론들도 우리 선수들의 프로필을 찾기 위해 허둥대는 모습을 보였다.

한국 대표팀은 2002 한일 월드컵을 통해 세계가 주목하는 팀으로 급부상했지만, 그 전에는 세계 축구계의 변방에 머물러왔다는 것을 말해준 사례들이다. 히딩크 감독조차 평소에 "우리의 강점은 세계에 잘 알려지지 않은 것이다."라고 말할 정도였다. 이는 상대가 강한 팀이든 약한 팀이든 간에 상대에 대한 정보, 즉 '현대축구의 힘은 곧 정보'라는 말의 의미를 다시금 실감할 수 있던 계기가 되었다.

5) 스페인 전 / 8강전 (2002년 6월 22일)

2002년 6월 16일 오후 8시 30분, 그때 이미 히딩크 감독은 스페인과 아일랜드의 16강전이 펼쳐지는 수원 월드컵 경기장에 있었다. 유비무환의 자세로 곧 있을 8강전을 준비했던 것이다. 그는 우리가 이탈리아 전에서 승리하고 난 후, 스페인 전을 묻는 질문에 "내게 스페인은 큰 문제가 아니다. 스페인은 내 가슴속에 있고 레알 마드리드에서의 경험으로 충분히 대비가 돼 있다. 오늘밤에는 승리를 즐기겠다."라고 말하며 스페인에 대한 강한 자신감을 피력했다.

• 2002년 6월 19일(D-3)

6월 19일 오후, 히딩크 감독은 대전 월드컵 경기장에서 회복훈련을 마친 후 외신기자들과의 인터뷰에서 이렇게 말했다.

"체력회복에 집중하겠다. 이탈리아 전은 선수들에게 정신적, 육체적으로 매우 힘든 경기였다. 이런 경기를 치른 후에는 적어도 3,4일 정도의 휴식이 필요하다. 하지만 우리에겐 그만한 시간이 없다. 선수들이 이틀 정도의 휴식을 통해 체력을 회복할 수 있도록 하겠다. … 레알 마드리드 감독시절 같이 생활한 선수들이 많다. 스페인 팀에는 세계적인 클럽에서 다양한 경험을 쌓은 선수들이 많다. … 그러나 스페인 전에서도 경기의 주도권을 유지하면서 플레이하는 우리의 방식을 고수하면 승산이 있다. 페널티 킥을 놓친 이후에 선수들이 흔들리지 않고 재빨리 정상적인 플레이로 돌아왔다는 점이 중요하다. 한국 선수들은 정신적, 전술적인 회복능력이 대단하다. 이런 한국 선수들이 자랑스럽다."

- *2002년 6월 20일(D-2)*

6월 20일, 스페인 호세 안토니오 카마초 감독은 스페인의 베이스캠프에서 가진 기자회견에서 한국 전을 준비하는 소감을 이렇게 말했다.

"솔직히 처음에는 한국에 대해 별로 신경을 쓰지 않았다. 하지만 경기를 거듭할수록 한국이 상당한 실력을 갖추고 있다는 것을 알게 됐다. 설마 했던 한국이 우리의 8강 맞상대가 됐는데, 당혹스럽고 앞으로 남은 기간 철저하게 준비해야겠다는 생각뿐이다. 한국은 체력적으로 강하고 매우 빠르다. 또 선수들의 실력도 대단하다. 팽팽한 승부가 예상된다. 한국이 체력적으로 상당히 강한데, 월드컵을 대비해 철저하게 준비한 결과라 본다. … 히딩크 감독이 정말 한국을 대단한 팀으로 만들어 놓은 것만은 사실이다."

- *2002년 6월 21일(D-1)*

양 팀 감독은 경기에 앞서 다음과 같은 출사표를 던졌다.

거스 히딩크 한국 대표팀 감독 : "… 대체적으로 스페인은 경험이 많고 전술과 체력적으로 우수한 강팀인 만큼 우리는 겸손한 자세로 패기 있게 경기에 나설 것이다. 우리 팀의 전술에 큰 변화를 주지는 않을 것이며, 늘 하던 대로 물러서지 않고 경기의 주도권을 쥐겠다. … 월드컵 전에는 16강이 목표였지만, 이제는 우리의 능력이 어느 정도인지를 보여줘야 할 때다."

카마초 스페인 대표팀 감독 : "한국 전을 결코 쉽게 생각하지 않는다. 한치의 양보 없는 팽팽한 접전이 예상된다. 한국의 조직력이 상당히 탄탄하다. 체력적으로 90분을 풀로 뛸 수 있을 뿐 아니라, 선수들 개개인의 실력도 수준급으로 보인다. 또 매우 빠르다. 따라서 철저하게 대비해 반드시 이길 수 있도록 하겠다. 히딩크 감독이 우리에 대해 많은 정보를 갖고 있는 것으로 안다. 하지만 그게 승부를 가르는 데 직접적인 이유가 될 수는 없을 것이다. 우리는 중무장한 팀이다. 충분히 이길 수 있다고 생각한다. … 한국전은 일방적인 홈팬들이 있어 많이 힘들 것으로 예상하지만, 선수들이 경기에 집중할 수 있도록 최선을 다해 팀을 이끌겠다."

- *2002년 6월 22일(D-day)*

6월 22일. 한국과 스페인은 120분 동안의 사투에도 불구하고 승부를 가리지 못했고, 승부차기까지 가서야 비로소 한국이 5 : 3으로 승리했다. 뙤약볕 아래에서 말 그대로 투혼이 부른 승리였다. 히딩크 감독은 일대 격전을 치른 끝의 승리에 대한 소감을 이렇게 말했다.

"4강에 오른 것은 엄청난 성과다. 50대50으로 대등한 게임이었다. 우리 수비가 흔들릴 때가 있었는데, 스페인 또한 오늘 경기에서는 문제점을 노출했다. 대체로 높은 수준의 경기였다. 그리고 스페인보다 휴식시간이 적었는데 우리가 이겼다는 것은 선수들이 그만큼 노력했다는 이야기다. 선수들을 칭찬하고 싶다. 우리 선수들은 '기운찬 개(young dog)'처럼 싸웠다. 우리는 앞으로 잃을 것이 없다. 독일과 맞설 4강전도 지금까지 해온 대로 할 것이다.

… 승부차기는 전날 훈련에서 대부분 시간을 투입해가며 연습했기에 자신 있었다. 심판판정에 대해서는 우리도 할 말이 있다. 미국은 포르투갈과의 조별리그 1차전에서 심판이 오프사이드를 불지 않는 바람에 두 번째 골을 성공시키고 승리를 낚을 수 있었다. 그 때문에 우리는 조별리그에서 힘든 레이스를 펼쳐야 했다. 스페인은 심판 판정에 대해 탓하기 전에 자신을 먼저 돌이켜 봐야 한다. 오늘 선수들이 격전을 치르느라 희생이 많았다. 얼마나 빨리 체력적으로 회복하느냐가 열쇠가 될 것이다. … 오늘 승리는 나의 지도를 받아들여 선수들이 끝까지 포기하지 않은

결과라고 생각한다."

　반면에, 안토니오 카마초 스페인 감독은 "매우 어려운 경기였다. 우리가 져서 너무 기분이 나쁘다. 우리는 열심히 훈련해 왔으며 최선을 다해 싸웠다. 하지만 상대팀이 더 운이 좋았다. … 심판 판정에 대해서는 거론하고 싶지 않다."고 말해 히딩크 감독과 대조적인 모습을 보였다.

4강으로 아시아의 벽을 허물었다. 한국은 스페인의 맹공을 맞아 월드컵에 4회 출장하는 홍명보 중심의 탄탄한 수비로 막고 이겼다. 히딩크 감독은 기술보다 체력강화 프로그램에 매달려 1년 6개월 만에 (한국을) 대단한 팀으로 만들었다. 아시아의 호랑이에서 세계의 호랑이가 되는 데는 히딩크 매직이 빛났다.

　– 일본 닛칸스포츠

전반 다소 힘에 겨운 듯이 움직였던 한국 팀이 후반에 투혼을 발휘, 스페인 팀의 혼을 뺐다. 한국이 승부차기에서 승리를 거둠으로써 52년 만에 4강에 진출하려던 스페인의 꿈은 산산이 부서졌다.

　– 미국 AP 통신

히딩크는 한국 팀을 완전히 새로운 팀으로 만들었다. 지연, 혈연, 학벌, 엄격한 위계질서 등 한국 사회에서 중요하게 여기는 관습들을 모두 배제한 히딩크 식의 시스템을 도입했고, 이것이 결국 좋은 성적으로 나타났다. 선수들은 히딩크를 믿었고, 세계를 놀라게 했다.

　– 일본 아사히신문

한국 팀은 지금까지의 승리가 결코 요행으로 거둔 것이 아님을 증명해 보였다. 누가 그들에게 심판 덕으로 승리를 낚아챘다고 말할 수 있겠는가?

　– 영국 로이터 통신

포르투갈, 이탈리아에 이어 무적함대 스페인마저 격퇴시키면서 우승 후보 세 팀을 모두 쓰러뜨렸다. 한국 선수 개개인은 스페인 선수에 비해 보잘 것 없었지만, 결속력과 강한 집중력으로 뭉쳐 스페인을 이겼다. 히딩크는 두 대회 연속 4강에 오르면서 지휘능력을 높이 평가 받았다.

　　－ 일본 스포츠닛폰

6) 독일 전 / 4강전 (2002년 6월 25일)

• *2002년 6월 23일(D-2)*

히딩크 감독은 6월 23일 미사리 대표팀 전용 연습구장에서 팀 회복훈련 후 가진 기자회견에서 이렇게 말했다.

"빡빡한 스케줄 속에 힘든 경기를 다섯 번이나 치른 것이 사실이다. 우리는 4강까지 오르는 동안 정신적, 육체적으로 탈진했다. … 그러나 우리는 스페인뿐 아니라 이탈리아 전에서도 모든 에너지를 발산해가며 전쟁을 치러 끝내 이겼다. 다시 한 번 선수들에게 자신감을 심어주고 재무장해 좋은 경기를 펼칠 수 있도록 돕겠다. 한국 선수들은 투철하다.

독일은 거칠고 위험한 팀임에 틀림없다. … 세트플레이에 강점이 있고, 힘과 개인기를 복합해 터프하게 경기하는 팀이다. 하지만 한국 선수들의 대처능력이 매우 빠르고, 또 그동안 준비해온 대로 독일과 맞서 우리만의 플레이를 효율적으로 펼쳐간다면 승산이 있다고 본다."

• *2002년 6월 24일(D-1)*

준결승전에서 격돌하는 한국과 독일의 사령탑은 다음과 같은 출사표를 던졌다.

거스 히딩크 한국 대표팀 감독 : "독일은 앞서 상대한 이탈리아, 스페인 등의 강호들과는 또 다른 스타일의 팀이다. 우리는 이제까지 해온 것처럼 우리가 어디에서 출발했는지를 생각하며 겸손한 자세로 나설 것이다. 한국의 우승 가능성까지 이야기하는 사람들이 있지만, 나는 선수들에게 지난날들을 생각하며 겸손한 자세로 경기에 나서도록 주문할 것이다. 독일은 강하면서도 효율적인 축구를 하는 팀인 데다 세트플레이에 뛰어난 특징이 있는 만큼 적절하게 대비하겠다. 우리 선수들의 체력이 어느 정도로 회복되느냐가 중요하다. 우리가 하루를 덜 쉬고 싸우게 되지만 불평하고 싶지는 않다. 다들 이만큼 올라섰다는데 대해 행복해하고 있다. 하지만 나는 선수들에게 계속하여 승리를 갈망하도록 주문할 것이다."

루디 푀일러 독일 대표팀 감독 : "우리는 우승의 꿈을 꾸면서 뛴다. 한국의 3-4-3 전술에 대한 대책을 마련했고, 실수를 줄이면서 경기 끝까지 정신력과 체력을 유지하겠다. … 어떤 팀이든 정신력이 중요하다. 더구나 우승 후보가 아니라면 정신력이 정말 중요하다. … 한국 선수들의 경기를 TV로 시청했고, 그때마다 붉은 티셔츠를 입은 한국 관중들이 열광적인 응원을 하는 장면은 인상적이었다. 축구에 대한 한국 사람들의 열정은 세계 모든 축구팬들에게 모범이 됐다. 한국과 스페인의 경기가 끝난 뒤 (월드컵에 출전하는 어린 선수들에게) 붉은 티셔츠가 가득 찬 경기장에서 관중들의 함성을 들으며 경기를 하는 것은 너희들에게 꿈같은 일이라고 얘기해줬다. 독일의 우승 가능성은 크다고 확신한다. 마지막 경기가 좋았고, 가면 갈수록 경기의 질을 높이고 있다."

• *2002년 6월 25일(D-day)*

히딩크 감독은 6월 25일 영국 최대의 일간지 〈더 선 *The Sun*〉과의 인터뷰에서 "이번 월드컵에서 유럽의 모든 축구 강국들은 마치 겁먹은 것처럼 너무 수비적인 플레이로 일관했다. 그 중에서도 잉글랜드의 수비축

구는 최악이었다. 브라질과의 8강전에서는 1 : 2로 리드 당한 상황에서
수적 우위에 있었음에도 불구하고, 제대로 된 공격 한 번 하지 못하고 지
키기에 급급했다. 이런 경기를 보는 것은 끔찍한 일이다."라며, 영국이
전통적인 공격축구를 버리고 수비위주로 나선 것을 맹비난, 자신이 추구
하는 강인한 체력과 압박으로 경기를 지배하는 스타일을 강조했다.

2002년 6월 25일, 한국과 독일의 4강전에서 한국이 0 : 1로 패함으로써
독일이 결승에 진출했다. 양 팀 감독의 소감을 들어보자.

거스 히딩크 감독은 "요코하마까지 가지 못한 게 너무 아쉽다. 선수들
이 독일을 지나치게 두려워해 우리의 플레이를 하지 못했다. 때문에 패
배가 실망스럽다. 하지만 후반에는 이를 극복해 나름의 플레이를 되찾았
고, 찬스도 만들어냈다. 독일 전뿐만 아니라 이번 대회 토너먼트를 거치
면서 끊임없이 노력해준 선수들이 매우 자랑스럽다. 경기에 지고 난 지
금 상황에서 변명하기는 싫다. … 오늘밤에는 회복에만 집중하겠다. 무
엇보다 실망감을 삼켜야 한다. 온 국민의 성원에 보답하기 위해서라도
다음 경기에 최선을 다하겠다."라고 말했다.

루디 펠러 독일 감독은 "우리 팀은 전반적으로 좋은 경기를 했다. 수
비에서 콤팩트한 조직력을 보였고, 공격 역시 조직력이 좋아져 많은 찬
스를 만들었다. … 이전 경기와 오늘 경기에서 결승골을 넣은 발라크는
누적된 경고가 있었음에도 불구하고 전술적인 차원에서 파울을 했다. 결
승전에 못 나오게 된 그에게 존경을 보낸다. 발라크는 독일 팀뿐 아니라
독일 국가를 위해 뛰었다."라고 자국 선수들을 칭찬했다.

히딩크 감독은 경기 후 공동취재구역(믹스트존)에서 인터뷰를 가졌다.
(오늘 경기를 평가한다면?) "초반에 선수들이 상대 공격을 너무 놓아

줬던 게 아쉬웠다. 어쨌든 독일 선수들은 노련했다. 선수들이 상대팀에 대한 경외심이 너무 컸던 탓에 전반에 위축됐지만, 후반 들어 상대를 압박해가며 몰아붙였다. 주어진 기회에서 결정력을 발휘하지 못한 게 아쉬웠다. 하지만 우리가 어떤 상대와 싸웠는지는 잊지 말자. 선수들이 이날 경기에 대해서는 실망하고 있지만, 대회 이전에 우리가 이만큼 오리라고 누가 생각했었나. 선수들이 자랑스럽다.”

(선수들의 부상으로 진용에 변화를 줬는데?) “안정환이 발목부상에서 완전히 회복하지 못해 후반에 기용할 수밖에 없었다. 김남일이 중요한 경기에서 부상해 나서지 못했다는 데 대해 개인적으로 무척 안타깝다.”

(패배에 대해 변명을 한다면?) “변명하고 싶지 않다. 졌으면 냉정하게 자신을 돌아봐야 한다. 외부적인 것에서 패배의 원인을 찾지 않겠다.”

(대표팀의 선전이 어떤 영향을 미쳤다고 보는가?) “축구계는 물론 한국사회 전체에 자신감을 불어 넣었다고 본다. 패한 뒤에도 선수들을 격려해 준 국민들에게 감사한다.”

(3,4위전에 대한 대비는?) “하루 휴식을 취한 뒤, 27일부터 본격적인 대비에 들어갈 것이다. 아직 대회가 끝나지 않았으니 마지막까지 끝까지 최선을 다하겠다. 선수들이 하루 빨리 이날 패배에서 회복할 줄로 믿는다.”

영국의 유력 일간지에서 한국축구를 낡은 축구의 세계에 신선한 충격으로 바라본 기사가 인상적이다.

영국의 중도파 일간지인 〈인디펜던트 *Independent*〉는 한국과 독일의 경기가 열리는 날 아침 신문에 제임스 로튼의 칼럼을 통해서 이렇게 말했다.

“지난 몇 주간 한국의 이미지보다 더 인상적인 이미지는 없었다. 한국팀은, 지치고 돈독이 오른 낡은 축구의 속임수를 벗겨 버리고 축구에 새로운 생명과 영혼을 선사했다. 정직함과 열정, 그리고 선하고 깨끗한 마음으로 경기하는 축구를 모든 면에서 보여 준 팀이다. 한국 팀의 주장인 홍명보 선수가 우승컵을 들어올리기를 원한다. 이렇게 될 경우 한국 팀은 자신들의 국가만을 위해 우승을 거둔 것이 아니라, 축구 그 자체, 그리고 새로운 피와 새로운 가치를 필사적으로 구하고 있던 월드컵을 위해 우승한 것이다. 낡은 축구의 세계는 국제축구연맹(FIFA)이 공동주최국 중 한 나라의 진출을 보장하기 위해 경기 결과를 미리 짜놓았다고 주장하고 있으나, 열정적인 관중들 앞에서 경기하는 주최국 팀은 의심받기 쉬우며 잉글랜드가 지난 1966년 우승했을 때도 마찬가지였다."

영국의 좌파 일간지 〈가디언 *The Guardian*〉도 거들었다. "한국 선수들이 상대방 선수들과 비교할 때 너무나 정직하게 경기를 해 히딩크 감독이 선수들을 더욱 거칠게 만들어야 한다고 느낄 정도였다. 히딩크 감독은 한국 선수들을 거칠게 만들기 위해서 어떻게 슬라이드 태클을 걸고 정강이를 발로 차며 팔꿈치로 상대 선수의 코를 쳐야 하는지를 가르쳤어야 했으나, 만약 그랬다면 한국 선수들은 여전히 축구에서 배울 것이 많이 남아 있었을 것이다. 유럽의 프로선수들은 트릭(속임수)이란 트릭들은 모두 다 알고 있으며, 그들은 극에 달한 배우들이고 비신사적인 경기의 냉소적 대가들이며 심판을 위협하는 데 전문가들이다. 따라서 축구 개도국 출신의 경험 적은 심판들이 스페인이나 이탈리아 선수들의 행동을 속임수의 하나로 보는 것을 비난할 수는 없으며, 이들은 유럽의 냉소주의가 불신을 자초했기 때문에 그 반대편으로 마음이 기울었을 수도 있다."

한국의 4강 신화를 일궈낸 히딩크 감독에 대한 외국 언론의 반응은 찬사 일색이었으며, 그의 성공을 당연한 것으로 받아들이고 있었다.

히딩크는 98년 조국인 네덜란드를 프랑스 월드컵에서 4강에 올려놓은 전법을 한국 팀에 접목시켜 성공했다. 한국의 외국인 감독 선택은 결과적으로 잘한 것이었다.

— 영국 *BBC*

한국은 (북중미 골드컵) 당시만 해도 체력적으로는 좋은 팀이었지만, 전술적으로는 아마추어와 같았다. 그런 팀을 불과 몇 달 만에 월드컵에서 포르투갈, 이탈리아 등을 차례로 물리치고 4강에 진출한 팀으로 만든 히딩크는 위대한 감독이다.

— 미국 폭스 *TV*

히딩크가 스타급 선수들을 대거 교체하고 이상한 방식으로 훈련하고 있을 때 한국 언론은 의심의 눈초리를 보냈다. 그러나 히딩크는 이에 굴하지 않고 자기 방식의 팀 운영을 고집해 마침내 성공을 거두었다.

— 축구전문 인터넷 사이트 사커넷닷컴(*soccernet.com*)

7) 터키 전 / 3,4위전 (2002년 6월 29일)

영국의 일간지 〈가디언〉은 2002년 6월 26일 월드컵을 결산하면서 "항상 슈퍼스타들의 무대이기만 했던 월드컵 대회가 이번에는 스타들이 사라지고 한국 등 팀플레이를 앞세운 팀들이 약진한 대회가 됐다."고 보도했다. 〈가디언〉은 "2002년 월드컵도 지네딘 지단, 데이비드 베컴, 루이스 피구 등 쟁쟁한 세계적 스타들의 무대가 될 것으로 예상됐지만, 정작 스타가 된 것은 '개인이 아니라 팀'이었다."고 말했다. 특히 "한국 팀은 선수 개개인이 아니라 팀 전체가 마치 집을 침범 당한 병정 개미 떼처럼 상대방에게 몰려드는 파괴적인 플레이를 선보임으로써 세계의 주목을 받았다."고 지적했다. 또한 거스 히딩크 감독이 이끄는 한국 팀에는 주장인 홍명보 선수 등 스타들이 있으나, 폴란드, 포르투갈, 이탈리아, 스페인을 꺾은 것은 "팀 전체의 집단적인 힘"이었다고 덧붙였다.

이 밖에도 터키와 미국도 팀플레이로 훌륭한 성과를 거둔 팀이라고 평가하고 세계축구는 탁월한 개인들의 경기에서 팀 경기라는 축구의 시초로 돌아가는 추세라고 분석했다. 그리고 이번 대회는 과거 스타일의 플레이메이커들이 퇴조하고 스트라이커들이 더 큰 각광을 받는 추세를 보였다고 분석했다.

• 2002년 6월 27일(D-2)

6월 27일. 히딩크 감독은 터키와의 3,4위전을 이틀 앞두고 경주 시민운동장에서 훈련을 실시한 뒤, "작은 결승전이라 불리는 3,4위전에서 3위 자리는 중요하며 가치도 있다. 네덜란드를 맡았던 1998년 월드컵 때는 준결승전 석패에 따른 선수들의 사기저하로 3,4위전에서 패했지만, 이번엔 다를 것이다."고 말했다.

한편, 3,4위 결전을 하루 앞둔 6월 29일, 터키의 세놀 귀네슈 감독은 대구 인터불고 호텔에서 가진 기자회견을 통해 다음과 같은 이야기를 했다.

"… 한국 선수 중 홍명보와 최진철이 훌륭한 플레이를 펼쳤다. 그들은 한국의 수비를 안정시켰다. 하지만 한국은 크로싱을 많이 하는데 비해 골 결정력은 그다지 높지 않은 것 같다. … 터키 프로리그에서 히딩크 감독을 만난 적이 있다. 당시 그는 페네르바제 팀을 맡았는데 구단에서 충분한 시간을 주지 못해 큰 성과는 올리지 못한 것으로 알고 있다. 한국에서는 히딩크가 열심히 선수들을 지도해 성공했다고 생각한다. 하지만 팀의 성공이란 감독 뿐 아니라 선수, 서포터스, 축구협회가 모두 잘 해야만 이뤄진다. 한국은 일본에 비해 더 많이 뛰고 조직력이 뛰어난 강팀이다. 지난 3월 한국과 친선경기를 한다고 했을 때 약팀과 경기를 한다는 비난도 있었다. 이제는 내 예지력이 입증된 셈이다. … 경기장을 둘러보았을 때 한국의 축구 환경이 매우 좋다고 느꼈다. 한국축구는 이번 대회부터 시작이다. 내 아버지의 친구 중에는 한국전쟁에 참전했던 분들이 많다. 한국에 대해서는 각별한 관심을 갖고 있다."

• *2002년 6월 28일(D-1)*

3,4위전에 임하는 양 팀 감독은 출사표를 던졌다.

거스 히딩크 한국 대표팀 감독 : "터키가 4강에 오른 것은 결코 운이 아니다. 터키는 그동안 전술, 정신력, 기술 등 모든 점에서 강한 면모를 보여 왔다. 특히 터키는 우리처럼 공격적 성향이 강한 데다 개인 기량까지 비슷해 팽팽한 승부가 예상된다. … 그동안 경기장 안팎에서 보여준 국민들의 뜨거운 성원을 봐서라도 3,4위전에서 최선을 다하겠다. 황선홍, 최진철, 김남일 등이 부상이다. 특히 김남일의 공백은 팀에게도 큰 손실이다. 그가 대회를 마치지 못하게 된데 대해 감독으로서 안타깝게 생각한다. 나는 항상 경기에 앞서 가장 컨디션이 좋고 효율적으로 활용할 수 있는 선수를 택한다. 단지 특정 선수가 이제껏 출전하지 못했다는 이유로 기회를 주지는 않는다. 상대팀을 감안하고 부상 선수들의 상태를 고려해 베스트 11을 결정할 것이다. 무엇보다 터키 전에서는 세계적으로 명성을 얻게 된 한국축구 특유의 색깔 있는 플레이를 펼치겠다. 국민 대축제 분위기를 한껏 살리는 화끈한 경기를 통해 우리는 승리할 것이다."

세놀 귀네슈 터키 대표팀 감독 : "한국과의 3,4위전은 친선경기가 될 것 같지만, 그래도 반드시 이겨 3위를 차지하고 싶다. … 한국과는 지난 3월 독일에서 한차례 평가전을 갖기도 했지만, 그때보다 훨씬 전력이 향상됐다고 생각한다. 강한 체력과 놀라운 스피드를 갖춘 팀이라 이기기가 쉽지 않겠지만 최선을 다하겠다. 마지막 게임을 승리로 장식한 뒤 고향으로 돌아가겠다. 27일 한국 입국 즉시 훈련을 하지 않고 휴식을 취해 피로가 많이 회복됐다. 대구 월드컵 경기장에서의 잔디적응과 전술훈련을 통해 한국전에 자신감을 회복했다. 정정당당한 경기를 통해 3위에 오르겠다."

- *2002년 6월 29일(D-day)*

2002년 6월 29일, 한국과 터키의 경기 결과는 터키의 승리였다. 그 날 경기에서 2 : 3으로 패하고 난 뒤 히딩크 감독은 이렇게 말했다.

"오늘 경기에는 실망했지만 우리가 이뤄낸 큰 성과는 부인할 수 없다. 준비과정에서 많은 고생을 했지만, 잘 따라 준 선수들이 너무도 자랑스럽다. 축구협회도 A매치 상대를 정하는 데 있어 내 의견을 반영해 주는 등 좋은 환경을 제공해 주었고, 그 속에서 많은 발전을 할 수 있었다. 또한 한국 팬들의 성원은 세계 최고였고 환상적이었다. 오늘 경기를 이겨 3위에 오르기를 간절히 원했지만, 전반전에 수비에서 큰 실수가 있어서 좌절됐다. … 한국에서 일하는 동안 선수들도 잘 적응했고 국민도 엄청난 성원을 보내줬다. 여기 와 있는 관중들은 물론 전국에 있는 모든 팬들에게 진심으로 감사한다. 이번 월드컵에서 대회 일정이 공평하지 못했던 것은 유감이다. 한국 팀은 일정 때문에 불이익을 받았다. 축구협회에 당부할 말은 2004년 올림픽이나 2006년 월드컵에서도 넓은 시야를 갖고 선수들을 지켜봐 달라는 것이다."

한국과 터키의 3, 4위전에 대해 주요 외신들은 경기의 결과보다는 하칸 수크르의 역대 최단시간 골 기록 경신과 경기가 끝난 뒤 양국 선수들이 어깨동무를 한 채 그라운드를 돌며 우의를 다진 이례적인 현상에 대해 집중적으로 보도했다.

터키가 공격 일변도의 흥미진진한 플레이를 펼치며 48년 만에 오른 월드컵 본선 무대에서 3위를 차지했다. 한국 역시 특유의 박력 넘치는 경기로 맞섰지만 수비진의 결정적인 실수가 패인이었다. 히딩크 감독은 이날 경기에서 수비라인에 변화를 줬지만 값비싼 대가를 치러야 했다. 그러나 빨치산(Partisan)을 연상시키는 한국 관중들은 경기가 끝난 뒤 터키 선수들에게도 박수를 보내는 수준 높은 관전 자세를 보였다.

             — 영국 *BBC*

감동적이고 수준 높은 경기였으며, 결승전도 이처럼 아름답길 바란다. 경기가 끝난 뒤 터키 국기가 관중석에 펼쳐진 장면은 정말 멋진 그림이었다. 오랜만에 스포츠 정신이 살아 있음을 확인할 수 있었다. 선수와 관중 모두가 승리자들이다. 3,4위전은 축구 변방국의 경기가 아니었다. 유럽의 강호들도 보여줄 수 없는 화려한 공격축구를 보여줬다.

             — 프랑스 *TF1*

두 나라 모두 훌륭하게 싸웠으며, 특히 경기 직후에 보여준 어깨동무는 감동적이었다. 비록 한국은 졌지만, 이번 대회에서 그들이 남긴 것은 세계인들이 알고 있을 것이다. 선수들과 그들을 끝까지 성원해준 한국인들은 메달을 받을 만한 충분한 가치가 있으며, 한 달여 동안 한국은 강한 인상을 남겼다.

             — 일본 후지*TV*

2002년 6월 25일 독일과의 준결승전이 끝난 뒤 이용수 기술위원장은 이번 월드컵과 히딩크 감독에 대한 자신의 소감을 다음과 같이 피력했다.

"18개월 동안 같이 지낸 히딩크 감독에 대한 평가는 3가지로 요약할 수 있다. 우선 경험이 풍부한 지도자이며, 스포츠 과학을 확실히 이해하는 감독이다. 또한 카리스마가 대단하다. 경험이 풍부하기 때문에 이번에 4강 기적을 이룬 것이 아닌가 생각된다. 특히 멀티플레이어를 발굴해

낸 능력은 입이 딱 벌어질 정도이다. 한국은 그동안 큰 대회에서 3경기 이상을 해본 적이 없지만, 국제대회 경험이 풍부한 히딩크 감독은 이번 에도 16강, 8강 등을 염두에 두고 훈련을 해왔다. 경기를 길게 보는 감독 이라는 것을 절실히 느낄 수 있었다.

솔직히 대회를 준비하면서 나름대로 세운 개인적인 목표는 16강이었 다. 하지만 상승세는 무서웠고, 감격적으로 4강 신화를 창조했다. 히딩 크 감독은 구체적인 목표를 밝힌 적은 없다. 그러나 분명히 8강 이상은 염두에 둔 것으로 느꼈다. 욕심이 있었다고 보면 된다. 히딩크 감독이 두 가지 확신을 가졌던 것으로 보면 된다. 하나는 훈련을 거듭할수록 드러 나는 한국 선수들의 잠재력을 믿었고, 다른 한 가지는 큰 대회일수록 홈 그라운드 이점이 많다는 점을 알고 있었다고 본다.

… 지난달 이미 밝혔듯이 월드컵이 끝나면 위원장직을 그만둘 것이 다. 후임 감독 선임은 후임 위원장과 협회가 알아서 할 문제이다. 기분 좋게 떠나게 돼 기쁘다."

한편, 2002년 6월 28일 프랑스의 유력 일간신문 〈리베라시옹〉은 '한 국(Coree)-일본(Japon) : 6-0' 이란 제목의 기사를 통해, 2002 한일 월 드컵의 공동개최국인 한국과 일본을 다음과 같이 비교 평가했다.

"경기장 시설뿐만 아니라 선수단 이동 및 물자조달, 월드컵 열기, 체 류비용, 대표팀 성적, 중계방송 능력 등 다양한 항목을 비교 분석한 결과 한국이 훨씬 앞섰다. 이번 월드컵은 유사 이래 경쟁관계에 있는 한국과 일본의 문화적 수준을 가늠할 수 있는 계기가 됐다. 한국에서는 'Be the Reds' 가 박힌 붉은 티셔츠가 1,000만장 이상 팔려 나갔으며, 환갑을 넘 긴 노인들도 이 티셔츠를 입었다. 한국의 월드컵 열기는 가히 유럽인들 의 상상을 초월할 정도로 뜨거웠다. 반면 '울트라 닛폰' 이 응원 문화를 주도한 일본은 블루(일본 대표팀의 유니폼 색상) 열풍이 몇몇 대도시에서 간헐적으로 불었을 뿐, 금세 수그러들었다. 월드컵 성적도 처음엔 비슷한 수준이 예상됐지만 결과는 딴판이었다. 체력과 정신력뿐만 아니라 유럽의 강호들과 맞서는 저항정신 등에서 한국의 히딩크 감독이 월등한 지도력을 발휘했다. 준결승이 벌어진 상암 경기장과 사이타마 경기장의 교통편은 비교도 되지 못했다."

우리는 처음에 월드컵 1승과 16강 진출을 꿈꾸었었다. 하지만 이를 훌쩍 뛰어넘어 4강에까지 오른 2002년 6월 한 달 동안의 기적은 다만 6월 한 달 동안 이루어진 것이 아니었다. 그것은 2000년 11월 중순부터 이루어지기 시작했으며, 그 결과는 우리 국민 모두와 전 세계 축구팬들의 가슴속에 속속들이 전해졌다.

꿈 이후를 준비하는 리더
: 리더 육성

5

"용용(龍龍) 죽겠지?"

　어린이들의 놀이 가운데 하나인 '용용 죽겠지?'에는 숨겨진 이야기가 있다고 한다. 그 이야기의 내용은 대충 이렇다.

　지금으로부터 아주 오래된 옛날 중국의 어느 농촌에 농사 짓기를 아주 싫어하는 한 노인이 살고 있었다. 그 노인은 농사 지을 생각보다는 어떻게 하면 농사를 짓지 않고도 편하게 살 수 있을까에만 정신이 팔려 농사 짓는 시간보다 오히려 편하게 사는 방법을 생각해내는 데 더 많은 시간을 투입했다. 그리고 그렇게 많은 시간과 노력을 들인 결과 어느 날 그에게 기가 막힌 아이디어가 떠올랐다. '만약 우리 마을이 전국적으로 유명한 관광지가 된다면 예전처럼 농사를 짓지 않고도 더 편안하게 살 수 있겠구나!'

　노인은 그 이후로 자신의 아이디어를 현실화시킬 방안, 즉 자신의 마을을 관광지로 만들 방안을 모색하기 시작했다. 그리고는 중국 사람들 모두가 좋아하는 용(龍)을 떠올렸다. '만약 용이 우리 마을에 나타났다는 사실이 전국적으로 알려지게 되면 많은 사람들이 우리 마을을 찾게 될 거야.'

　그는 '우리 마을에 용이 나타나게 해 주십시오'라며 하늘에 대고 간절하게 기원했다. '진인사 대천명(盡人事 待天命)'이라 했던가. 마침내 그의 간절한 소원이 하늘을 감동시켜, 해가 뉘엿뉘엿 서산을 넘어가던 어느 날 저녁 무렵 우연히 그 노인이 들녘에 나가 있는 동안, 정말로 용이 하늘에서 내려왔다. 그런데 용을 본 순간 그 노인은 너무나 놀란 나머지 그만 쇼크사를 일으키고 말았다. 그렇게 애타게 꾸어 온 꿈이 이뤄진 순간, 즉 용이 마을에 나타난 순간, 그 노인은 허무하게도 그냥 죽고 말았다. 자신의 꿈(비전)이 이뤄진 순간, 그는 그만 죽고 만 것이다.

개인도 그렇고 조직도 그럴 수 있다. 그러나 균형감각을 가지고 조직을 이끌어 가는 리더는 자신과 조직원들이 세운 비전이 실현된 이후의 모습도 생각할 줄 안다. 그들은 조직 내에서 자신과 함께 또 다른 새로운 비전을 설정하고 그 비전을 실현시켜 나갈 새로운 리더들을 발굴하고 적극적으로 육성한다. 조직의 진정한 비전은 조직의 전략, 시스템, 프로세스 등에 있는 것이 아니라, 사람(人材)에 있음을 그들은 알기 때문이다. 리더를 통해 육성된 참신한 리더는 조직원들과 또 다른 새로운 꿈을 꾼다. 그리고 그 꿈을 이루기 위해 준비하고, 그 꿈을 이루어 가고, 결국에는 그 꿈을 이루어 낸다. 그러한 과정을 통해 그는 다시금 새로운 리더를 육성하여 그들에게 리더의 자리를 물려준다. 그러한 연속되는 과정을 통하여 조직의 꿈은 반영구적으로 지속될 수 있다.

탁월한 리더의 비전 달성 방법과 프로세스는 동종업계만이 아니라 이(異)업종까지도 관심을 갖게 만들고 그들의 적극적인 벤치마킹을 유도한다. 또한 리더 자신이 몸담고 있는 조직, 리더가 몸담고 있는 조직이 소속한 업종, 그리고 리더가 몸담고 있는 조직이 속하지 않은 이업종에까지 탁월한 리더의 비전 달성 방법과 프로세스가 벤치마킹되어 새로운 질서를 창조하기 위한 창조적 파괴(creative destruction)가 시작된다.

꿈 이후를 준비한 리더 히딩크

2002년 6월 29일 한일 월드컵 터키 전에서 아쉽게 2 : 3으로 패한 뒤, 히딩크 감독은 그동안 한국에서의 느낌들을 다음과 같이 피력하였다.

(한국 팀과 함께한 18개월은 어떠했는가?) "사실 매우 힘들었다. 선수들은 나의 높은 기대치를 만족시키기 위해 희생하고 노력했다. 결국 선

수들은 경쟁력을 갖게 됐다. 대한축구협회에도 감사한다. 좋은 외국팀과 평가전을 할 수 있게 해주었고 내가 훈련 프로그램을 정하는 데 자유를 줘 이렇게 단기간에 많은 발전을 이루게 된 것 같다. 2월부터 집중적인 훈련을 한 것도 도움이 됐다. 우리 팀은 세계축구에 팀 정신이 무엇인가를 보여 주었다."

(한국축구의 미래에 대해 한마디 한다면?) "지금과 같은 축구 철학과 전술을 유지했으면 한다. 한국의 노장들은 이미 은퇴를 선언했기 때문에 변화가 필요하다. 또한 한국축구의 발전을 위해서는 언론의 소임이 중요하다. 언론은 보다 넓은 안목을 가져야 한다. 한국 언론은 앞으로 작은 결과에 일희일비하지 말고 장기적으로 팀을 바라보고 인도해주길 바란다. 단기적으로 성과가 보이지 않더라도 팀을 맡은 책임자를 믿어달라는 뜻이다."

그리고 히딩크 감독은 다음과 같은 말로 아쉬운 작별 인사를 대신했다. "내게는 새로운 도전이 기다리고 있다. 그렇다고 한국과의 인연을 여기서 끝내자는 것은 아니다. 나와 한국 팀을 위해 한동안의 이별이 불가피하다는 말이다. 나는 선수들과 늘 함께하길 좋아한다. 아침부터 저녁까지, 매일매일. 한국 팀과는 당분간 그럴 기회가 없을 것이다.

한국에서는 내가 영웅이라고 말하지만, 나는 기본적으로 축구감독일 뿐이다. 축구감독은 그라운드에서 살아가야 한다. 내가 안정환 등 한국 스타 선수들을 심하게 다룬 것도 이들이 그라운드 밖의 인기에 취해 있었기 때문이다.

한국 팀으로서도 새로운 도전이 필요하다. 지금까지 우리가 함께 이뤄낸 것들을 평가하고 분석해야 한다. 그러려면 내가 없는 시간이 필요하다. 한국 팀은 이제 스스로 모든 것을 해결할 수 있는 역량을 갖추고 있다. 나는 오히려 한국축구의 미래에 더 관심이 많다. 내가 청소년 팀의 어린 선수들(최성국, 정조국 등)을 대표팀에 데리고 있었던 것도 그들이 한국축구의 미래이기 때문이다. 내가 한국인들의 사랑에 보답하는 길은 한국축구가 '근본적'으로 세계 톱클래스 수준으로 진입할 수 있도록 돕는 것이라고 생각한다.

내가 한국 선수 중 일부를 데려갈 것이란 보도가 있었다. 일정 부분 사실이다. 내가 갈 구단과 좀더 이야기를 해봐야겠지만, 어떤 식으로든 한국축구를 돕고 싶다. 그게 내 마음이다. 나는 한국 선수들이 유럽시장에서 과소평가되고 있다는 데 공감한다. 내가 보기에 한국 팀에는 유럽 리그에서 훌륭한 플레이를 펼칠 수 있는 역량을 갖춘 선수가 많다. 하지만 중요한 것은 유럽에 진출하고자 한다면 자신에게 맞는 팀을 선택해야 한다는 것이다. 돈이 중요한 기준이 되어서는 안 된다. 돈을 더 준다고 해서 자신에게 맞지도 않은 팀을 선택했다가는 낭패를 볼 수도 있다. … 내가 누구를 데려갈지는 밝힐 수 없다. 한국 선수 개개인을 비교하고 싶지는 않다. 모든 선수들을 존중한다. 한국 K리그에서 뛰는 선수라고 해서 다음 월드컵의 주인공이 되지 못하는 건 아니다.

… 프로선수는 매일 강한 압박 속에서 경기를 치러야 한다. 그래야 선수들은 플레이에 최선을 다할 수 있고 경기력도 향상될 수 있다. 선수들의 스피드와 투지도 관중의 압박이 심하면 심할수록 향상된다. 월드컵 전까지 한국 대표선수들의 잔실수가 많았던 것은 한국 프로축구의 싸늘한 분위기와 무관하지 않다는 게 내 생각이다. 느슨한 경기에 적응이 돼 있다 보면 중요한 순간에 강력한 집중력을 발휘할 수 없다. 솔직히 나는 처음에는 한국의 축구 열기가 그리 높지 않다고 생각했다. 경기장에 가족 단위로 오는 관객이 많은 점도 이해하기 어려웠다. 유럽에선 경기장이 열성팬 때문에 너무도 위험스러워 어린이를 데리고 오는 경우가 드물

기 때문이다.

나는 6월 한 달 동안 내 생각이 틀렸다는 것을 알았다. 한국엔 세계에서 가장 아름다운 축구팬이 가장 많이 있었다. 오히려 세계 축구팬이 한국 관중의 모습을 배워야 한다고 생각했다. 그토록 많은 사람들이 그토록 열광적인 응원을 하고도 사고 한 건 벌어지지 않을 수 있다는 건 한국에서만 가능한 일이다. 나는 월드컵 기간 중 선보인 한국인들의 열광적인 응원이 프로축구로 이어지길 바란다. 한국이 빠른 시일 안에 월드컵에 키스할 수 있다고 내가 믿는 것도 한국엔 세계에서 가장 멋진 응원단이 있기 때문이다.

그간 내가 한국 팀과 한국에 실망한 적이 없었던 건 아니다. 터키와의 3,4위전 때처럼 선수들이 해서는 안 되는 실수를 저질렀을 때와 언론이 엉뚱한 기사로 한국 팀을 분열시키려 했을 때 그랬다. 모든 경우에 나는 한국 사람들에게 돌려서 얘기하지 않고 말하고자 하는 바를 직접적으로 얘기하려고 애썼다. 한국 사람들도 내게 마찬가지였다. 때로는 논쟁이 있기도 했지만, 기본적으로 우리는 서로를 존중했다.

이 모든 과정을 지나 한국은 내게 많은 것을 의미하는 나라가 됐다. 나는 유럽에서 프로축구팀 감독이나 국가대표팀 감독으로 많은 경험을 가지고 있다. 하지만 한국과 함께 이뤄낸 것은 내 인생의 그 어느 부분보다 많은 것을 의미한다. 정몽준 회장이나 한국 국민의 성원과 도움이 없었더라면 앞으로 한국 국민이 두고두고 동화처럼 얘기할 수 있는 한국의 4강 신화는 분명 불가능했을 것이다. 한국 국민은 따뜻한 사람들이다. 나는 한국 국민을 사랑한다. 한국에서의 추억을 영원히 가슴 속에 간직할 것이다. 한국과 한국축구에 영원한 행운을 빈다. 안녕히!" [1]

---

1) 2002. 7. 8, '재회를 기약하며', 히딩크 수기(7), 동아일보

2000년 11월 한국축구협회 기술위원회의 외국인 감독 영입 기준은 '노하우를 체계화할 수 있는 지도자'였다. 그리고, 히딩크 감독이 "그저 월드컵에 나가 승리를 이끌어 내는 것 이상을 이뤄내겠다는 생각이었다. 한국 팀의 전반적인 경쟁력을 끌어올릴 수 있는 환경을 만드는 데 최선을 다하겠다."고 말했듯이, 그가 한국 국가대표팀의 감독직을 수락할 때 염두에 둔 것은 '미래'였다. 그는 자신을 감독으로 영입하기 위해 찾아간 사람들이 제시한 월드컵 16강 진출이라는 포부만을 공유하는 데 그치지 않고, 한국축구의 전반적인 경쟁력 향상을 위한 체질 개선 및 환경 조성까지를 자신의 사명과 비전으로 설정한 것이다.

우리는 이제 그가 말한 한국축구의 전반적인 경쟁력 향상을 위한 체질 개선 및 환경 조성이 실제로 이루어지고 있는가에 대해 차분하고 진지하게 살펴보아야만 한다. 언제까지나 2002년 한일 월드컵 4강 진출이라는 역사적인 위업에만 머물러 있어서는 안 된다. 이제는 그보다 더 큰 꿈을 꾸고 그 꿈을 이루어 나가야만 한다.

그렇다면 한국축구의 전반적인 경쟁력을 뒷받침하는 요소들은 무엇일까? 그 최우선적인 요소는, 우리가 히딩크 감독을 통하여 확실하게 깨달을 수 있었듯이, 바로 팀을 이끌어 가는 리더, 즉 유소년, 청소년, 성인, 프로팀들의 축구 지도자들의 경쟁력 향상이다. 그리고, 다음으로는 그렇게 향상된 축구 지도자들로부터 배출되는 선수들의 경쟁력을 꼽을 수 있을 것이다. 물론 그러한 지도자와 선수들의 경쟁력 향상은 그들만의 노력으로 되는 것은 아니다. 지도자들과 선수들을 지원하고 육성하는 프로구단, 한국축구협회 등의 경쟁력도 뒷받침되어야만 한다.

한국축구의 경쟁력 향상을 위한 이 같은 요소들이 한꺼번에 갑자기 향상되는 것은 아니다. 지도자, 선수, 축구구단, 한국축구협회, 정부 등의 의식이 새로운 비전 정립과 달성을 위해 깨어나면서부터 경쟁력은 향상

되기 시작한다.

여기에서는 '한국축구의 전반적인 경쟁력 향상을 위해 과연 지도자들과 선수들의 의식전환이 이루어졌는가'에만 초점을 맞추어, 그 당사자인 우리 지도자와 선수들의 말을 통해 살펴보기로 한다.

1) 지도자들의 경쟁력 향상을 위한 의식전환

프로축구팀들이 4강 신화를 달성한 한국대표팀의 트레이닝 기법과 전술 등을 접목시키는 작업에 열중하고 있다. 개막 후 2연승하며 시즌 초반 선두를 달리고 있는 부천 SK는 히딩크호에서 압신 고트비가 담당했던 비디오분석 기법을 도입했다. 비디오분석을 통한 이미지 트레이닝은 팀 전술에 대한 이해도를 높이기 위해 경기 비디오를 분석한 그림과 동영상 자료를 활용하는 것. 그러나 그동안 국내 구단들이 사용해온 이미지트레이닝은 경기 비디오를 여과 없이 시청하며 중요 장면의 슬로비디오를 보는 '원시적인' 수준에 머물러 있었다. 이 경우 팀 미팅에 많은 시간을 할애해야 하는 것은 물론 집중력도 떨어지는 단점이 있는데 이를 보완하기 위해 전문적인 비디오분석 시스템이 필요한 것.

부천은 마케팅 담당 조민광 대리에게 비디오분석 임무를 맡기고 축구본고장 영국에서 제작한 'Dart Trainer' 등 다양한 분석 프로그램을 시험 가동, 이미지 트레이닝에 활용하고 있다. 부천의 비디오분석 시스템은 아직 소박하다. 비디오테이프 편집기술을 배우고 있는 조 대리가 스카우트가 찍어온 상대팀 경기를 부천 선수들이 전술을 중심으로 볼 수 있도록 재편집하는 수준이다. 코치들과 꼬박 4시간 30분 정도 작업한 후 최윤겸 감독이 마지막으로 가감을 주문하면 이른바 비디오분석이 마무리된다. 조민광 대리(PD)의 작품은 경기 전날 팀 미팅에서 활용된다. 그 덕분인지 2승을 달리며 정규리그 초반 출발이 좋다. "한 경기를 통째로 볼 때보다 시간 낭비도 없고 상대의 움직임을 파악하는 데 집중도가 높아진 것 같다. 선수들의 전술 이해도와 상황대처 능력에 큰 도움이 되고 있다.”는 것이 최 감독의 자랑이다. 조 대리는 비디오 편집기술을 더 배울 요량이고, 최 감독은 비디오편집을 부천 팀 자체를 분석하는 데까지 폭넓게 활용할 계획이다. 유럽의 강호들을 상대로 엄청난 위력을 발휘했던 ‘히딩크식 압박축구’ 는 모든 팀들의 벤치마킹 대상이 되고 있는 듯하다.

— 2002. 7. 15, 프로축구 각 팀, 대표팀 벤치마킹 바람, 동아일보

전북 현대의 초반 상승세가 무섭다. 2승3무로 단독 1위. 지난해 조윤환 감독이 부임한 이후 정규리그에서 10경기 연속 무패다. 전북이 이렇게 일신한 데는 조윤환 감독의 공을 빼놓을 수 없다. 히딩크와 아주 비슷한 용병술로 모래알 같은 팀을 하나로 만들어 나가고 있다.

우선 베스트 11 파괴. 지난해 굳건히 주전을 지켰던 양현정, 변재섭 등은 요즘 좀처럼 출장기회를 잡지 못하고 있다. 간판스타 김도훈마저 지난 17일 부산 전에서는 출전선수명단에서 완전히 제외돼 2군에서 컨디션 조절을 하는 수모를 당했다.

“이름값이 아니라 현재의 기량만이 출전선수를 결정하는 기준”이라는 원칙이다. 조윤환 감독은 “부천 시절에는 워낙 선수층이 얇았지만 전북에서는 다를 것”이라고 말하고 있다. 이 같은 감독의 초 강수에 간판스타 김도훈도 “팀 플레이에 최선을 다하겠다.”며 마음을 다잡고 21일 성남 전에서 동점의 발판이 된 만회골을 터트렸다.

두 번째는 공격적인 선수교체. 21일 성남 전에서 전반 34분 보띠와 임종훈을 빼고 두 명의 공격수 비에라와 김도훈을 투입하는 강수를 썼다. 히딩크의 용병술 그대로다. 이 밖에도 멀티플레이어 강조, 경기 중 수시로 바뀌는 포메이션도 히딩크를 닮은꼴이다.

그러나 조윤환 감독은 히딩크와 닮았다는 말을 그리 달가워하지는 않는다. “이미 니품니시 감독이 썼던 것이고 지도자로서는 기본적인 사항”이라는게 조 감독의 당당한 설명이다.

— 2002. 7. 21, 조윤환 감독은 ‘작은 히딩크’, 일간스포츠

지난해 한국 대표팀 사령탑을 맡은 히딩크 감독은 "한국 선수들은 체력도 좋고 기술도 좋다. 게다가 투지 또한 넘쳐흐른다."라며 월드컵 16강 진출이 문제없다고 호언장담을 했다. 그 때 우리 지도자들은 "아무리 세계적인 명장이라도 1년 반 만에 한국축구를 세계 수준으로 끌어올리진 못할 것"이라고 고개를 내저었다. 그러나 결과는 어떤가. 히딩크 감독은 1년 6개월 동안 대표팀을 조련해 월드컵 4강이란 신화를 창조했다. 한국 선수들의 문제점이 무엇인지를 제대로 진단한 뒤 한 치의 오차도 없는 처방을 내려 단 1년 반 만에 바꾸어 놓은 것이다. 한마디로 한국축구는 선수들 실력은 세계적 수준인데 지도자의 능력은 '우물 안 개구리'였던 셈이다. 한국축구의 발전을 위해 가장 시급한 일이 지도자 교육임을 알 수 있는 대목이다.

대표팀의 한 코치는 "히딩크 감독이 훈련시키는 방법이 아주 좋다는 것은 알고 있는데, 왜 그렇게 훈련시키는지는 아직 모르겠다."라고 말했다. 한국 지도자의 현실이다. 스포츠 과학을 접목한 훈련을 제대로 아는 지도자가 한국에는 드물다. 과거 자신들이 했던 대로 가르치는 게 한국축구의 현실이다. 선진축구는 스포츠 과학을 빼면 성공할 수 없다. 이탈리아나 스페인 등 축구 강국의 대표팀에는 따라 붙는 코치와 물리치료사, 심리학박사 등만 따져도 수십 명이다. 그러나 우리는 히딩크 감독이 오기 전까지 감독과 코치 등 서너 명만이 대표팀을 이끌었다. 물론 이들도 한국축구가 어떻게 하면 발전하는지 알고 있었다. 그러나 제대로 된 '공부'를 하지 않았던 것이다. 한국축구의 발전을 위해 훌륭한 지도자를 키워야 하는 게 우선이다.

– 2002. 6. 28, 4강 신화(하) : 세계수준 지도자 없인 미래 없다, 동아일보

2002년 8월 중순 독일 프랑크푸르트로 지도자 수업을 떠나는 정해성 코치는 네덜란드 아인트호벤 23세 이하 팀의 감독을 맡고 있는 핌 베어벡 코치와 연락, 9월 중순부터 한 달간 팀에 합류해 참관인 자격으로 지도자 수업을 받기로 내락을 받았다.

정해성 코치는 이미 히딩크 감독이 아인트호벤 감독으로 내정된 후 한국을 떠나기 전 접촉을 갖고 9월 중순 아인트호벤에서 지도자 수업을 받을 수 있는 여건을 만들어 주겠다는 약속을 받았다. 정해성 코치는 8월 중순에서 9월 중순까지 독일 분데스리가에서 한 달간 팀훈련과 경기를 지켜본 후 네덜란드로 이동, 히딩크 감독과 핌 베어벡 2군 감독으로부터 프로팀 지도자로서 실전에 필요한 많은 지도를 받게 된다.

정해성 코치는 "월드컵이 끝난 후 좀더 공부를 해야겠다는 생각이 들었다."며 "히딩크 감독과 베어벡 코치가 많은 조언과 배려를 해주고 있어 이번처럼 좋은 기회는 없을 것"이라고 밝혔다. 이전까지 많은 지도자들이 관중석에 섞여 경기를 관람하고 훈련과 연습도 참관인 자격이 아닌 관중의 입장에서 바라보던 것과는 상당한 차이가 있을 것으로 보인다.

특히 1년 6개월 동안 히딩크 감독 밑에서 네덜란드 특유의 토털사커를 경험한 상황에서 이번 정해성 코치의 유럽투어는 많은 시너지효과를 얻을 것이다.

월드컵 이후 국내 지도자가 히딩크 감독 밑에서 직접 사사하는 것은 이번이 처음. 월드컵 4강 신화에 만족하지 않고 끊임없는 배움의 길을 떠나는 정해성 코치가 한층 발전된 모습으로 한국축구를 다시 이끌지 주목된다.

    – 2002. 7. 17, 히딩크, 정해성 코치 보충수업, 스포츠투데이

2) 선수들의 경쟁력 향상 및 향후 올바른 리더가 되기 위한 의식전환

히딩크 감독님은 대단하다. 강한 것보다 부드러운 것이 위대하다는 것을 깨닫게 해줬다. 지금까지 경험한 한국 지도자들은 복종식 훈련을 강요했다. 딱딱하고 경직된 분위기에서 마음속에 불만이 쌓였던 게 사실이다. 하지만 히딩크 감독님은 그렇지 않았다. 함께 얘기할 수 있었고 같이 짜증낼 수 있었다. 항상 부드러운 분위기를 만들어 준 덕분이었다. 히딩크 감독님은 (설)기현이 같은 친한 친구였다.

    – 나의 월드컵 (7), 이영표, 스포츠투데이

'98 프랑스 월드컵을 앞두고 왠지 모를 두려움에 휩싸였다. 하지만 히딩크호 출범 이후에는 믿는 구석이 있었다. 정확히 꼬집어 뭐라 말할 수는 없다. 하지

만 정말 편안했고 할 수 있다는 생각이 들었다. 아무래도 이게 진짜 '자신감'이었던 것 같다. 이 때문에 0 : 5로 두 차례 대패했을 때도 괜찮았고 월드컵 개막 후에도 불안하지 않았다. 우리 모두가 똘똘 뭉쳐 정말 큰일을 해냈다. 개인적으로 이번 월드컵 내내 벤치를 지킨 선수들, 의료진, 코칭 스태프에게 고맙다는 말을 꼭 하고 싶다. 이들의 희생이 따랐기에 큰 업적을 남 길 수 있었다. 가장 기억에 남는 경기는 이탈리아와의 16강전(6월18일). 3차례 조 예선 경기를 치르고 난 터라 솔직히 몸과 마음이 지칠 대로 지쳐 있었다. 볼 한 번 걷어낼 때마다 하늘이 노랗게 변했다. 나뿐 아니라 선수들 모두 그랬을 것이다. 하지만 정신력으로 버텼다. 그리고 값진 승리를 얻어 냈기에 나로서는 잊을 수 없는 경기였다.

월드컵이 점점 다가오면서 많이 설렌 게 사실이다. 나만 그럴 것이라 생각하지 않았기에 후배들에게 조언 한 마디 해주려고 송종국을 불렀다. 그리고 '98 프랑스 월드컵 경험담을 들려주었다. '그때 너무 긴장해 마치 술 많이 마시고 나서 필름이 끊긴 것처럼 지금 아무리 기억력을 되살려도 남는 게 없다'고 말했더니 송종국은 대뜸 '형, 이번에는 한국에서 한다. 자신 있는데 왜 떨어야 하죠?'라며 당당하게 각오를 밝혔다. 그리고 송종국을 비롯해 '젊은 피'들은 그라운드에서 우리 노장들이 탄성을 자아낼 정도로 훌륭하게 제 몫을 해냈다. 요즘 애들 정말 무섭다. 이들에게도 분명 높이 살 만한 장점이 많다는 것을 깨달았다. 고맙다, 아우들아.

   – 나의 월드컵 (8), 유상철, 스포츠투데이

외국인 감독에 대한 생각을 묻는 경우가 많은데, 나한테는 히딩크 감독님의 지도방식에 최고 점수를 주고 싶다. 히딩크 감독님은 모든 면에서 존경스러운 분이고 나에게는 꿈을 이뤄주신 분이다. 시간이 흘러도 이런 감정은 지워지지 않을 것 같다.

먼 훗날 얘기겠지만, 지도자가 돼서 제자들이 생기면 모든 힘을 다해 아낌없이 가르쳐 주겠다. 제자를 잘 가르치려면 그때까지 열심히 배워서 최고의 지도자가 돼야 할 것 같다. 히딩크 감독님처럼 훌륭한 지도자가 될 수 있다면 더 바랄 것이 없겠다. 외국리그에서 뛰면서 축구에 대한 공부도 계속할 생각이다. 열심히 노력하다 보면 언젠가 바라던 자리에 오를 것이라 생각한다. 꿈은 이루어진다고 하지 않았던가.

– 나의 월드컵 (10), 김남일, 스포츠투데이

기현아, 넌 모르겠지만 난 널 보면 항상 흐뭇했다. 넌 하늘이 준 재능을 가졌다. 미국 전에서 많은 찬스를 얻었지만 골을 넣지 못하는 모습을 보면서 너무 가슴이 아팠다. 누구보다 네 심정을 잘 알고 있기 때문에 말도 쉽게 붙일 수 없었다. 내가 그라운드에서 몇 번씩 말했지. "괜찮아, 괜찮아." 위로를 건네는 것도 조심스러웠지만 어떻게든 힘이 되어주고 싶었다. 이탈리아 전 후반 끝 무렵에 네가 동점골을 터뜨렸을 때 뒤에 있던 나는 내가 골을 넣었을 때보다 더 기뻤단다. 하마터면 눈물을 보일 뻔했지. 넌 좋은 선수다. 대성할 거야.

– 나의 월드컵 (5), 황선홍, 스포츠투데이

발목이 아파 제대로 걸음조차 걸을 수 없었던 나를 끝까지 이끌어준 히딩크 감독님께 항상 감사했다. 아마도 히딩크 감독님이 아니었더라면 난 대표팀 탈락의 고배를 마셨을 거라 생각한다. 그때마다 감독님에 대한 고마움은 인간이 느낄 수 있는 최고의 것이었다고 생각한다. 지도자와 선수를 떠나 인간 대 인간으로서 사람을 이끄는 힘이라는 것을 배울 수 있었다. 그리고 난 모든 자존심을 버리고 훈련에 임했다. 앞으로 내가 지도자가 된다면 반드시 그에게서 배운 것들을 선수들에게 일깨워주고 싶다. 사람을 끝까지 버리지 않는다는 게 이번 월드컵뿐 아니라 내 인생에 있어 큰 가르침을 얻은 것 같다.
특별히 후배들을 위해 해준 것은 없지만, 나의 모습을 보면서 많은 것을 느낄 수 있었다고 생각한다. 최고의 수비수라고 자신하던 내 모습을 버리기가 쉽지 않았다. 아니 인정할 수도 없었다. 솔직히 최진철에게 밀린 것에 내심 자존심이 크게 상했다. 마음은 충분히 그를 이길 수 있을 거라고 생각했다. 하지만 현실은 그렇지 않았다. 선수로서 욕심을 버리기가 쉽지는 않았지만, 내 자신을 철저하게 버리고 난 뒤 홀가분한 마음으로 훈련에 임할 수 있었다. 자존심을 버리지 못하고 훈련을 가졌을 때는 어김없이 몸에 무리가 갔다. 사람의 몸은 머리가 지배하고 있다는 사실도 월드컵을 통해 절실히 깨달았다.
― 나의 월드컵 (13), 이민성, 스포츠투데이

선수 모두가 느꼈겠지만, 월드컵은 빡빡한 일정 속에 정말 바쁘게 지낸 시간이었다. 이제 모두 자신의 소속팀으로 자리를 찾아갔지만 돌아보면 모두 형제나 다름없이 지냈다. 월드컵 4강에 올랐던 일이 어떨 때는 꿈처럼 느껴지기도 하고 내가 그동안 뭘 했나 싶기도 하지만 모두가 꿈을 현실로 만드는 성과를 일궈냈다.

용장 밑에 약졸 없다는 말이 있다. 히딩크 감독님이 지휘하는 대표팀은 모두가 강한 정신력으로 똘똘 뭉쳐 있었고, 한국의 4강 신화도 우연이 아니었다. 히딩크 감독님의 능력도 존경하지만 그의 용감한 도전의식을 높이 평가하고 싶다. 또 추진력이 대단해 파워프로그램을 성공적으로 선수들에게 전수했다. 훈련의 모든 과정이 히딩크 감독님의 의지대로 됐고, 결과도 그가 원하던 대로 이뤄졌다. 감독님은 네덜란드로 돌아갔지만, 현지 프로팀에서도 좋은 성적을 거둘 거라 믿는다. 어디 계시든 늘 건강하기를 바란다.
― 나의 월드컵 (12), 김태영, 스포츠투데이

에필로그

　2002년 한일 월드컵이 막을 내렸다. 월드컵에서 보여 준 우리 온 국민의 함성과, 그라운드와 거리를 뜨겁게 달구던 열기, 그리고 우리 태극전사들의 4강 진출은 모든 국민의 마음속 깊은 곳에 '우리도 하면 된다' 는 강한 자신감과 성취감을 심어 주었다. 그리고 그것은 곧바로 우리 내부에 엄청난 무형자산을 축적하는 계기가 되었다. 또한 수많은 외국인들에게도 '대한민국' 이라는 브랜드를 각인시키는 좋은 계기가 되어 해외에서도 측정할 수 없을 정도의 무형자산이 축적되었다. 그런데, 그렇게 축적된 무형자산들이 과연 그 이후로도 적극적으로 활용되고 있는지 우리 모두가 진지하게 성찰해봐야 한다.

　2002년 한일 월드컵은 국내외적인 무형자산의 축적과 더불어, 우리들의 가슴속에 또 하나의 강한 확신을 심어 주었다. 그것은 우리 선수들과 국민들의 잠재역량이 그동안 우리가 생각했던 것보다 훨씬 더 크다는 것을 확인한 것이다. 다만 한 가지 아쉬운 것은, 그것이 우리 사회의 내부에서 길러진 리더가 아닌 히딩크라는 외국인을 통해 확인되었다는 사실이다. 그런데, 우리 사회 다양한 분야의 리더들은 이처럼 안타까운 현실을 목도하고서도 문제의 중요성을 그리 실감하지 못하는 것 같다. 지금껏 우리 사회에 그러한 리더의 역할이 거의 전무했던 현실에 대해 자신들에게서 문제점을 발견하고 거듭나는 계기로 삼아야 할 텐데, 유감스럽게도 그렇지 못한 것 같다.

월드컵에서 우리 선수들과 국민들이 기대 이상의 성과를 거두었을 때, 그들은 히딩크의 리더십을 벤치마킹하자고 야단법석을 떨었다. 그런데 지금 와서 돌이켜 보면 그것도 일시적인 흥분으로밖에 보이질 않는다. 그냥 변화하는 시늉만 했던 것은 아닌지….

그에 반해, 우리 사회의 조직구성원들이나 국민 모두는 이번 월드컵을 계기로 '할 수 있다'는 강한 자신감과 무형자산을 축적하게 되어, 저마다의 가슴속에 더욱더 커다란 꿈과 희망을 품게 되었다. 그런데 정작 이들을 이끌어 갈 리더들의 수준과 역량은 여전히 나아질 기미가 보이질 않으니, 이러다 사회의 구성원들에게 오히려 실망과 좌절만 안겨 주는 것은 아닌지 걱정이다. 이제 우리 사회의 리더들은 사회 구성원들에게 실망과 좌절을 주지 않기 위해, 또한 우리 사회의 더 나은 미래를 위해 리더 자신들의 역량을 키워 나가야만 하는 절대적인 과제를 안게 되었다. 그리고, 그들은 그 과제를 기필코 해결해야만 한다.

필자는 2002년 9월 29일부터 10월 14일까지 개최되었던 아시안게임에서 우리 축구 대표팀이 우승하지 못할 것이라고 주변 사람들에게 말했다. 대한축구협회나 감독, 코치 등이 히딩크 감독을 통하여 서유럽 선진 축구의 노하우를 제대로 습득하지 못했다는 판단 때문이었다. 다시 말해서, 히딩크 감독이 전략을 수립하고 그 전략을 실행함으로써 우리의 꿈을 달성하는 과정을 우리 축구협회나 감독, 코치들은 그저 옆에서 지켜보기만 했다는 생각을 떨칠 수가 없었던 것이다.

히딩크 감독, 그는 왜 생소하게만 보이는 방식으로 선수들을 훈련시켰는지, 왜 골치 아프게 이상한 Sociogram을 들고 나와 정신력, 체력, 기

술, 조직력 하나하나를 측정하고 자신의 노트북에 그 자료들을 입력시켜
놓고 선수들에게 일일이 보여 주며 설명을 했던 것인지, 자신의 호텔 방
에서 밤늦게까지 무얼 그리 골똘하게 생각하고 연구했던 것인지, 왜 각
종 훈련과정이나 경기장면들을 하나도 빠뜨리지 않고 비디오로 촬영했
는지, 그리고 그것들을 어떻게 분석하여 전략 수립과 선수 선발 등에 활
용했는지…. 이 같은 수많은 의문점들에 대해 진지하게 고민한 흔적이나
그것에 대해 정리한 자료나 정보를 유감스럽게도 필자는 아직까지 발견
하지 못했다.

　잭 웰치는 "기업경영은 게임과 같다."는 말을 하면서 조직(게임)을 이
끌어 가는 리더들을 평가하는 기준을 명확하게 제시한 바 있다. 그 기준
은 다음과 같은 두 가지이다. 첫째, '조직이 추구하는 가치나 성과
(Purpose, Product)를 창출할 줄 아는 사람인가?', 둘째 '가치나 성과를
창출하는 과정, 즉 프로세스(Process)를 조직원(People)들과 함께 정립
하고 조직이 추구하는 가치관을 준수하면서 이미 정립된 프로세스를 조
직원들과 함께 지속적으로 개선하고 혁신하는 사람인가?' 만약 두 가지
평가 기준을 모두 충족시키는 리더라면 그는 당연히 승진되어야만 하는
훌륭한 리더인 반면, 두 가지 평가 기준 모두를 충족시키지 못하는 리더
는 조직으로부터 당연히 퇴출되어야만 하는 아주 잘못된 리더라고 했다.
　그런데 잭 웰치는 두 가지 중 하나의 기준만 충족시키는 리더들에 대
해서는 '과연 어떤 리더들을 조직으로부터 퇴출시켜야만 하는가?'라는
문제를 놓고 대단히 고민을 했었다고 고백했다. 그리고 수많은 시행착오
를 거친 후에 그는 거기에 대해 확실한 답을 얻을 수 있었다고 했다. 그는
조직으로부터 퇴출되어야만 하는 또 다른 리더들은 조직이 추구하는 가
치나 성과를 창출했지만, 그 과정, 즉 프로세스와 조직구성원들의 역량

을 축적하는 데 소홀히 함으로써 조직구성원들에게 자신감에 기초한 신바람을 불러일으키지 못한 리더들이라고 말했다. 그는 그러한 잘못된 리더들에게는 더 이상의 기회를 주어서는 안 되며, 말 엉덩이를 걷어차는 것처럼 그들을 조직으로부터 가차 없이 퇴출시켜야 한다고까지 말했다.

반면에, 설사 조직이 추구하는 가치와 성과를 창출하지 못했다 하더라도, 가치와 성과를 창출하는 과정, 즉 프로세스를 조직구성원들과 함께 정립하고 혁신하면서 조직구성원들을 신바람 나게 만들고 있는 리더들이라면 그들에게는 몇 번의 기회를 더 주어야만 한다고 말했다. 그는 GE 조직 내의 모든 리더들을 이러한 자신의 소신대로 평가했다. 그리고 자신의 조직을 〈포춘 Fortune〉이 선정한 세계에서 가장 존경받는 기업으로 만들었다.

희랍의 철학자 소크라테스는 일찍이 '너 자신을 알라' 고 했다. 그 말의 의미는 '내가 알고 있는 것은 무엇이고 내가 모르는 것은 무엇인지를 확실하게 알아야 한다' 는 것이다. 자신이 무엇을 모르는지를 정확히 알게 될 때 비로소 학습이 시작된다. 사람은 자신이 모르고 있다는 것을 알 때에만 모르는 것에 대한 욕구와 호기심이 생겨나기 때문이다. 학습에 대한 사람들의 욕구는 결코 저절로 생겨나는 것이 아니다.

외국인 감독을 영입하면서 대한축구협회의 기술위원회는 '서유럽 선진축구의 노하우를 제대로 습득하기 위해서' 라는 목적을 내세웠다. 그런데 대한축구협회, 기술위원회, 코치들을 포함한 우리나라의 스태프들은 그 목적을 얼마나 달성했는가? 그들은 자기 자신들이 부족하거나 모르고 있는 것이 무엇인지를 확실히 알고 있었는가? 그리고 히딩크 감독으로부터 선진축구의 노하우를 습득하겠다는 굳은 의지와 각오를 가지고 있었는가? 그들은 월드컵이 끝난 후에, 선진축구의 노하우는 무엇이고 자신들이 선진축구의 노하우를 과연 얼마나 습득했는가를 진지하게 따져 보았는가? 만약에 선진축구의 노하우가 무엇인가를 알았고 조금이라도 습득한 것이 있다면, 과연 그것들을 다른 사람들과 공유하고 있는가?

우리는 월드컵을 우리나라에서 개최하기 위해 막대한 돈을 투자하여 경기장을 건설하고, 히딩크라는 외국 감독을 영입했던 이유가 무엇인지를 진지하게 고민해 봐야 한다.

앞에서 이미 언급했지만, 필자는 이 책을 쓰기 위해 각종 자료들을 수집하고 분석하는 과정에서, 대한축구협회나 기술위원회, 그리고 코치들이 선진축구의 노하우를 어떻게 습득하는 것인지 그 방법론을 잘 몰랐다는 인상을 지울 수가 없었다. 선진축구의 노하우는 일순간에 습득되는 것이 아니다. 조직이 추구하는 가치나 성과에 대한 목표(Purpose)는 어떻게 설정하고, 설정한 목표를 달성하기 위한 과정, 즉 프로세스(Process)는 어떤 것인가를 벤치마킹하는 것으로부터 학습은 시작된다. 다음으로는 그렇게 벤치마킹(Process Benchmarking)한 결과를 토대로 우리 나름의 목표 달성을 위한 프로세스를 정립해 가야 한다. 그리고 그 프로세스를 조직구성원들과 함께 차근차근 실행하면서 몸으로 익히고, 프로세스의 문제점들을 계속 파악하고 혁신함으로써 최상의 관행(Best Practice)을 만들어가는 과정(프로세스) 자체가 바로 선진축구의 노하우를 습득하는 것이다.

그러한 일련의 프로세스를 통해서만 지도자와 선수들에게 선진축구의 노하우는 체계적으로 학습되고 축적된다. 만약 그러한 일련의 프로세스를 생각하지도 못했고, 생각했었다고 하더라도 그 프로세스에 따라 실행하지 않고 있다면 감히 선진축구의 노하우를 습득했다고는 말할 수 없다. 독자들은 왜 대한축구협회와 기술위원회가 2006년 독일에서 개최되는 월드컵을 앞두고 그 때 또다시 히딩크를 데려오면 된다는 지극히 단순한 논리에 집착한 주장을 하고 있는지, 그 이유를 이제는 확실하게 알수 있을 것이다. 대한축구협회를 비롯한 우리 축구 지도자들이 선진축구의 프로세스를 철저하게 벤치마킹한 결과를 가지고 우리의 프로세스를 정립하고, 그 프로세스를 실천해 나가면서 체계적으로 우리 리더들의 역량을 키워가지 않는다면, 우리는 앞으로도 계속 히딩크와 같은 외부 리더들의 역량에만 의존할 수밖에 없을 것이다.

공부하는 학생이 벤치마킹을 한답시고 평상시에는 놀다가 시험장에서 부랴부랴 남이 작성한 답안을 벤치마킹(커닝)하는 것은 일종의 범죄행위이다. 그리고 그렇게 남의 결과(답안)만을 벤치마킹하는 것이 습관이 되면, 시험을 치를 때마다 남의 답안을 몰래 훔쳐보지 않으면 안 되게되고 만다. 어떤 사람은 훔쳐보는 것도 일종의 실력이라고 주장할지 모르지만, 그렇게 훔쳐보고서 얻은 성적을 두고 그 학생의 실력이 나아졌다고 말하는 사람은 없을 것이다. 그런데 만약 어떤 학생이 자신의 성적이 신통치 않아서 작심을 하고 항상 우수한 성적을 내는 학생이 어떻게 공부하는가를 벤치마킹(커닝)하기로 작정하고, 그 학생이 하루에 공부하는 데 투입하는 시간은 얼마나 되고, 참고서는 무엇을 보고, 과외선생은 누구이고, 공부하는 장소는 어디인가 등에 관한 프로세스를 벤치마킹한다면? 그리고 그러한 결과를 토대로 자기만의 프로세스를 정립하여 그 프로세스에 맞춰 실제로 공부를 하고 난 후에 남의 답안을 훔쳐보지 않고서도 항상 우수한 성적을 거두게 되었다면, 그때 우리는 비로소 그 학생을 진심으로 격려하게 될 것이다.

우리나라의 대한축구협회를 비롯한 공공조직, 기업조직, 비영리조직을 이끌어 가는 리더들은 과연 어떤 학생들일까? 우리보다 앞선 선진축구, 선진기업 등이 보여 주는 단순한 결과만을 벤치마킹하는 학생들인가? 아니면, 그 결과를 창출하는 프로세스까지 벤치마킹하는 학생들인가? 우리 사회의 모든 조직을 이끌어 가는 리더들은 자신들이 어떤 학생인가를 반드시 진지하게 자문해 봐야 한다.

2001년 12월 4일, 파주 트레이닝센터 개장을 기념하여 히딩크 감독은 '유럽 상위 팀과 한국 팀과의 차이 분석'이라는 주제의 세미나에서 한국 축구 지도자들에게 강연을 했다. 그 때 그는 'Sociogram'이라는 전략 실행 방법론도 설명했는데, 그 당시 강연을 회상하며 히딩크 감독이 이런 말을 했다.

"나는 한국의 의사소통 방법에 문제가 있다고 지적했다. 한국에선 항상 나이 많은 선수들이 어린 선수들에게 지시를 하고 어린 선수들은 무조건 그것을 따른다. 후배들은 고참에게 감히 자기 의견을 밝히려 들지 않는다고 말했다. 압신 고트비가 비디오 자료를 준비해 강연을 도왔다. 그런데 모여 든 한국 축구 지도자들 가운데 일부는 표정이 좋지 않았다. 그들은 강연에 별 관심이 없어 보였다. 몇몇 사람이 내게 영어로 질문을 하자, 나머지 참석자들은 오히려 이상하다는 듯한 표정을 보였다. 마음을 열고 무언가를 받아들이겠다는 자세가 안 보였다. 자기에게 축구를 배우는 어린이들을 생각하면 어떻게 그럴 수 있을까?

나는 축구 지도자들과 많은 대화를 나누고 싶었다. 특히 프로축구 감독들과는 정기적으로 모임을 갖고 싶었다. 내가 그들에게 뭘 특별히 가르친다기보다는 그저 생각을 터놓고 서로 배우는 기회를 원했다. 어느 감독 덕분에 프로축구 감독들과 만나는 자리가 마련됐다가 그 모임을 조직하던 감독이 갑자기 해임되는 바람에 유야무야 되어 버렸다. 너무 아쉽다."

그가 그렇게 아쉬워 할 필요가 있었을까? 정작 아쉬워해야 할 사람들은 바로 우리들인데, 참으로 주객이 전도되었다. 필자의 이러한 안타까움에서 비롯된 작은 노력이 이제라도 우리 사회의 각성과 변화를 위한 자그마한 계기로 작용할 수 있기를 바란다.

히딩크 감독에 대한 필자의 관심은, 이미 언급했던 것처럼 2001년 2월 11일부터였지만, 이 책을 쓰기 위해 각종 자료를 수집하고 수집한 자료들을 하나하나 짜 맞춰 가면서 집중적으로 분석했던 시기는 참으로 무더웠던 2002년 7월 초부터 8월 중순까지의 약 50일 동안이었다. 그 때는 거의 매일 밤늦게까지 작업을 했다. 또다시 그렇게 하라면 과연 할 수 있을지 나 자신도 궁금하다. 직접 책을 쓰기 위해 여러 가지 자료들을 수집하고 책에 들어가는 각종 도표들을 작성하는 과정에서 사무실의 김선미 직원이 참으로 많은 수고를 해 주었다. 이 지면을 빌어 고맙다는 말을 전한다. 그리고 이 책을 구상하고 집필할 때 각별히 관심을 갖고 격려해 주셨던 주변의 많은 사람들에게도 진심으로 고맙다는 말을 전한다. 마지막으로, 항상 필자와 함께 허심탄회하고 진지하게 이야기를 나누는 시간을 내 주시고 계속 책을 출간하도록 독려해 주신 한언의 김철종 사장님과 박시형 이사님에게도 이번 기회에 진심으로 감사를 드린다. 아울러 필자의 졸고를 이렇게 훌륭한 책으로 출간될 수 있도록 열정을 가지고 작업에 임해주신 한언 편집부의 김세원 씨에게도 진심으로 감사를 드린다.

2002년 11월

송 경 근

●참고문헌

· Henry Minzberg, Bruce Ahlstrand, Joseph Lampel, *Strategy Safari-A Guide Tour Through The Wilds of Strategic Management*, New York : Free Press(1998)

· 마이클 E. 포터 지음, 조동성 옮김, 경쟁우위(*Competitive Advantage: Creating and Sustaining Superior Performance*), 서울 : 교보문고(1992)

· 마이클 E. 포터 지음, 조동성, 정몽준 옮김, 경쟁전략(*Competitive Strategy*), 서울 : 경문사(1993)

· 공병호 외 지음, 거스 히딩크, 열정으로 승부하라, 서울 : (주)샘터사(2002)

· 김지하 외 지음, *2002 'WORLDCUP FOREVER'*, 서울 : 동아일보사(2002)

· 김화성 지음, 한국은 축구다, 서울 : 지식공작소(2002)

· 니노미야 세이준 지음, 이정환 옮김, 승자의 사고법, 서울 : 청어람미디어(2002)

· 램 차란 외 지음, 한근태 옮김, 리더십 파이프라인, 서울 : 미래의 창(2001)

· 로리 베스 존스 지음, 송경근 옮김, 기적의 사명선언문, 서울 : (주)한언(1998)

· 로버트 슬레이터 지음, 강석진, 이태복 옮김, *잭 웰치와 GE 방식 필드북*, 서울 : 도서출판 물푸레(2000)

· 로버트 S. 캐플런, 데이비드 P. 노튼 지음, 송경근, 성시중 옮김, *가치실현을 위한 통합경영지표 BSC(Balanced ScoreCard)*, 서울 : (주)한언(1998)

· 로버트 S. 캐플런, 데이비드 P. 노튼 지음, 프라이스워터하우스 컨설팅코리아 EMS 그룹 이재욱, 정대형 외 옮김, *전사적 전략경영(SEM)을 위한 SFO(Strategy Focused Organization)*, 서울 : (주)한언(2001)

· 마이클 트레이시, 프레드 위어시마 지음, 이순철 옮김, *초일류기업의 시장지배전략*, 서울 : 세종서적(1995)

· 버트 나누스 지음, 박종배, 이상욱 옮김, *리더는 비전을 이렇게 만든다*, 서울 : 21세기북스(1994)

· 서현철 지음, 히딩크와 23인의 전설, 서울 : 식물추장(2002)

· 송종국 지음, 아름다운 질주, 서울 : (주)한언(2002)

· 신문선, 이인석 지음, 히딩크 리더십, 서울 : (주)리더스클럽(2002)

· 시오야 미치 지음, 이광현, 갈정웅 옮김, 전사원이 참여하는 기업비전 만들기, 서울 : 명진출판(1994)

· 알프레드 바알 지음, 지현 옮김, 축구의 역사, 서울 : (주)시공사(2002)

· 윤정민 지음, CEO 히딩크 - 히딩크 경영리더십의 7가지 조건, 서울 : 하서출판사(2002)

· 이동헌, 김화성 지음, CEO 히딩크 게임의 지배, 서울 : 바다출판사(2002)

· 이시카와 요시미 지음, 이정환 옮김, 손정의 21세기 경영전략, 서울 : 소담출판사(1999)

· 잭 웰치 지음, 이동현 옮김, 잭 웰치 끝없는 도전과 용기, 서울 : 세종서적(2001)

· 정해성, 박용철 지음, 히딩크 500일의 기록, 서울 : 컴온스포츠(2002)

· 제임스 콜린스, 제리 포라스 지음, 워트 포럼 옮김, 성공하는 기업들의 8가지 습관, 서울 : 김영사(1996)

· 조선일보 2002 월드컵 취재팀, 꿈은 이루어진다, 서울 : 조선일보사(2002)

· 존 E. 프레스코트 & 스테픈 H. 밀러 지음, 김은경, 소장영 옮김, 세계최강기업의 경쟁정보 베스트 프랙티스, 서울 : (주)시그마인사이트컴(2002)

· 최영균 외 지음, 세계가 놀란 히딩크의 힘, 서울 : 중앙M&B(2002)

· 피터 드러커 지음, 이재규 옮김, 변화리더의 조건, 서울 : 청림출판(2001)

· 피터 드러커 지음, 이재규 옮김, 프로페셔널의 조건, 서울 : 청림출판(2001)

· 홍명보 지음, 영원한 리베로, 서울 : 도서출판 은행나무(2002)

· 히딩크 지음, 마이 웨이, 서울 : 조선일보사(2002)

· G. 하멜 & C. K. 프라헬러드 지음, 이경상 옮김, 코아 · 컴피턴스 경영혁명, 서울 : 신구미디어(1995)

한언의 사명선언문

一. 우리는 새로운 지식을 창출, 전파하여 전 인류가 이를 공유케
    함으로써 인류문화의 발전과 평화에 이바지한다.

一. 우리는 끊임없이 학습하는 조직으로서 자신과 조직의 발전을 위해
    쉼없이 노력하며, 궁극적으로는 세계 최고의 출판사를 지향한다.

一. 우리는 정신적, 물질적으로 세계 초일류 출판사에 걸맞는 최고
    수준의 복지를 실현하기 위해 노력하며, 명실공히 초일류 사원들의
    집합체로서 부끄럼없이 행동한다.

저희 한언인들은 위와 같은 사명을 항상 가슴 속에 간직하고
양질의 책을 만들기 위해 최선을 다하고 있습니다.
독자 여러분의 아낌없는 충고와 격려를 부탁드립니다.

- 한언가족 -

Haneon's Mission statement

—. We create and broadcast new knowledge for the advancement of
    the whole human race and world peace.

—. We do our best to improve ourselves and the organization, with
    the ultimate goal of striving to be the best publishing company in
    the world.

—. We try to realize psychological and physical welfare of the
    highest quality, welfare that is fitting of the best publishing
    company. Our employees are proud members of this outstanding
    organization and behave in a manner that reflects our mission.

We, Haneon's members, always try out best to keep this
mission in mind and to produce good quality books.
We appreciate your feedback without reservation.

- Haneon family -